21世纪职业教育规划教材·公共事业系列

小组工作

（第二版）

主　编　芮　洋　杨启秀
副主编　何　静　沈　菊　何庆珂
参　编　赵钦清　溥存富　王小丽
主　审　周良才

北京大学出版社
PEKING UNIVERSITY PRESS

内 容 简 介

本书第一版是当时市场上第一本小组工作教学情境教材，开发的理论依据是当代高职教育前沿课程理论和教育部基于工作过程导向的课程开发指导方针。

本书以培养小组工作的职业能力为核心，以任务为驱动，以学生为主体，以教师为主导，强化小组工作价值观的培养和小组工作方法、技能的训练，具有较强的可操作性。

本书包括小组工作认知、小组工作价值观和职业伦理、小组工作过程、小组工作技巧、小组活动、小组工作本土化 6 个教学情境。每个情境有本情境知识要点提炼，每个子情境涵盖能力目标和知识目标，每个任务包含情境导入、任务描述、任务实施、任务总结、任务反思以及知识链接等环节。

本书主要面向高等职业院校和应用型本科院校社会工作专业学生，也可以作为社会工作师、助理社会工作师、民政部门工作人员、非政府组织（NGO）工作人员等自我进修和提高的参考读物。

图书在版编目（CIP）数据

小组工作/芮洋，杨启秀主编. —2 版. —北京：北京大学出版社，2022.8
21 世纪职业教育规划教材·公共事业系列
ISBN 978-7-301-33174-3

Ⅰ.①小… Ⅱ.①芮…②杨… Ⅲ.①社会团体－社会工作 Ⅳ.①C916

中国版本图书馆 CIP 数据核字（2022）第 131944 号

书　　　名	小组工作（第二版）
	XIAOZU GONGZUO（DI-ER BAN）
著作责任者	芮　洋　杨启秀　主编
策 划 编 辑	巩佳佳
责 任 编 辑	巩佳佳
标 准 书 号	ISBN 978-7-301-33174-3
出 版 发 行	北京大学出版社
地　　　址	北京市海淀区成府路 205 号　100871
网　　　址	http://www.pup.cn　新浪微博：@北京大学出版社
电 子 信 箱	zpup@pup.cn
电　　　话	邮购部 010-62752015　发行部 010-62750672　编辑部 010-62704142
印 刷 者	天津中印联印务有限公司
经 销 者	新华书店
	787 毫米×1092 毫米　16 开本　17 印张　405 千字
	2014 年 7 月第 1 版
	2022 年 8 月第 2 版　2023 年 8 月第 2 次印刷　总第 10 次印刷
定　　　价	54.00 元

未经许可，不得以任何方式复制或抄袭本书之部分或全部内容。
版权所有，侵权必究
举报电话：010-62752024　电子信箱：fd@pup.pku.edu.cn
图书如有印装质量问题，请与出版部联系，电话：010-62756370

本次教材修订受重庆城市管理职业学院中国特色高水平高职学校和专业建设计划项目资助。

第二版前言

党的二十大报告指出：完善社会治理体系，健全共建共治共享的社会治理制度，提升社会治理效能，畅通和规范群众诉求表达、利益协调、权益保障通道，建设人人有责、人人尽责、人人享有的社会治理共同体。

多年来，民政部门在社会工作人才培养、评价制度建设和社会工作实务等方面进行了有益探索，为我国社会工作职业化、专业化奠定了基础。同时，发展社会工作，加强社会工作人才队伍建设，也是新形势下转变民政管理和服务方式，提高民政服务专业化水平的重要保证。深入贯彻中国共产党十九届六中全会精神和第十四次全国民政会议精神，迫切需要在民政系统发展社会工作，加快推进民政系统社会工作人才队伍建设。

现阶段，与我国社会工作行业迅猛发展的实际情况相比，高等职业教育、应用型本科社会工作专业的教学计划、教学内容、教学方法、教材编写等还存在一定的滞后性，如此传授给学生的知识和能力自然非常有限，学生职业能力相对较弱，就业竞争力也就受到一定影响。

小组工作是社会工作三大直接服务方法之一，也是社会工作专业核心课程之一。无论是在社会工作专业教育教学方面，还是在社会工作专业实践领域，小组工作都占有举足轻重的地位，发挥着无可替代的作用。

本书的写作目的在于，让学生在掌握小组工作理论与知识的基础上，能熟练运用小组工作技巧。为此，编者做了如下尝试：

（1）广泛收集写作素材。第一，根据各位参编老师的小组工作教学与实务经验，收集相关素材。第二，积极调动毕业生的积极性，请他们提供一线工作感受和案例资料，并对教材内容取舍提出宝贵意见。第三，吸收国内外小组工作最新研究成果。第四，以学生实训实习等资料作为补充。

（2）广泛召集编写人员。参与本书编写的人员，都是在教学、科研与社会工作服务方面经验比较丰富，对民政社会工作行业非常熟悉的颇具创造力的青年教师。

（3）深入研究高职教育。本书编者认为高职高专及应用型本科学生"理论够用"的观点值得商榷。高职高专及应用型本科学生同样应该掌握学科理论。问题的关键是：理论与实践如何接轨？如何提高学生动手能力，缩短上岗适应期、磨合期？如何提高学生职业能力和就业竞争力？

（4）努力架构全新模式。本书以培养社会工作的职业能力为核心，以任务为驱动，以目标为引导，强调并强化小组工作实务技能。内容上也有许多突破：贴近民政社会工作行业实际，突出基层社会管理与服务技能的培养；案例经典有趣。

芮洋、杨启秀担任本书主编，负责全书的组织协调、项目推进、内容确定、大纲审定、全书总纂及终审定稿工作；何静、沈菊、何庆珂担任副主编，协助主编进行统稿工作。本书具体编写分工如下：芮洋（重庆城市管理职业学院）编写教学情境一及附录部分；何静（重庆城市管理职业学院）编写教学情境二；王小丽（重庆城市管理职业学院）编写教学情境三的子情境Ⅰ；溥存富（重庆城市管理职业学院）编写教学情境三的子情境Ⅱ；赵钦清（重庆城市管理职业学院）编写教学情境四；沈菊（重庆城市管理职业学院）编写教学情境五的子情境Ⅰ、Ⅲ、Ⅳ；杨启秀编写教学情境五的子情境Ⅱ；何庆珂（重庆青年职业技术学院）编写教学情境六。

在编写过程中，重庆城市管理职业学院民政与社会治理学院周良才教授审阅了全稿，并对本书的编写提出许多宝贵的意见或建议，在此谨致真诚的谢意！

编　者

2023 年 8 月

目　　录

教学情境一　小组工作认知 ·· (1)
　　子情境Ⅰ　小组工作解析 ·· (1)
　　　　任务一　小组 ··· (2)
　　　　任务二　小组过程 ··· (5)
　　　　任务三　小组工作的定义、作用和原则 ··· (19)
　　　　任务四　小组工作模式 ··· (22)
　　子情境Ⅱ　小组工作理论 ·· (26)

教学情境二　小组工作价值观和职业伦理 ·· (32)
　　子情境Ⅰ　小组工作价值观 ·· (32)
　　　　任务一　小组工作价值观的重要性 ··· (33)
　　　　任务二　小组工作价值观的内涵 ··· (36)
　　子情境Ⅱ　小组工作职业伦理 ·· (38)
　　　　任务一　小组工作职业伦理的重要性 ··· (38)
　　　　任务二　小组工作职业伦理的内涵 ··· (40)

教学情境三　小组工作过程 ·· (43)
　　子情境Ⅰ　小组的历程 ·· (43)
　　　　任务一　小组筹备阶段的工作内容 ··· (44)
　　　　任务二　小组聚会阶段的工作内容 ··· (45)
　　　　任务三　小组形成阶段的特征和工作重点 ····································· (48)
　　　　任务四　小组冲突阶段的工作内容 ··· (50)
　　　　任务五　小组维持阶段的特征和工作重点 ····································· (52)
　　　　任务六　小组结束阶段的特征和工作重点 ····································· (54)
　　子情境Ⅱ　小组工作的开展 ·· (56)
　　　　任务一　领受小组工作任务 ··· (57)
　　　　任务二　策划组建小组 ··· (64)
　　　　任务三　开始小组活动 ··· (72)
　　　　任务四　控制小组进程 ··· (81)
　　　　任务五　结束与评估小组 ··· (91)

教学情境四　小组工作技巧 ·· (99)
　　子情境Ⅰ　小组工作的一般技巧 ·· (99)
　　子情境Ⅱ　小组工作者的干预技巧 ·· (118)

子情境Ⅲ　小组工作特殊情况及处理技巧 …………………………………… (128)

教学情境五　小组活动 …………………………………………………………… (140)
　　子情境Ⅰ　小组活动的基本内容 ………………………………………………… (140)
　　　任务一　小组讨论 ………………………………………………………… (141)
　　　任务二　小组游戏 ………………………………………………………… (146)
　　　任务三　小组习作 ………………………………………………………… (162)
　　　任务四　小组工作记录 …………………………………………………… (177)
　　　任务五　小组工作评估 …………………………………………………… (183)
　　子情境Ⅱ　常见的小组活动 ……………………………………………………… (188)
　　　任务一　表现艺术 ………………………………………………………… (189)
　　　任务二　手工艺 …………………………………………………………… (192)
　　　任务三　营地活动 ………………………………………………………… (195)
　　　任务四　烹饪 ……………………………………………………………… (199)
　　　任务五　角色扮演 ………………………………………………………… (201)
　　子情境Ⅲ　小组活动的选择 ……………………………………………………… (211)
　　子情境Ⅳ　小组活动的应用领域 ………………………………………………… (219)
　　　任务一　儿童小组活动的开展 …………………………………………… (219)
　　　任务二　青少年小组活动的开展 ………………………………………… (223)
　　　任务三　妇女小组活动的开展 …………………………………………… (228)
　　　任务四　老年小组活动的开展 …………………………………………… (232)

教学情境六　小组工作本土化 …………………………………………………… (236)

附录 ………………………………………………………………………………… (243)

参考文献 …………………………………………………………………………… (263)

教学情境一

小组工作认知

小组工作（Group Work）是社会工作专业方法之一，它通过有目的的小组经验，协助个人增强其社会功能，更有效地处理个人、小组或社区的问题。

小组工作具有个案工作无法比拟的优越性。例如，有的案主不肯向工作者透露有助于解决其自身问题的重要经历，因此，有必要将零散的个体组织起来开展工作；又如，个案工作的人均服务费用一般来说要比小组工作的高。

小组工作者在长期的服务实践中，总结出一些工作模式，如社会目标模式、治疗模式、互动模式及发展模式等。

本教学情境分别从小组工作解析、小组工作理论两个子情境予以介绍。

子情境 I 小组工作解析

能力目标

1. 提高在特定情境下运用所学知识分析问题的能力。
2. 对小组工作在社会工作中的地位和作用有清晰的认识和理解。

知识目标

1. 掌握小组及小组工作的定义。
2. 了解小组的构成要素。
3. 了解小组的功能。
4. 了解小组工作的基本模式。

任务一　小组

情境导入

请看下列三个例子。

例一：一群人同坐一个航班，从北京到重庆，在空中经历了两个多小时的飞行。他们可以算一个小组吗？

例二：一群人在一家电影院看电影，共同经历了两个小时。他们可以算一个小组吗？

例三：一群陌生人同在一节卧铺车厢，途中遭遇列车脱轨事故，大家在一起有72小时的抢险经历，彼此互助、合作，共同应对突发性灾难，终于渡过了难关。他们可以算一个小组吗？

任务描述

根据上述情境，并分析讨论以下问题：

（1）什么是小组？

（2）小组工作实践中所说的小组应该包含哪些要素？

（3）小组的功能是什么？

任务实施

（1）按每6人为一组对全班同学进行分组。

（2）以小组为单位，根据"情境导入"展开主题讨论。

（3）各小组分析小组的定义、构成要素以及功能等。

（4）各小组选派代表汇报、分享讨论结果。

任务总结

（1）教师结合"情境导入"对任务要求进行分析。

（2）教师对各小组讨论结果进行点评。

教学情境一　小组工作认知

T　任务反思

小组工作实践中所指的小组，跟我们日常生活中所接触到的小组有较大的区别。我们可以用数学中的"排列""组合"这两个概念来帮助大家理解两者之间的差别。数学里面的"排列"类似于前者，强调各元素的顺序；"组合"则类似于后者，不必考虑各元素的排序。在社会工作服务中，小组工作是一种影响或促成组员发生积极转变的方法，组员发生积极的转变既是小组的目标，也是每一位组员的目标。现实中，人们聚在一起但没有组成小组的例子还有：学生一起上一个短期课程，街上的一群人一起过马路，车站等车的人群，等等。我们发现，在一定程度上，这些聚合在一起的人群是具有一些小组的特点的，然而我们仍然认为他们仅仅是人的聚合，因为社会工作使用的"小组"一词是有特别意义的。

K　知识链接

一、小组的定义

小组是指由两个或两个以上的人组成的因互动而产生影响的群体。

二、小组的构成要素

小组的构成要素是指用来描述小组经历的各种事件的分析工具。一般来说，小组由以下几个要素构成。

1. 小组目标

目标是小组存在的理由和小组工作的方向，它包括机构服务目标、小组目标、工作者目标和个人目标四个层面。其中，机构服务目标是指由机构或制度所赋予的，在小组成立之前就存在的一般性目标。小组目标是指由小组自行决定的整个小组的目标，是一个特殊化的具体目标。工作者目标是指小组工作者对整个小组的期望，它是小组工作者的专业判断和工作经验的产物。个人目标是指每一个组员的期待和希望，是他们参加小组的目的。

因为每个机构都有其自身的功能和目标，这种功能和目标足以影响该机构支持下的小组目标的完成情况，所以，在组建小组时，应该尽量使小组目标与工作机构的目标相吻合。

2. 小组契约

契约即承诺，常常表现为一些规范性条件，如工作机构的责任、工作者的责任、组员的权利与义务、会议制度、收费标准和注意事项等。小组契约包括五个方面的内容：小组与工作机构间的契约、小组与小组工作者间的契约、小组与组员间的契约、小组工作者与组员间的契约及组员彼此之间的契约。工作机构、小组及组员在开始建立工作关系时，应该对小组契约有一个共同的理解。

3．小组工作者

小组工作者是一个拥有小组与小组工作知识和技能，并能协助小组达成小组目标的人。

4．组员

组员是通过与小组订立契约而参加小组，并希望通过小组活动促进个人成长的个人。

5．小组规模

小组规模即组员的人数。确定小组规模时，小组工作者要考虑以下几个方面的因素。

① 小组围坐时组员应能相互看得到对方且听得到对方的声音；

② 大到使组员都能得到刺激，小到使组员都有足够参与；

③ 大到能被小组工作者所掌控，小到能产生工作效果；

④ 小组规模必须扩大时，就要将其结构分化，使每一个次结构仍能足够参与，并且组员必须容忍以领导为中心；

⑤ 封闭小组可以不太重视组员的多寡，但是开放小组的规模大小却很重要，要避免因为组员的流失而解散。

6．小组时间

小组时间包括小组开始的时间、小组存在的时间长短、小组聚会的时间与频率及每次聚会的时间长短等。小组的时间安排应该便于组员参加，否则就会影响组员的出席率，进而影响小组目标的达成。

7．小组空间

小组空间的要素包括聚会场所的选择与布置，以及组员个人空间的安排。小组空间在一定程度上影响小组目标的达成。一般来说，小组聚会场所应该具有一定的保密性，以便给予组员足够的安全感。聚会场所的布置应该有利于组员的相互沟通。个人空间的安排不宜太近，但也不宜太远。因为组员有自己的人际距离，如果太近，组员会有被侵犯的感觉，甚至可能使组员紧张不安；如果太远，则会影响组员的相互沟通。具体可以参照人际互动距离来确定。

三、小组的功能

小组主要有以下几个功能。

1．提供一种归属感

小组可以满足人的一种最基本的需要——归属感。小组工作者会自然而然地给组员一种被接纳的感受。在小组中，被其他组员接纳并非自然产生，甚至可能不是一定会产生的。当组员感到被接纳时,他们会彼此认同,并且感觉自己是小组的一分子。他们会开始认为自己是重要的并且是有价值的,也可以是有贡献的。当达成小组目标时,他们的归属感就油然而生。

2. 提供验证事实的机会

小组如同一个真实的社区,在某种程度上反映了人们所处的真实世界。加入小组后,组员在将新行为和想法运用到真实情境之前,有机会实践新行为和想法。紧接着,他们会得到小组中其他组员对他们的新行为和想法的评价,进而了解新行为和想法在小组外是否会被接受。本质上,在小组中经过一段时间的互动后,组员会了解到其他人对自己行为的真实感受和反应。

3. 为组员提供帮助他人和被帮助的机会

组员通过对其他组员成长的诚实和真诚的回应,表达了个人对其他人负责的态度。当一个人感觉越安全时,他越愿意接受来自其他组员的协助。在小组中,工作者扮演的并非专家或权威者的角色,而是组员解决问题的合作者和同伴。

4. 小组是赋予组员能力的工具

许多组员之所以会参加小组,一般是因为他们对要改变个人所处的情境有无力感或无助感。小组能使组员在个人事宜、人际关系等方面的能力有所提高,进而改善个人所处的情境。对于个人所处的情境和遇到的问题而言,案主是唯一的专家。因此,案主对问题的定义和对问题应该如何解决的想法,是问题能否有效解决的关键因素。

5. 使组员得到治疗

小组治疗的目的,是增进组员的适应能力和实现组员的高度自我功能。小组通过表现出类似实际社会的小型社会,为组员提供了解并改善自己的人际关系、扭曲的观念和沟通方式的机会。在这一过程中,组员可以通过自我观察、反馈等方式而获得学习提高和治疗。

正因为小组具有以上功能,所以运用小组工作方法来协助案主解决问题、发挥其潜能是非常可行的。小组工作方法是其他社会工作方法所不能替代的。

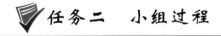

任务二　小组过程

情境导入

南京有一个丧偶俱乐部,由一名丧偶的退休女教师组建,已经成立了10多年。该俱乐部为丧偶者提供了一个倾诉自己情绪和感受的场所,成员定期举行活动、定期联络。痛失配偶的人在这里相互倾诉，诉说自己失去亲人后的痛苦以及失去亲人后面对的困难生活，如生活的孤寂、经济上的压力、缺少可以寻求帮助的朋友、亲人的不理解等。在这个团体中，大家互相安慰、互相接纳、互相支持，在接受他人帮助的同时也给予他人帮助。很多丧偶者失去亲人后的创伤在这里得到了治愈，他们相互扶持着走过了一段痛苦的岁月，重新开始了新的生活。

 任务描述

以"情境导入"作为小组讨论的基本素材，展开主题讨论，教师引导学生思考：
(1) 该小组的目标是什么？
(2) 该小组的意义有哪些？

 任务实施

(1) 按每10人为一组对全班同学进行分组，每组设立观察员1人。
(2) 各小组的观察员主要针对小组讨论过程分享自己的感受。

 任务总结

(1) 教师结合教学情境对任务要求进行分析。
(2) 教师对各小组讨论结果进行点评。

 任务反思

在此任务中，教师并不是想得到一个针对"情境导入"中当事人行为正确或错误的倾向性结论，而是想透过小组讨论这样一个过程，让学生清楚小组过程是怎样的。当然，教师在布置任务的过程中，应给予适切的提示，因为教师的言论多少会影响各小组的讨论效果。

 知识链接

小组过程是指发生在小组里的一切，以及小组内组员间或组员与小组工作者间的互动与沟通模式。有学者认为，小组过程是小组内行为意义的推演，这些行为包括言语的（如讨论），也包括非言语的（如沉默）。也有学者把小组过程界定为一种动力、情绪发展与表达感情的模式。

小组过程和小组结构一样，影响着小组的功能。但是小组结构能由小组工作者来掌控，而小组过程则比较复杂，小组工作者只能起引导或辅导作用，不能控制它。小组过程是动态的，小组工作者只有了解小组过程的本质，才能适当地处理小组中所发生的一切。

一、小组互动

互动是社会行为的内容。在小组工作中，人们常常通过谈话、微笑、大笑、皱眉、尖叫或者其他形式与他人沟通，同时也得到对方某种形式的回应。在不同的环境下，人们与不同的人常常会进行不同形式的互动。

（一）互动过程

人们结合成一个个小组，人与人的互动就此产生。关于互动，已经有不少学者进行过论述，如美国小组工作专家莫雷诺、贝尔斯等。这些学者在社会互动中发现了互动的不同形式。

一般来说，在所有的小组中都可以发现集中互动的形式，如交换、合作、竞争、冲突。交换与合作一般能稳固小组结构，竞争与冲突则可能使小组结构不稳定，进而导致小组解体。

1. 交换

交换存在于两个个人、小组或社会之间，其中一方发出某种行动以期获得回报。这种回报可以是物质的，如酬劳或礼物，也可以是非物质的，如赞扬和感激。我们在很多情境中都能发现交换，如找工作、朋友交往、谈恋爱等，交换的原则是互惠，所以，人们总是更愿意帮助那些之前帮助过自己的人；反之，如果一个人帮助了别人，他也会期待在他需要帮助的时候别人能给予回报。

2. 合作

在交换中，一项任务的完成只需其中的一方就足够了。在合作中，个人需要其他人的帮助来做一项工作或做得更有效。因此，合作是两个或多个人互相配合做某事或共同完成某项任务，它是达成一个共同目标的互动。合作包括自发合作（如邻居帮助一个刚遭遇意外的家庭）、传统合作（如葬礼、婚礼等习俗）、指令性合作（如遵守法律、纳税等）和契约合作。

3. 竞争

与合作一样，在竞争中有两个或两个以上的个人或小组朝向同一目标努力，但每一方都希望比其他人先达成目标。一般情况下，在竞争中只有一个赢家。然而，竞争并不完全是合作的对立面。事实上，竞争已经包含某种程度的合作，因为竞争者必须遵守规则，相互合作才能"一起玩这个游戏"。没有对手的合作就没有竞争。

4．冲突

在竞争中，参与者遵守普遍认可的规则试图达成相同的目标。这些规则中最重要的一条是：竞争中的每一方都努力在竞争中获得胜利，同时不能相互伤害。当参与者不再遵守这些规则时，竞争就变成了冲突。在冲突中，某个（些）参与者会利用各种各样的手段击败对手。

无论社会互动是交换、合作，还是竞争、冲突，它总能反映一些潜在的社会关系，这种潜在的社会关系把参与者联系到一起。

（二）人际关系

一般来说，人总是倾向于和与自己有共同观点或兴趣的人交往，和可以相互取长补短的人做朋友，以弥补自己的不足。小组中由于情感、利益与人格相似性，存在一些基本的人际关系模式。

1．成对关系

成对关系主要包括互助对偶、求爱对偶、依赖-支配对偶、虐待-被虐待对偶和互补对偶五种。

（1）互助对偶。

互助对偶表示两人基于平等的地位相互扶持协助并分配对等利益，如图1-1所示。

图 1-1　互助对偶

（2）求爱对偶。

求爱对偶表示其中有一人向另一人求爱，即其中一方对另一方有倾慕之情，而另一方可以逃避，也可以回应，如图1-2所示。

图 1-2　求爱对偶

（3）依赖-支配对偶。

依赖-支配对偶表示两人中其中一人因依赖对方，而形成常被对方支配的关系，如图1-3所示。

图 1-3　依赖-支配对偶

（4）虐待-被虐待对偶。

虐待-被虐待对偶表示其中一人是虐待者，而另一人则心甘情愿地受虐待，如图1-4所示。

图 1-4　虐待-被虐待对偶

（5）互补对偶。

互补对偶表示双方都需要对方，但双方并非完全相像的两个人，而是各有特性。例如，一个人粗枝大叶，另一个人心细如发，或者一个人脾气暴躁，另一个人性情温和，如图 1-5 所示。

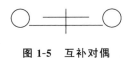

图 1-5　互补对偶

2. 三人关系

三人关系主要包括和谐关系、仲裁关系、竞争关系、联盟关系和同盟关系五种。

（1）和谐关系。

和谐关系表示三人基于平等的地位相互支持并均等分配利益，如图 1-6 所示。

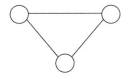

图 1-6　和谐关系

（2）仲裁关系。

仲裁关系表示三人中有两人是竞争或不协调的对偶，第三个人常需要担任仲裁者或调停者，如图 1-7 所示。在仲裁关系中，担任仲裁者或调停者的一方常面临矛盾选择。

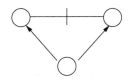

图 1-7　仲裁关系

（3）竞争关系。

竞争关系表示三人中有两人是竞争关系，而其利益都集中于第三个人，如图 1-8 所示。因此，第三个人是在另两个人相互竞争之下的标的人物。

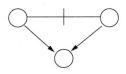

图 1-8　竞争关系

(4)联盟关系。

联盟关系是典型的二对一关系,三人中有两人利益一致,共同对付第三个人,如图1-9所示。

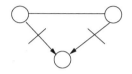

图1-9 联盟关系

(5)同盟关系。

同盟关系表示三人中有两人结成同盟共同防御第三个人的攻击,如图1-10所示。

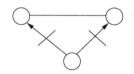

图1-10 同盟关系

3. 多人关系

四人或四人以上的关系为多人关系。多人关系通常比较复杂,例如,四人关系中,经常形成二对二或三对一的关系,在三对一关系中又有可能产生内部的二对一关系。

(三)沟通

沟通是一种传递、交换与接收信息的过程。从进入小组开始,人们所做的一切,从打招呼开始就已经在沟通了。一开始,人们常常会先了解他人的背景,会问一大堆的问题。沟通与互动非常相似,互动是一种人与人的接触方式,是交互的一环。小组内的人际关系、互动过程、领导模式等都是通过沟通形成的。

1. 沟通网络

我们被大量的沟通网络(联结特定的个人或小组的社会关系网络)所包围。从出生开始,我们就通过沟通网络与进入我们生活的人们形成各种社会关系,之后不断发展或扩大我们的沟通网络。

当小组刚进入一个固定地点时,它的沟通网络的结构经常取决于当时的环境。例如,大家一起用餐时,一开始一定是座位相邻的人先相互沟通,坐在中间的人可以轻易地与两旁的人沟通,而坐在边上的人与他人沟通起来就没那么方便。这个情形反映了沟通的"相近性"。

在五个人的小组中,产生了Y型沟通、车轮型沟通、圆型沟通、链型沟通四种沟通网络。为了使网络看起来更直观,社会学家经常使用社会网络图来表示这四种沟通网络。其中，圆圈代表人、小组或国家，线代表两个圆圈之间的任何一种社会关系，如友谊、交易、情感纠缠、信息流动、权利、感情表达等。

（1）Y型沟通。

Y型沟通常由两个组员分别开始，然后合并于其他组员中，或者由几个组员开始，而后分别传达到两个不同组员，如图1-11所示。这种沟通方式很明显有分叉的倾向，沟通阻力比较大，不利于促进小组活动和增进小组凝聚力。

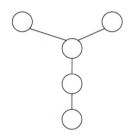

图1-11　Y型沟通

（2）车轮型沟通。

在车轮型沟通中，小组内有一个组员是小组沟通的核心，同时，小组内组员之间也能互相沟通，如图1-12所示。车轮型沟通要求小组内必须有一个强有力的轴心人物，这个轴心人物能控制全局，但不影响其他组员之间的沟通。在小组工作中，这个轴心人物通常由小组工作者担任。

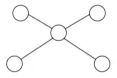

图1-12　车轮型沟通

（3）圆型沟通。

在圆型沟通中，组员之间可以无拘无束地沟通，如图1-13所示。这是组员保持平等相处的最好方法。

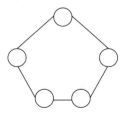

图1-13　圆型沟通

（4）链型沟通。

链型沟通又称线型沟通，信息只能进行逐级传递，形成信息沟通的链条，如图 1-14 所示。

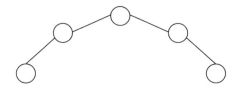

图 1-14　链型沟通

2. 小组工作过程中的沟通模式

小组工作过程中经常出现下列几种沟通模式。

（1）无反应的沟通。

无反应的沟通是指在小组工作过程中，只有领导者在发出信号，而组员并无积极主动的反应，如图 1-15 所示。通常，小组工作初期的沟通是这种模式。

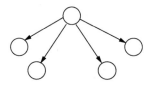

图 1-15　无反应的沟通

（2）没有社交的沟通。

在这种模式中人与人之间其实是没有沟通的，即组员没有任何社交发生，如图 1-16 所示。

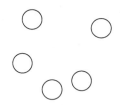

图 1-16　没有社交的沟通

（3）控制的领导者。

这种模式与无反应的沟通比较相似。两者的区别是：在无反应的沟通模式中，个体的聚合还比较松散，不太像个小组，而在控制的领导者模式中已逐渐有个体围绕在领导者四周的小组的雏形，如图 1-17 所示。

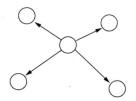

图 1-17 控制的领导者

（4）私下交谈。

这种模式多存在于小组工作初期。在私下交谈模式中，每个组员一般仅与相邻的组员交谈，但是私下交谈也可以包括组员在小组内进行的小范围的讨论，如图 1-18 所示。

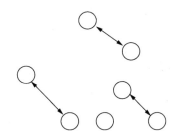

图 1-18 私下交谈

（5）破碎的沟通。

这种模式一般存在于小组工作初期或中期的冲突阶段。在破碎的沟通模式中，小组中至少存在两个"派系"，小组并未实现充分、完整的沟通，如图 1-19 所示。

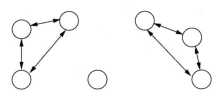

图 1-19 破碎的沟通

（6）刻板的沟通。

在这种沟通模式中，沟通很稳定，但并不充分，因为每个人往往只和与自己相近的人沟通，如图 1-20 所示。虽然每个人在分享中处于同等地位，但是这并非真正理想的沟通。

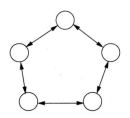

图 1-20 刻板的沟通

（7）理想的沟通。

这种沟通模式主要存在于小组形成期或成熟期。在理想的沟通模式中，小组中几乎每一个人都与小组中的其他人有互动，小组中无明显的次小组出现，沟通频繁而且渠道多元，如图1-21所示。通常，这是小组工作中最理想的沟通状态，如果小组能达到这种沟通状态，说明小组已具有强大的凝聚力，小组已趋于成熟。

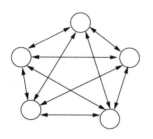

图1-21　理想的沟通

3. 沟通过程

沟通过程是指沟通主体（信息发送者）与沟通客体（信息接收者）进行有目的、有计划、有组织的思想、观念、信息交流，使沟通成为双向互动的过程。沟通的整个过程如图1-22所示。

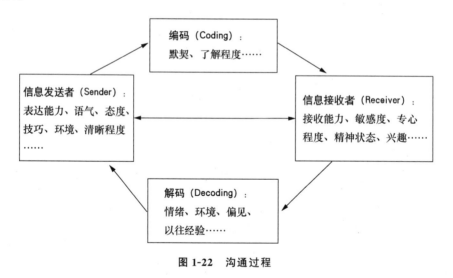

图1-22　沟通过程

二、小组角色

角色与地位是很难分开来解释的，它们是一对难解难分的概念。角色是地位的外在动态表现形式，是人们的一整套权利、义务的规范和行为反应模式，是人们对于处在特定地位的人的行为的期待。角色是构成小组的基础。

(一) 小组角色的分类

对小组中的角色进行分类的目的在于解决小组工作中的问题。一般而言，小组中的角色有以下三大类。

1. 小组任务角色

小组在发展过程中，组员的反应受到小组气氛的影响。这组角色的功能是激发与协调大家完成共同的任务。具体来说，这组角色包括发起人、信息寻求者、意见寻求者、信息提供者、意见提供者、信息传递者、协调者、导引者、评估者、加油者、行动专家和记录者等12种。

2. 小组建构与维系角色

小组的运转需要多元化的角色，小组建构与维系角色也是小组运作所必需的。这组角色的存在意义在于建构以小组为主的态度与导向，并维持小组的运行。这组角色包括鼓舞者、调和者、妥协者、助长者、标准设定者、小组观察者和追随者等。

3. 个人角色

在小组中，个人为了满足自己的个别需要，给自己分派的角色就是个人角色。这组角色包括攻击者、阻挠者、自我表白者、寻求认同者、嬉戏者、修补篱笆者、掩饰者、支配者、游客、问题制造者、愤世嫉俗者、自我中心者、单线思考者和问题导向者等。

(二) 反小组的角色

每个小组中的组员都存在或多或少、或轻或重的个人问题，同时，每个人也将自己的个性带进小组中，对小组造成一定的影响。当有些组员扮演的角色对整个小组或个别组员带来干扰时，倘若处理不当，就会给小组带来严重的负面影响。这里，给小组或个别组员带来干扰的角色就是反小组角色。这种难以处理的反小组角色的类型有很多，比较常见的类型有悲痛者、敌对者、垄断者、沉默者、自卫者、代罪者、自命不凡者、依赖者、操纵者、拯救者和讲故事者等。

三、小组文化

小组文化是小组控制力的来源之一。美国小组工作专家哈佛特认为，小组有四个主要的控制力来源：一是结构，即小组组织、领导与小组管理；二是人际关系，即人际的影响力；三是强制力，即压力、威吓与恐惧；四是文化，即小组的价值与规范。

1. 小组文化的基本信息形态

小组文化通过小组互动而得以维持、发展。但是，小组文化并非小组互动本身，而是互动的主题、内容与意义。

在小组工作中，小组文化是展现小组为一个整体而非个人的组合的一个指标。对小组文化的理解，使小组工作者能明确地察觉出小组成员的喜怒哀乐、合作竞争、焦虑紧张等状态。同时，小组文化也具有影响组员行为的作用。

2. 小组规范的形式

小组规范是由组员聚集在一起，为了达到共同目标而产生的。小组为了达成目标，将面临两个方面的问题。一是如何组织小组的资源和处理小组对外的关系，这需要制定规范来界定小组与环境的关系，以及小组达成目标的方式。通常，这种规范比较倾向于地位的分配与领导体系的建立。二是如何制定处理社会情绪的原则，以满足组员的个别需求，维持顺畅的工作关系。这需要制定规范来完善小组的结构，形成小组的风格。小组规范主要有以下三种不同的形式。

（1）程序规范。

程序规范主要用来界定组员间互动的准则。例如，互动是随意的还是任务取向的，是玩闹的还是情绪封闭的，是冷酷的还是情绪自然的？组员可以自由表达吗？决策须先经过非正式的共识，还是正式的投票即可？以及小组聚会的频率，等等。

（2）角色规范。

角色规范主要用来界定组员的行为期待。当组员被赋予特定的地位时，他就被期待遵守相应的角色规范。

（3）文化规范。

文化规范主要涉及小组的信念、态度、价值、意识、自我印象等。文化规范是小组与其他小组相区别的显著标志。

四、小组凝聚力

小组凝聚力是指组员在观念与行动方面表现出来的一致性，这种一致性往往是小组目标实现的前提。

1. 小组凝聚力实现的条件

小组凝聚力是小组工作效果的重要影响因素。如果组员在小组中缺乏归属感，觉察到不能从小组中获益，那么小组工作将有可能产生负面效果。小组凝聚力实现的条件主要有以下两个。

（1）组员对小组目标的认同和小组目标的一贯性。取得组员资格的前提是对小组目标的认同或认定。小组目标首先把不认同者排除在小组之外，从而明确地划分了小组的界限。在此基础上，小组目标对组员的活动起到一贯的导向作用。

（2）组员对自己在小组中的地位、角色和相关的责任义务，以及组员关系状态有比较明确的认识。这意味着组员对小组规范的遵从。这实际上把组员对小组目标的认同转化为观念与行动的一致性。

2. 小组凝聚力对小组的影响

小组凝聚力对小组的影响主要表现在以下五个方面。

（1）凝聚力高的小组，其组员的沟通数量和沟通质量也会很高，同样，组员之间沟通得越频繁、越有效，越容易提高小组的凝聚力。

（2）凝聚力高的小组较易于维持组员在小组中的工作兴趣，以及对小组的忠诚度与满意度。

（3）在凝聚力高的小组中，组员有较高的服从性，因此，较少出现组员背叛小组的情况。

（4）小组的凝聚力越高，小组越有能力去达成目标。

（5）凝聚力高的小组较能发展出复杂的小组文化。

五、次小组

次小组是指在小组内部，两个或两个以上组员因共同的需要和目标而组成的联盟，是一种特殊的人际结构。

在整个小组发展的过程中，几乎每一个阶段都有可能形成次小组。在小组工作初期，组员形成次小组一般是基于安全与解除焦虑的需要；在小组工作中期，工作分工是导致次小组形成最主要的因素；在小组工作结束期，处理分离焦虑就成为次小组形成的条件。因此，次小组在整个小组工作过程中是不断变化的。

1. 次小组对小组的影响

次小组对小组工作者、组员以及整个小组都会有一定程度的影响。这些影响主要表现在以下几个方面。

（1）分工。一方面，次小组的领袖是小组分工方面理想的中间人。但另一方面，次小组也会抵制小组的分工。因此，小组分工中应注意公平分配、赏罚分明、任人唯贤。

（2）安全。次小组向组员提供个别的、特定的需求满足，可弥补因小组过大而产生的组员之间的疏远。

（3）效忠。组员到底要效忠次小组还是小组？组员应先信任次小组，还是先遵守小组的要求？这会成为组员的一个困境。

（4）包容与排斥。次小组的组员对本次小组组员比较包容，对不是次小组的组员可能产生排斥。被次小组排斥的组员可能结合其他组员形成一个新的次小组，也可能因此逃避小组的号召。所以，小组工作者应设法解除次小组所形成的排斥力。

2. 次小组形成的原因

（1）组员的相似性。

在小组工作初期，组员有一项共同的工作就是寻找与其具有相似性的组员。相似性包括生理、外貌、态度、价值观、人格特质等。

（2）小组的规模。

规模大的小组更容易产生次小组。因此，若想避免产生次小组，应避免小组规模过大和过于庞杂。

（3）小组的情境。

小组工作过程本身就是创造次小组的情境。例如，在小组工作初期，由于组员的自我揭露，人际关系的模式，吸引力、利益与感染力的不同，一般会形成不同的次小组。

（4）组员的安全需求。

组员对小组或某些组员有恐惧时，不安全的经历使组员倾向于寻找次小组的保护。所以，当小组有冲突或变化时，容易形成自我支持的次小组。

（5）意见不一致。

小组发生冲突或意见不一致时，最容易形成次小组。尤其当组员对小组工作者有难以排解的仇视时，次小组会对小组工作者发泄其愤怒。

（6）不同风格的两名或多名小组工作者。

由于小组内两位或多位小组工作者有不同的吸引力、经验与人格特质，组员在追求自己的利益与偏好的情况下，可能倾向于支持某一位小组工作者，从而形成次小组；也可能是小组工作者的不协调导致形成次小组。

六、小组冲突

当组员经过一段时间的互动之后，在对某些事情的处理上难免会产生一些冲突。例如，权力分配不均，权威拥有的差异，对论题的立场不同，对事实的认知不一致，以及观念、价值、偏好与需求的不同，这些都有可能导致组员之间产生冲突。总的来说，小组冲突产生的原因通常是两个以上的人参与竞争同一事物，一方获得，另一方失去。在冲突发生时，通常都是双方存在紧张的状况，互不相让，或一方想压倒另一方。

1. 小组冲突的特点

（1）关系越紧密，冲突越剧烈。

组员在小组中的参与越多、投入越多，发生冲突的可能性就越大，对不忠诚的反应也就越强烈。在这个意义上，可以说，剧烈的冲突和小组忠诚是同一种关系的两个方面。

（2）稳定的关系可能以冲突行为为特征。

当紧密关系以经常性的冲突为特征而不是以敌意和矛盾心理的积累为特征时，我们可以认为，由于这种冲突不可能涉及基本一致的意见，这些经常性的冲突有理由作为关系稳定的标志。

（3）与其他小组的冲突会增强小组内部的凝聚力。

与其他小组发生冲突，能激发组员的活力，进而增进本小组的团结。至于集权是否会伴随团结的增进而加强，这要取决于冲突的性质和小组的类型。集权更可能在异质的小组结构中产生。

（4）与其他小组的冲突会限定小组结构和随之发生的对小组内部冲突的反应。

不断与外部发生冲突的小组往往不能容忍内部冲突，而且最不能容忍超出对小组统一的有限背离。这种小组往往根据特殊的品质选择组员，并要求组员全面参与小组活动；其社会团结取决于组员对小组生活所有方面的共同参与，并通过坚持小组一致反对使持异议者自愿或被迫退出小组。

（5）虚构的敌人有着使小组整合的功能。

树立一个外部敌人或虚构一个这样的敌人，能加强受到来自内部威胁的小组的团结。同样，寻找或虚构一个内部持异议者可能会起到维持受到外部威胁的小组结构的作用。这种替罪机制尤其会发生在那些处于现实性冲突的小组中。

2．小组冲突的形态

要解决小组冲突，先要了解小组冲突的形态。小组冲突从最低层次到最高层次排列如下。

（1）身体暴力：打击对方使之顺服。

（2）语言暴力：蔑视对方，使之出丑，或者过分强调对方的感受。

（3）技巧性的语言争论：不用暴力攻击，而使用技巧性的语言使对方受到贬损或受到忽视。

（4）寻求联盟：将支持者连成同一战线，进行权力的游戏。

（5）诉诸权威决策：寻求某些有权威的人来裁判（如小组工作者），告诉对方谁对谁错。

（6）转移与延宕：将注意力从冲突转移到其他事件上。

（7）尊重不同意见：努力去了解对方的理由，收集必要的资料，试图将冲突理性化。

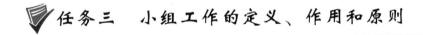

任务三　小组工作的定义、作用和原则

情境导入

某城市老城区一街道有贫困家庭200多户，贫困家庭青少年70多人。这些青少年受到家庭经济状况和"低保"标签的影响，心理压力比较大，性格偏内向，与人交往不主动，不太敢表达自己。为促进青少年健康成长，防止困难群体家庭出现社会"遗传"，某机构决定暑期为该街道的青少年，尤其是贫困家庭的青少年开展小组工作。

任务描述

根据上述情境，讨论以下问题：

(1) 针对"情境导入"中的情况，如何开展小组工作？
(2) 什么是小组工作？
(3) 小组工作有哪些作用？

任务实施

(1) 按每6人为一组对全班同学进行分组。
(2) 以小组为单位根据"情境导入"，展开主题讨论。
(3) 各小组分析小组工作的定义及作用等。
(4) 各小组选派代表汇报、分享讨论结果。

任务总结

(1) 教师结合教学情境对任务要求进行分析。
(2) 教师对各小组讨论结果进行点评。

任务反思

在小组工作实践中，不同的学者对小组工作的定义和作用有不同的理解。但我们总能看到不同学者对小组工作的定义和作用描述中的一些共同点，我们教学的目的就是通过引导学生积极地思考与讨论，使其对小组工作的定义和作用形成较为清晰的认识。

知识链接

一、小组工作的定义

小组工作是社会工作的基本方法之一，小组工作经由小组工作者的策划与指导，通过小组活动过程及组员之间的互动和经验分享，帮助组员改善社会功能，促进组员发生转变、获得成长，进而达到预防和解决有关社会问题的目标。

二、小组工作的作用

1. 对个人的作用

群体经验对个人的成长是必要的,小组工作对个人有很大的作用。这主要表现在:小组工作能够改善人际关系,促进个人成长;小组活动能够促成个人的价值观、态度及行为的转变,使个人在社会生活中承担积极的或创造性的角色;通过组员间的交往,大家相互分享经验,有助于个人加入社会,成为负责任、有贡献的社会一分子;通过选择经验,个人可以更快、更好地适应生活环境,处理个人问题;小组工作给个人带来的转变比其他工作方法更持久。

2. 对社区的作用

小组工作对社区同样有很大的作用,主要表现为:缓和社会矛盾,协调人际关系,预防和解决社会问题,完善社区功能,利于社区整合,从而促进社会发展。

三、小组工作的原则

开展小组工作主要应遵循以下原则。

(1) 目的原则:应有明确的工作目的和目标,小组工作者应对这些目的和目标非常清楚。这样,将来才能按照工作目的和目标实现的水平对小组工作进行评估。

(2) 社区背景原则:应划定明确的地理或行政区域为工作地点,小组工作者应充分了解该区域的物质、社会与文化方面的背景,并且能将这些背景作为规划其工作的依据。

(3) 普及原则:小组工作应具有普及性,不应因年龄、性别、种族、国籍、宗教信仰、过往经历等对一些人有所歧视。

(4) 活动原则:活动应有足够的深度、多样性和完整的设计,以适应个人、小组、邻里和社区的需要。

(5) 组织原则:应有健全的工作组织,组织内的人员应积极参与工作。

(6) 人事行政原则:相应的人事行政和管理体系应能够配合整体组织的设计,以实现相应的目标。

(7) 专业认识原则:应聘用足够而且适当的专业工作者,提供专业服务,以实现小组的工作目标。

(8) 志愿人员原则:对志愿人员的甄选、训练与督导,应有完整的制度。

(9) 设备原则:应有适当的设备,以正常开展工作,这些设备在安全、整洁与维护保养方面应能够令人满意。

(10) 财务资源原则:财务资源和会计制度应健全,收入与支出一般应平衡,资金的使用和管理应谨慎,账目要按时公布。

(11) 隶属原则：如果是地方性组织，应能够与上级机关建立并维持合作的关系。

(12) 公共关系原则：应与社区中的其他机构，在规划、资金筹集、活动与目标等方面有和谐的关系。

(13) 信任原则：应能以系统的、清楚的记录和报告，向有关个人、小组或机构报道其过去、现在和未来的工作状况。

(14) 反映原则：应经常将经验或困难反映给有关机构，供其参考。

(15) 长期规划原则：应有长期性的工作计划。

任务四　小组工作模式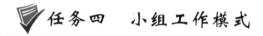

情境导入

小组工作主要为多种目标而提供小组经验，如满足正常的发展需要，帮助防止社会分裂，促进实现惩治或康复目标，以及鼓励公民通过合法途径参与社会行动等。针对不同的目标，小组工作有不同的模式。在小组工作实践中，小组工作模式的选择反映所要达到的小组工作特别目标。按照社会目标模式，小组工作的目标是发展公民实现社会变迁的觉醒和能力；按照治疗模式，小组工作的目标是解决组员的社会心理或行为方面的问题，从而促使其达到更好的社会功能状态；按照互动模式，小组工作的目标是在系统和子系统之间，即环境和小组之间，实现互助和开放。

任务描述

根据"情境导入"的论述，讨论分析以下问题：

(1) 什么是"模式"？"模式"具有什么功能？

(2) 社会工作方法中所说的小组工作模式有哪些？

任务实施

(1) 按每6人为一组对全班同学进行分组。

(2) 以小组为单位根据"情境导入"，展开主题讨论。

(3) 各小组分析不同的小组工作模式。

(4) 各小组选派代表汇报、分享讨论结果。

T 任务总结

（1）教师结合教学情境对任务要求进行分析。

（2）教师对各小组讨论结果进行点评。

T 任务反思

社会工作实践中所说的"模式"一词，实际上是对小组工作经验或总结的进一步提炼。小组工作模式容许我们从不同的角度观察组员的问题，从而指导小组工作者扮演不同的角色。为了帮助组员解决不同的问题，小组工作者必须掌握各种技巧。不过，每一种模式都有它的长处与不足，小组工作者应谨慎地选择适用的模式，也必须特别注意每种模式的不足之处，做出种种努力以减少由于模式的不足而导致的负面影响。

K 知识链接

小组发展历程和社会工作专业化一样，是一个源于实务工作而逐步走上专业化的过程。小组工作的三大模式——社会目标模式、互动模式和治疗模式，以及后来出现的发展模式等，也经历了一个从关注社会结构层面到关注人际关系层面，再到关注个人治疗层面的演变过程。

一、社会目标模式

（1）概述。该模式认为，个体往往通过小组的力量完成社会行动，强调发展小组自身的功能，以及组员在小组中学习小组的规则，培养小组活动能力和通过小组完成社会行动的能力。

（2）宗旨。培养公民的社会责任和社会参与、社会行动的能力。

（3）理论假设。小组是一个具有共同发展目标的共同体。组员与小组之间、组员与组员之间的互动具有改变和发展的积极功能，小组活动可以培养组员的社会责任、社会意识，从而提升组员的社会参与、社会行动和自我开放的能力。

（4）实施原则。工作目标与社区发展目标一致，培养组员的社会意识和社会责任感，提升组员的能力，培养社区领袖。

（5）小组工作者的角色。在该模式中，小组工作者的角色是使能者、促进者、影响者或耕耘者。小组工作者凭借自身的社会意识和社会责任感，鼓励每一位组员承担起自己的社会责任，成为良好的市民，共同促进社会发展和社会变迁。

二、互动模式

(1) 概述。该模式认为个体和社会之间存在着一种有机的、系统的关系,小组与每一位组员之间也存在着一种相互影响的关系。互动模式的侧重点在于组员之间为满足共同需要所产生的互动过程。

(2) 宗旨。在互动中增强组员的社会功能、提升他们的能力。

(3) 理论假设。个体与个体之间、个体与社会系统之间存在相互依赖的关系,小组是个人恢复与发展社会功能的有效场所。小组工作者通过组织小组活动和组员之间的互动,可以发掘组员自身的潜力,增强他们社会交往与社会生活的信心和能力。

(4) 实施原则。开放性互动、平等性互动、面对面互动。

(5) 小组工作者的角色。在该模式中,小组工作者的角色是组员与小组、小组与机构之间的协调者,负责促进组员之间的互动以及组员、小组、机构、家庭、学校和社区等各系统间的彼此适应。

三、治疗模式

(1) 概述。该模式认为小组工作的目标是通过小组经验来治疗个体心理、社会与文化的适应不良问题。其关注的中心是怎样运用小组工作来改变个体的功能丧失和行为偏差,以及个体社会功能的恢复和行为的矫治。

(2) 宗旨。治疗和解决个体的社会问题。

(3) 理论假设。个体的社会关系与社会适应方面的问题可以通过小组工作的方式得到解决。小组工作能使组员改变有问题、有缺陷的行为方式,习得适应社会生活的经验,由此获得自我发展,改变适应能力不足的问题,恢复和发展社会功能,更好地融入社会生活。

(4) 实施原则。综合性原则、建构性原则、个别性与共同性相结合原则。

(5) 小组工作者的角色。在该模式中,小组工作者以专家或"家长"的身份出现,其任务是研究、诊断和治疗。小组工作者必须有足够的能力去诊断个体的需要,安排治疗计划,并控制小组的发展。

以上三种模式被称为小组工作三大模式,也是小组工作最早出现的几种模式。为了便于读者对三大模式形成更加清晰的认识和了解,在此特别列出小组工作三大模式对照表,如表1-1所示。

表 1-1 小组工作三大模式对照表

模式	理论	特点	实施原则
社会目标模式	社会学和系统论	结合社区发展的一些项目或活动来进行，谋求社区居民和整个社区的发展；强调组员的社会责任、社会参与和社会行动能力的培养	工作目标与社区发展目标一致，培养组员的社会意识和社会责任感，提升组员的能力，培养社区领袖
互动模式	发展心理学、社会互动理论等	小组是个人恢复与发展社会功能的有效场所；强调通过组员间的互动来发掘组员自身的潜力，增强其社会交往与社会生活的信心和能力	开放性互动、平等性互动、面对面互动
治疗模式	精神医学和心理学，社会化理论	对象通常是有较严重的情绪问题、行为障碍、人格问题或有社会偏差行为的人；强调解决组员的社会化缺陷，帮助其重建社会关系网络，恢复和发展社会功能	综合性原则、建构性原则、个别性与共同性相结合原则

四、发展模式

(1) 概述。该模式认为小组是一个有内在演化逻辑的生命有机体，小组的发展是一个小组生长、成熟、衰落的过程，小组活动必定会经历一个又一个阶段，这些阶段都是前后关联的，不同的阶段有不同的目标和任务。在小组活动中，要发展组员的自我认识、自我评价的能力，发展个人认识他人、评价他人的能力，以及个人与他人之间的交互反应能力；发展组员对小组情况的认识，对小组的评价能力，以及通过活动而采取必要和适当行动的能力。

(2) 宗旨。预防和解决组员社会功能衰减的问题，恢复和发展组员的社会功能。

(3) 理论假设。个人有潜力做到自我意识、自我评价和自我实现；个人能够意识到他人的价值、评价他人，并与他人形成互动；个人能够意识到小组的情境，并在小组活动中采取适当的行动。

(4) 实施原则。积极参与原则；"使能者"原则，即小组工作者运用自身的专业知识和技巧调动组员自身的能力和资源，激发组员的潜在能力，促使组员发生有效的改变。

(5) 小组工作者的角色。在该模式中，小组工作者的角色是指导者、建议者。小组工作者需要根据小组发展阶段的特点指导小组工作，根据新的情况修正小组的目标，理解组员与小组的关系，并及时提出各种意见和建议。

子情境 Ⅱ 小组工作理论

能力目标
1. 了解小组工作的各种理论。
2. 学会用小组工作理论解释需求评估中出现的各种个性问题。
3. 熟练撰写小组计划书的理论阐述部分。

知识目标
1. 了解人类行为发展理论。
2. 了解需要理论。
3. 了解小组动力学理论。
4. 了解社会学习理论。

 情境导入

当今社会,越来越多的家庭存在着不同程度的暴力问题。父母与子女之间缺乏沟通与理解,许多生活中的琐事都是暴力产生的导火索。子女犯错误时,有的父母不会耐心教育,而是直接用暴力解决问题。这样往往只得到了孩子们表面上的服从,他们内心不但不会反省自己的错误,而且会更加叛逆。即使表面和内心全部服从,这些孩子也往往会感觉很压抑,甚至会抑郁。更严重的是,有的父母不管任何理由,只要自己心情不好,就会对孩子施以暴力,来发泄自己心中的不快。这样做不但不利于孩子的健康成长,而且可能导致孩子走上极端的道路(如自杀、犯罪等)。

……

任务描述

根据上述情境,讨论分析以下问题:
(1) 什么是"理论"?理论一般具有什么功能?
(2) 社会工作方法中所说的小组工作理论有哪些?
(3) "情境导入"中所描述的情况,适合于何种小组工作理论?

任务实施

（1）按每6人为一组对全班同学进行分组。
（2）以小组为单位根据教学情境，展开主题讨论。
（3）各小组分析小组工作理论的类型及功能等。
（4）各小组选派代表汇报、分享讨论结果。

任务总结

（1）教师结合教学情境对任务要求进行分析。
（2）教师对各小组讨论结果进行点评。

任务反思

在小组工作实践中，选择小组工作理论显得尤其重要。因为，不同的小组工作理论取向会推导出不同的工作目标，也自然会形成不同的工作策略和结果。

知识链接

小组工作是现代社会学、人类学、心理学、教育学和伦理学等各种社会科学共同支持而形成的产物。这些科学构成了小组工作的哲学基础和科学理论基础。在这里，我们将重点讨论人类行为发展理论、需求理论、小组动力学理论和社会学习理论。

一、人类行为发展理论

（一）人类行为发展理论的内容及其对小组工作的启示

在心理学的理论中，有关人类行为发展的理论成果与小组工作密切相关，主要包括以下几个方面。

（1）人类早期的生活经验对其以后的人格发展具有重大的影响。精神分析学派认为，人的"出世"本身就是一种创伤的经验，以后儿童开始适应周围的环境，在此过程中，儿童积累了一定的社会经验，这些经验成为他们以后行为的基础。从这一理论出发，我们认为，小组工作者应该重视组员的早期生活经验和他们的生活背景，以便了解组员现在所存在问题的成因。

（2）人的一生是不断成长和改变的过程。该理论认为，人具有一定的潜能，随着人们社会适应、工作和学习的不断深入，这种潜能会被逐渐挖掘出来并无限地增长。该理论的倡导者认为，学习和发展能够帮助小组工作者建立人类发展的价值观，使他们可以在小组工作中借助小组工作经验，促进组员潜能的挖掘和身心的发展。

（3）人类的行为除了意识状态以外，有时还存在"前意识"和"潜意识"。根据这一理论，小组工作者在开展小组工作的过程中，特别是在开展治疗工作的时候，应多加注意组员不易被觉察的行为动机，重视他们早期生活中形成的潜意识和经验。

（4）人类虽然有潜意识动机存在，同时也有自我合理发展的能力。这种被称为"自我的功能"的能力，在行为过程中有时很强，有时很弱，会出现失调或不适应。因此，在小组工作中，当人们自我功能转弱或消失时，小组工作者可通过小组活动适时地协助他们恢复这种自我的功能。

（5）人可以同时处在两种相对的境况中。人可以同时对同一个人或同一种境况有两种相对的情绪或反应。心理学家认为，人在有目的的活动中，常常会因为同时具有一个或数个目标而产生两个或两个以上的动机。如果这些同时存在的动机不能同时得到满足，而且在性质上又呈现彼此互斥的状态时，人就会产生动机冲突或心理冲突。这种冲突的形式可以分为三类：

① 双趋冲突，如鱼和熊掌不可兼得；
② 双避冲突，如两种威胁，左右为难；
③ 趋避冲突，如进退两难，犹豫不决。

在小组工作中，小组工作者要认识、了解组员和事实，在化解组员冲突时要考虑利弊得失，帮助组员更好地解决他们遇到的问题。

（6）心理学家认为，个体在日常生活中，通过学习和实践，能够学会适应或应付挫折的方式、方法。这些方式、方法在性质上多是防卫性的，可以使自己不焦虑和不受侵害。人类在解决内在动机、需求、欲望和外在困惑等问题时，常常会使用防御机制、投射作用等。

防御机制是人类适应内、外在关系的方式、方法，它既有积极的作用，又有消极的作用。小组工作者要承认这种心理适应的方式、方法，并且较好地利用防御机制去帮助组员解决问题，提高组员的社会适应能力。

（二）人类需要健全的小组生活

人类的需要是一个整体，如生理需要、心理需要，两者都系于一身，并且相互联系、不能分离。个人是作为一个完整的人而不是分离体在与他人发生交往关系的。这一观点使小组工作者认同这样的假设：人类各种需要彼此相关、无法分离，并且这些需要都能够在人与人之间的关系中体现出来。由此，小组工作者假定人类不仅有"被爱"的需要，也有"爱他"的能力，对此，个人均会努力克服各种困难去实现"被爱"和"爱他"。小组工作者还认同另一种假设：人类在其发展的过程中，一定要有健全和适当的小组生活，并且这种小组生活应该伴随其一生。所以，健全的小组生活对个人的健康成长和发展具有非常积极的作用。

健全的小组生活主要应具备以下条件。

(1) 能够有机会使组员之间相互认同。

在小组生活中，应该有机会使组员接受其他组员的思想、价值观，并能使他们交换意见、交流情感，同时学习他人的正向行为。

(2) 能够有机会使组员产生温暖的感觉。

在小组生活中，应有机会使组员与他人建立良好的关系，从而避免恐惧、焦虑并获得安全感。

(3) 能够有机会使组员获得选择自己喜欢的朋友的自由。

在小组生活中，小组向组员提供各种活动的机会，使他们能够在活动中相识、相知、相交，从而建立良好的人际关系。

(4) 能够有机会使组员自由地表现自我，展示自己与他人的不同。

在小组生活中，每个组员都有自己的特点，组员个别化的存在是必然的，每个组员与他人的不同也必然会在小组活动中展现出来。

(5) 能够有机会使组员表现其独特的个性和分享他人的独特性。

在小组生活中，组员所表现出的独特个性是其个人的风格，所有组员的个性组合在一起就体现出小组的风格。

(6) 能够有机会使组员表现其自身的独立性。

在小组生活中，组员需要在一定程度上遵从小组的安排，但是，这并不意味着组员将自己的独立性掩盖起来或放弃自己的独立性。相反，小组工作者应该认同组员独立性的存在，并通过活动向他们提供支持。

二、需求理论

需求是有机体内部的一种不平衡状态，它表现在有机体对内部环境或外部环境的一种稳定的要求，并成为有机体活动的源泉。

1. 马斯洛的需求层次理论

美国著名社会心理学家马斯洛认为，人的需求由五个层次构成，从低级到高级分别是：生理需求、安全需求、归属和爱的需求、尊重的需求和自我实现的需求。

(1) 生理需求。

生理需求是指对食物、水分、空气、睡眠、性等方面的需求。它是个体所有的需求中最基本的，也是最有力量的需求。

(2) 安全需求。

安全需求表现为人们要求稳定、安全、受到保护、有秩序、能免除恐惧和焦虑等。

(3) 归属和爱的需求。

归属和爱的需求是指个体要求与其他人建立感情的联系或关系，如结交朋友，追求爱情，参加一个小组并在其中获得某种地位等。

(4) 尊重的需求。

尊重的需求包括自尊和受到别人的尊重两方面。自尊需求的满足会使人相信自己是有力量和价值的，进而在生活中变得更有能力和创造性。缺乏自尊会使人感到自卑，没有足够的信心去处理面临的问题。

(5) 自我实现的需求。

自我实现的需求是指人们追求自己能力或潜能的发挥和完善的需求。

2. 舒茨的人际需求理论

美国社会心理学家威廉·舒茨提出人际需求的三维理论。该理论主要阐述人际关系的形成、取向类型和小组聚散过程。了解这一理论有助于小组工作者提高自己在小组工作过程中对组员的行为和组员之间关系的洞察力。该理论认为，每个人都有三种基本的人际需求：包容需求、支配需求和情感需求。

(1) 包容需求。

包容需求是指个体希望与人接触、交往、隶属于某个群体，与他人建立并维持一种满意的关系的需求。包容需求是人际关系中最基本的要求，存在于个体的任何一个年龄阶段和任何一种职业中。

(2) 支配需求。

支配需求是指个体控制别人或被别人控制的需求，是个体在权力关系上与他人建立或维持满意的人际关系的需要。实际上，并非只有位高权重的人才有支配需求，社会上每一个成员都存在这种需求，无论是在儿童游戏、家庭生活中，还是在经济政治活动中，人们都有这种需求。

(3) 情感需求。

情感需求是指个体爱别人或被人爱的需求，是个体在人际交往中建立并维持与他人亲密的情感联系的需求。情感需求贯穿人的一生，但其强度依年龄阶段而异，有的阶段强些，有的阶段弱些。一般来说，婴幼儿期、青春期和老年期的感情需求比较强烈。

3. 需求理论对小组工作的启示

需求理论可以帮助小组工作者把握小组的方向，便于小组工作者明确小组的目标，从而更好地理解组员的互动关系。

三、小组动力学理论

1. 小组动力学理论的内容

小组动力学理论是由美国心理学家勒温创立的。1935年，勒温在艾奥瓦大学儿童福利研究中心进行了一系列针对小组行为的学术研究。20世纪40年代中期，这个研究小组转移到麻省理工学院，并正式成立了小组动力研究中心，后来此中心又转移到密歇根大学。

小组动力学理论的研究内容包括小组的形成、维持、发展，小组内部的人际关系，小组与个体的关系，小组的内在动力，小组间的冲突，领导方式对小组的影响，小组行为，等等。勒温始终强调小组是一个动力整体，人们应该把小组的每个部分放在整体中进行研究。

2. 小组动力学理论对小组工作的启示

小组动力学理论的研究成果对小组工作有直接的和重要的影响。其中影响最为深远的理论内容有场域理论、小组气氛的研究、小组凝聚力、小组规范等。

小组工作是借助小组场域工作的一种形式，民主型是小组工作的主要领导形态，以共同活动为中介可以增进小组的凝聚力。

四、社会学习理论

1. 社会学习理论的内容

社会学习理论的代表人物是美国社会心理学家班杜拉。他的理论是建立在行为主义理论的基础上的。行为主义关注的核心问题是人类行为的学习过程，此处的行为不仅包括外显的可被观察的行为，也包括认知、情感反应方式等内在心理过程。行为主义强调人类行为的习得性，即教育和环境的重要性。社会学习理论继承并发展了这一观点，并且强调人的行为、思想、情感反应方式，不仅受直接经验的影响，同时也受间接经验的影响；行为与环境具有交互作用；观察和模仿学习是学习的重要过程，在学习过程中，认知是非常重要的；人在学习过程中具有特别的自我调节的过程，等等。

社会学习理论的核心内容可以总结为观察学习与模仿、替代强化、认知的重要性和交互决定论等几个方面。

2. 社会学习理论对小组工作的启示

社会学习理论强调人们通过观察和模仿他人的行为就可以获得改变，形成新的行为方式，小组可以提供丰富的替代强化资源。

教学情境二

小组工作价值观和职业伦理

社会工作价值观是指一整套用以支撑社会工作者进行专业实践的哲学信念，它以人道主义为基础，充分体现了热爱人类、服务人类、促进公平、维护正义和改善人与社会环境关系的理想追求，激励和指导着社会工作者的具体工作。

小组工作价值观与社会工作价值观有共同之处。小组工作价值观影响着小组工作主体——小组工作者的个体价值观和世界观。

小组工作职业伦理在小组工作实务中具有重要的作用，主要表现在两个方面：一是小组工作职业伦理在小组工作中的作用，二是小组工作职业伦理对小组工作者的作用和影响。

本教学情境分别用小组工作价值观、小组工作职业伦理两个子情境予以介绍。

子情境 I 小组工作价值观

能力目标

1. 树立正确的小组工作价值观。
2. 将小组工作价值观内化为一种小组工作专业能力素养。

知识目标

1. 了解小组工作价值观的重要性。
2. 掌握小组工作价值观的内涵。

任务一　小组工作价值观的重要性

情境导入

某高校社会工作服务中心针对目前部分大学生人际交往具有恐惧心理，成立了人际交往小组。

小组目标：引导组员认识人际交往的重要性，从而为寻求良好的人际交往进行积极的自我探索和行为认知；在活动过程中增强和改善组员间的沟通交流，积极运用各种交往技巧；鼓励组员积极地进行良好的人际交往，在此过程中学习、反思、提高和成长。

服务对象：希望提高人际交往能力和改善人际关系的同学。

小组性质：学习、发展型小组。

小组规模：6~8人。

小组一共策划了6次活动。

任务描述

根据上述情境，讨论分析以下问题：

(1)"情境导入"中的小组体现了小组工作的哪些价值观？

(2)上述情境是怎样体现小组工作价值观的？

任务实施

(1)按每6人为一组对全班同学进行分组。

(2)以小组为单位根据情境，展开主题讨论。

(3)各小组分析在该人际交往小组工作过程中，小组工作的价值观发挥了怎样的作用。

(4)各小组选派代表汇报、分享讨论结果。

任务总结

(1)教师结合教学情境对任务要求进行分析。

（2）教师对各小组讨论结果进行点评。

任务反思

小组工作作为社会工作的专业形式之一，其价值观与社会工作价值观有共同之处。小组工作者在策划小组工作之前，应该结合小组工作价值观对小组工作的过程和实施环节细心设计，这样才能实现小组工作的目标。

知识链接

一、社会工作价值观及其作用

1. 社会工作价值观

社会工作价值观是指一整套用以支撑社会工作者进行专业实践的哲学信念，它以人道主义为基础，充分体现了热爱人类、服务人类、促进公平、维护正义和改善人与社会环境关系的理想追求，激励和指导着社会工作者的具体工作。社会工作价值观是社会工作的灵魂，是社会工作者的精神动力。作为一种专业价值观，它的基础是社会主流价值和社会工作专业的独特追求。

社会工作价值观体现为：人人平等的原则；维护人的尊严和尊重人的价值，接纳个体的缺陷与不足；以人为本和个人自我决定的原则；维护个体权益和社会公正的原则；赋权的原则（赋权是指小组工作者针对案主所采取的一系列旨在减少其因负面评价而形成的无力感的干预过程）。

2. 社会工作价值观的作用

社会工作价值观不仅决定着社会工作的性质、目标和意义，而且决定着社会工作实施的原理、原则、方法、技巧和机构的项目与目标，以及社会工作者的行为和态度。社会工作价值观贯穿于整个社会工作实践的始终。社会工作价值观的作用包括理论作用与实践作用两个方面。

（1）理论作用。

社会工作价值观的理论作用主要体现在以下几个方面。

① 它是构成专业社会工作的必要条件之一。社会工作价值观既是构建社会工作理论和方法的哲学基础，也是社会工作专业伦理的依据。并且，社会工作专业之所以有别于其他人类服务专业，其专业价值观体系是一个重要标志。

② 它是确定社会工作专业使命的根据。社会工作的专业使命是通过提供专业服务解困济贫，维护困难群体的权益，发展他们的潜能，从而恢复和增强其社会功能，最终提升其社会福利水平的。这样的使命要求从业人员必须坚信社会能够公平、公正地对待每一个

人，能够使每个人都有机会发展自身、追求幸福；社会工作者通过提供专业服务，可以使人们，尤其是处于困难中的人们更好地获得社会的理解、支持和公平对待。

③ 它是专业教育的核心内容。在社会工作教育和培训过程中，能否形成稳固、内化的专业价值观，是衡量学习者是否达到教育目标的关键标准。大多数人在接受社会工作专业学习和训练之前，其个人价值观与专业价值观都存在差异。我们并不要求个人价值观与专业价值观完全保持一致，但要求社会工作的从业人员能够认识到个人价值观与专业价值观为什么存在差异，以及如何调整可能存在的冲突。

（2）实践作用。

社会工作价值观的实践作用主要体现在以下几个方面。

① 社会工作价值观是社会工作者的实践动力。社会工作本质上属于道德实践。一名合格的社会工作者，会将服务对象的利益放在优先位置。对人类的热爱，对困难群体的同情、支持，对人类潜能和对专业本身的信心，激励社会工作者克服种种困难，完成助人使命。

② 通过社会工作专业伦理标准这种形式，社会工作价值观可以指导社会工作者的实践。一般来说，伦理标准越明确、具体，其指导就越有效。虽然由于复杂的人际关系、有限的社会资源、专业本身的独特性，以及社会工作者自身的能力、水平等因素，社会工作实践会面临一定的伦理困境，但国际社会工作发展的经验表明，社会工作伦理标准对实践的指导作用还是非常重要的。

③ 社会工作价值观是促使社会工作者个人成长的有效力量。社会工作价值观可以增强社会工作者的社会责任感，丰富其人文情怀，使社会工作者具有强烈的个人实现感，大大提升个人的生命价值。经过系统的专业学习和实践训练，多数社会工作从业人员都能够改进个人的世界观和价值观，许多人已经把热爱人类、服务人类当作自己个人生活的主导信念。

④ 社会工作价值观是维系社会期望和社会工作专业服务的关键。对我国的社会公众而言，社会工作还是一种比较新的专业和职业。能否达到公众的服务期望，取决于社会工作者的服务态度、服务精神和服务效果。虽然社会工作的理论、方法和技术有助于解决问题和提升服务水平，但专业价值观在其中起的关键作用是不容忽视的。社会工作者在服务过程中充分展示专业价值信念，才能获得公众的信赖和支持。

二、小组工作价值观的重要性

小组工作价值观影响着小组工作主体——小组工作者的个体价值观和世界观。正确的小组工作价值观能让小组工作者充分发挥自己的作用，提升自身的素质，进而影响组员的世界观；会让小组工作者认为自己是社会不可或缺的部分，有着相应的职责和义务，对人们团结互助、和谐共生起到至关重要的作用。

小组工作价值观的重要性主要体现为：来自不同种族、国家、社会阶层和不同年纪、不同性别的组员,都能积极地参与小组活动,并在小组中建立积极的、平等的关系;在小组工作过程中,能强调合作与互惠的决策过程,充分地体现民主参与的原则;能尊重组员在小组中的主动性和创造性;能尊重组员参与的自由权;强调小组中高度个别化的原则,能关注小组中每个组员的特定需要。

树立正确的小组工作价值观能帮助小组工作者做到以下几点。

(1) 相信组员具有互相帮助的能力。在小组活动过程中,小组工作者要特别强调组员间的互助关系,尽量弱化小组工作者作为小组主持人的领导作用。

(2) 相信小组能够使组员的能力得到提升,并实现赋权。小组工作可以帮助组员提高自信心,帮助他们意识到自己有能力改变自己的生活和整个社区的状况。

(3) 相信小组工作可以促进不同背景的组员之间的理解和融合,有助于缩小和弥补现代社会中不同社会地位的人群之间的差距,进而促进社会的和谐发展。

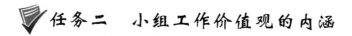

任务二　小组工作价值观的内涵

情境导入

某"单亲家庭温馨俱乐部"项目在北京市某街道正式开展针对社区单亲家庭的心理帮扶系列活动。上午,第一批活动组员走进了系列活动之一的"单亲家庭成长小组"。参加活动的组员都按照年龄排序以兄弟姐妹相称,很快建立了相互信任的关系,形成小组的凝聚力。在此基础上,组员们勇敢地敞开自己深藏的情感世界,根据关注的问题不同,大家分成了两个小组,互相倾诉烦恼,互相安慰,积极出谋划策。在小组工作者的引领和启发下,组员们都表示有很大的收获,大家在一片祥和的气氛中结束了第一次封闭成长小组活动。

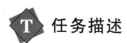

任务描述

根据上述情境,讨论分析以下问题:
(1) 该小组活动的对象具有怎样的特殊性?
(2) 第一次封闭成长小组活动体现了怎样的小组工作价值观?

任务实施

(1) 按每 6 人为一组对全班同学进行分组。

(2) 以小组为单位根据情境，展开主题讨论。

(3) 各小组分析在该单亲家庭成长小组工作计划和活动中，体现了怎样的小组工作价值观。

(4) 各小组选派代表汇报、分享讨论结果。

任务总结

(1) 教师结合教学情境对任务要求进行分析。

(2) 教师对各小组讨论结果进行点评。

任务反思

面对不同的小组工作对象，小组工作者要强调不同的价值观。小组工作者应首先分析组员的共性和特性，然后在进行小组工作的第一次活动策划时，在活动内容当中体现小组工作价值观，要强调、重视和相信单亲家庭的组员有解决自己的问题和影响环境变化的能力。

知识链接

小组工作者在运用小组工作方法协助组员解决问题和成长的过程中，应秉承社会工作的基本价值观，引导组员参与小组活动、积极互动和相互协助，以激发组员的潜能，帮助组员发生变化并解决组员的社会功能问题。综合国内外学者关于小组工作价值观的论述，小组工作价值观的内涵可以通过以下五个具体的工作原则来体现。

一、互助互惠的原则

这一原则包含两个方面的含义。其一，组员之间的关系是互助互惠式的，小组工作者要帮助和引导组员建立彼此团结合作的关系，共同实现小组目标和自己制定的目标。其二，小组工作者与组员之间也是互助互惠的关系。小组工作者运用专业知识引导小组的过程，也是进一步认识自己，完善自己的过程。

二、尊重组员的权利和能力的原则

社会工作价值观的核心是对人的权利和价值的尊重。在小组工作中，小组工作者要强调、重视和相信组员有解决自己的问题和影响环境变化的能力，这也是小组工作的核心和基本价值信念。对组员而言，尊重他们的权利和能力，就是要给他们选择权和自由。

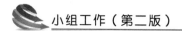

三、民主参与和决策的原则

小组工作者要坚持民主原则，积极创造有利于组员参与和决策的小组氛围，鼓励和引导组员自由、充分地参与小组活动和决策，并通过这个过程培养组员民主参与的精神。

四、增强权能的原则

在小组中，小组工作者不是决定者，而更多的是协助者，他们运用一定的理论和方法促进组员个人和整个小组通过内在的动力来自治发展。小组工作者努力强调组员的个人成长，促进他们在小组工作过程中改变自己、发展自己，在权力范围内不断提升能力。

五、高度个别化的原则

小组工作的目标通常是明确的、具体的，小组工作者要努力促使组员一致认同小组工作的目标。但每个组员的需求又是个别化和独特的。因此，小组工作者还要关注每个组员的特别需求，因人而异地做好工作目标设计，有针对性地帮助每个组员在小组中得到发展。

子情境Ⅱ 小组工作职业伦理

能力目标
1. 能坚守小组工作职业理论。
2. 能在小组工作过程中灵活运用小组工作职业伦理处理突发性事件。

知识目标
掌握小组工作职业伦理的重要作用。

任务一 小组工作职业伦理的重要性

情境导入

在某中学开办的一个中学生自我认知和自我成长小组中，组员都是本校的高中生。当进行到第三次小组活动时，组员王雷提出要退出小组。任凭小组工作者和其他组员如何劝说,王雷还是坚持要退组,理由是他认为这个小组不适合自己,对自己没什么帮助。王雷退出小组后,其他组员也出现了情绪波动,导致接下来的一次活动无法按照计划开展。

任务描述

根据上述情境,请讨论以下问题:
(1) 小组工作者应如何处理王雷决定退出小组这个事件?
(2) 通过该案例你发现小组工作职业伦理有什么重要作用?

任务实施

(1) 按每6人为一组对全班同学进行分组。
(2) 以小组为单位根据情境,展开主题讨论。
(3) 各小组选派代表汇报、分享讨论结果。

任务总结

(1) 教师结合教学情境对任务要求进行分析。
(2) 教师对各小组讨论结果进行点评。

任务反思

小组工作者在应对组员退组的情况时,首先,按照当事人自决的原则,组员是有权决定中途退组的;其次,个别组员在退出小组后,小组工作者要给其他组员留出时间来处理因个别组员退组给自己带来的负面影响;最后,为了避免某些组员退组给其他组员带来压力,再次开组筛选组员和访谈时,最好与组员讲清楚,若有中途退组的想法,有必要先通知小组工作者和其他组员。

知识链接

小组工作职业伦理是以专业价值、伦理原则和伦理守则为依据,对小组工作者提出的行为和制度要求,是小组工作者专业行为的服务指南。小组工作职业伦理将价值观转化为监管社会工作行为操守的原则,对于社会工作具有以下几个方面的重要作用。

(1) 对小组工作集体的作用:确认小组工作的使命及其核心价值,概述一般的伦理原则,反映专业的核心价值,并建立一套指导小组工作实务的伦理标准。

（2）对小组工作督导的作用：制定小组工作专业的实施标准，作为评估、评鉴或考核专业实务操作的基础，可以维护小组工作实施的秩序，并可以作为评估小组工作者的行为是否合乎专业伦理的要求的标准。

（3）对小组工作者的作用：帮助小组工作者了解和内化小组工作的使命、价值、伦理原则和伦理标准，使其成长为合格的小组工作人员；界定小组工作者和组员的关系；小组工作者面对专业伦理困境时可作为解决对策的依据。

（4）对社会大众的作用：为社会大众认定小组工作专业责任提供伦理标准，向社会大众或政府机关提供公益性与专业性的社会服务公约。

（5）对组员的作用：向组员提供评估小组工作者的操守品行、专业才能的依据。

任务二　小组工作职业伦理的内涵

S　情境导入

情境A：张先生正在为维持四年的婚姻寻求帮助。但妻子拒绝和他一起接受辅导，还一直威胁说要离婚。张先生说偶尔他会非常生气，还"扇"过她一两次耳光。有一次接受辅导的时候，他说他爱自己的妻子，但如果她还是坚持要离婚的话，他就会杀了她。

情境B：某社区准备策划单亲妈妈支持小组活动，在宣传和招募组员的时候采取了下列方法：

（1）制作了一张大幅宣传海报，张贴在社区文化活动中心的门口；

（2）请各居委会妇代干部在小区内宣传；

（3）制作了40封邀请函，发到符合条件的单亲妈妈手中，邀请其加入小组；

（4）打电话向单亲妈妈们宣传小组活动。

T　任务描述

根据上述情境A，分析讨论以下问题：

（1）对张先生说妻子再提离婚他就会杀了妻子的话，小组工作者该做出怎样的反应？

（2）此时保密原则如何运用？

根据上述情景B，分析讨论以下问题：

（1）在该小组活动的宣传方式中，你认为哪一种方式最恰当？为什么？

（2）小组在宣传、招募组员的过程中，小组工作者应如何遵循小组工作职业伦理？

任务实施

(1) 按每 6 人为一组对全班同学进行分组。
(2) 以小组为单位根据情境 A 和情境 B，展开主题讨论。
(3) 各小组选派代表汇报、分享讨论结果。

任务总结

(1) 教师结合教学情境对任务要求进行分析。
(2) 教师对各小组讨论结果进行点评。

任务反思

在小组工作中，原则上小组工作者应坚持保密原则，但是也存在一些特殊情况需要放弃保密原则。例如，当事人生命处在危险的边缘时，当事人的问题涉及刑事案件时，当事人未满 14 周岁又是受害者时，当事人有犯罪意向或小组工作者估计当事人会危及自身或社会时，当事人心理失常时，当事人有自杀倾向时，等等。

知识链接

一、小组工作职业伦理的内容

小组工作职业伦理也称小组工作者的职业操守。现阶段，我国小组工作职业伦理涵盖如下六个方面的内容：

(1) 对服务对象的伦理责任（最大限度地尊重和保护服务对象的利益，尊重服务对象的自决权，遵守保密原则）；
(2) 对同事的伦理责任（秉持忠实和忠诚的态度，团队内相互协助）；
(3) 对服务机构的伦理责任（遵守机构规定，落实机构服务宗旨）；
(4) 作为专业人员的伦理责任（有适当的工作认知，展现专业能力，提供专业服务，维护专业品质，不断拓展专业知识）；
(5) 对社会工作专业的伦理责任（保障专业的完整性，遵循专业的评估和研究）；
(6) 对全社会的伦理责任（促进整体社会福祉的实现，倡导社会公平正义）。

二、小组工作职业伦理的标准

(1) 组员拥有明确的知情权。在小组工作开始阶段，小组工作者有责任告诉每位组员小组的目标，参与小组可能存在的危险，时间安排，参与是否自愿，整个小组的活动安排等。

（2）小组工作者应向组员明确介绍保密的原则和措施。

（3）小组工作者必须经过一定的培训和专业教育，同时还应具备一定的实务经验。

（4）在特定情况下，小组工作者在带领小组的过程中，遇到实际问题时可以接受督导和咨询。

（5）经过筛选和确定组员，且在形成小组后，小组工作者要确保组员的合理需求能够在小组中得到满足。

（6）小组工作者有责任协助组员达成治疗目标。

（7）组员在小组中应该得到保护，不能受到身体伤害、威胁、胁迫，以及被迫接受别人的价值观或受到其他形式的压力等。

（8）小组工作者应公平地对待每位组员。

（9）小组工作者不能利用组员来达到个人目的。

（10）小组工作者有责任对组员进行及时的评估和跟进服务，以保证他们的需要得到满足。

三、小组工作职业伦理的原则

美国小组工作专家克那普卡认为小组工作职业伦理主要有以下几项原则。

（1）小组中的个人化原则。小组工作者要了解每个组员的独特性和特别的需求，有针对性地设计干预方案，具体的工作目标要因人而异。

（2）小组个别化原则。每个小组的构成和具体情况各不相同，因此，每个小组都是一个独特的实体，有自己独特的问题和需求，小组工作者在设计小组活动的时候，必须考虑到每个小组的具体情况。

（3）小组工作者要真诚地接纳每个组员的长处和短处。

（4）小组工作者要有意识地在工作中与组员之间建立一种助人的关系。

（5）小组工作者应积极鼓励和促进组员之间形成互助合作关系。组员间平等的互动关系会使组员发生积极的改变，因此，小组工作者的主要责任就是帮助组员间建立一种积极的关系，以推动积极变化的出现，从而实现小组目标。

（6）为了更好地完成小组目标和组员的个人目标，满足小组和组员的需要，在小组活动过程中，小组工作者要不断地对小组活动进行评估，根据小组工作进展情况，及时调整小组计划。

（7）根据组员个人的情况，小组工作者要因人制宜地鼓励他们积极参与小组活动，提高他们的能力。组员积极参与小组活动是小组工作的核心。但是，由于个人的能力不同，小组工作者要根据每个组员的具体情况，决定他们的参与程度和改变的程度，使他们不会感到有压力，从而进入一个健康发展的状态。

（8）小组工作者要鼓励组员积极参与问题解决的过程和决策过程，体现民主精神。

（9）小组工作者在主持小组活动过程中，要充满热情，要有人情味并做到自律。

教学情境三

小组工作过程

小组工作是一个连续的过程。一个完整的小组,从酝酿到结束需要一个过程。粗略来看,小组工作过程包括小组工作初期、小组工作中期和小组工作后期三个部分。从便于教学的角度而言,小组工作过程包括筹备阶段、聚会阶段、形成阶段、冲突阶段、维持阶段和结束阶段。

带领一个完整的小组,是评估小组工作者小组工作理论部分和技巧把握情况非常重要的指标。具体而言,小组工作者要带领某个小组,一般由领受小组工作任务、策划组建小组、开始小组活动、控制小组进程和结束与评估小组等构成。

本教学情境分别用小组的历程、小组工作的开展两个子情境予以介绍。

子情境 I 小组的历程

能力目标
1. 具备独立开展小组活动的能力。
2. 具备处理小组各阶段问题的能力。

知识目标
1. 了解小组工作过程。
2. 掌握小组的筹备和方案设计。
3. 掌握小组各阶段的工作技巧。

任务一　小组筹备阶段的工作内容

情境导入

赵刚是社会工作专业大二的学生,他发现在人际交往过程中,有一部分大学生出现交往不适应的问题。于是他打算组办一个名称为"大学生人际交往"的小组。赵刚在学校是学生会的主要负责人,他觉得通过宣传去招募组员十分麻烦,并且他认为很多同学都应该对这个主题非常感兴趣,所以,他打算直接邀请一些自己认识的大一新生加入这个小组。

…………

任务描述

(1) 开展小组活动的真正意义是什么?

(2) 小组目标该怎样确定?

(3) 应当如何选取组员?

任务实施

(1) 按每 6 人为一组对全班同学进行分组。

(2) 以小组为单位根据情境,展开主题讨论。

(3) 各小组分析小组目标的定义、组员的选择方法等。

(4) 各小组选派代表汇报、分享讨论结果。

任务总结

(1) 教师结合教学情境对任务要求进行分析。

(2) 教师对各小组讨论结果进行点评。

(3) 学生对教师点评进行反思回馈。

任务反思

在小组筹备阶段,小组工作者首先要明确小组目标,选择组员时要兼顾小组目标,不能随便找几个人来充当组员。

K 知识链接

小组筹备阶段即小组活动前的准备阶段,其主要工作是酝酿成立小组、设定小组目标、招募和选择组员。

为了减少可能出现的问题,提高小组达成目标的可能性,在小组筹备阶段,小组工作者有必要对成立小组的多方面因素进行认真、仔细、周全的思考,并将这些思考以小组计划书的形式写下来。一份详细的小组计划书通常主要包含以下内容。

(1) 小组工作的焦点是什么?
(2) 小组目标是什么?小组工作者希望小组活动达到什么效果?
(3) 小组将为哪些人提供服务?这些人的需求是什么?哪些服务不适合他们?
(4) 小组由一个小组工作者带领还是由两个小组工作者带领?具体带领者是谁?
(5) 小组将包括哪些组员?如何选择组员?
(6) 为了更好地实现小组目标,组员人数为多少较好?
(7) 组员需要准备些什么?
(8) 小组将提出什么主题或话题?
(9) 小组将在什么时候举行聚会?在哪里举行聚会?多长时间举行一次聚会?成立的是开放式小组还是封闭式小组?封闭式小组持续的时间大致有多长?
(10) 小组第一次聚会之前需要通知谁?
(11) 小组需要建立哪些基本规则?
(12) 小组工作者的具体角色定位是怎样的?

任务二 小组聚会阶段的工作内容

S 情境导入

赵刚的"大学生人际交往"小组经过招募组员等一系列工作后,迎来了小组的第一次聚会。周一晚上,距离小组开始前半小时,就已经有同学陆续到来。笑笑和幻幻是同一间宿舍的好朋友,笑笑人如其名,喜欢笑,性格开朗,而幻幻由于长期肥胖而自卑。在门口,赵刚非常热情地招呼她们俩进来坐,幻幻小心翼翼地张望着,看到里边有这么多人,她觉得还是站在外面比较好。于是赵刚再次热情地邀请她们进去坐,里面的组员们也纷纷发出热情的邀请,此时,幻幻跟在笑笑的身后走进了活动的教室。

....

任务描述

(1) 在第一次聚会时，组员们都有哪些心理活动？
(2) 小组的第一次聚会，工作者要做些什么？

任务实施

(1) 按每 6 人为一组对全班同学进行分组。
(2) 以小组为单位根据情境，展开主题讨论。
(3) 各小组分析组员在进入小组聚会时的心理状态、组员的特点并订立小组契约。
(4) 各小组选派代表汇报、分享讨论结果。

任务总结

(1) 教师结合教学情境对任务要求进行分析。
(2) 教师对各小组讨论结果进行点评。

任务反思

小组工作者要明确自己在小组工作初期扮演的角色：要扮演活跃小组的角色，充当小组活动的鼓舞者、调和者、妥协者、观察者和评论者；要避免成为反小组角色，避免成为小组活动的攻击者、阻挠者、嬉戏者、独裁者和自以为是的说教者。

知识链接

一、小组聚会阶段的特征

在小组聚会阶段，组员第一次正式聚会。严格地说，此时的小组还只是一群人的聚集，不能算是一个真正的小组。因为大家此时非常注重自己，很少关心小组，也很少与其他组员发生互动，小组中存在着一些不确定性，因为此时很少有小组规定可以遵循。对小组工作者和组员来说，第一次小组聚会时大家可能既充满兴奋感，又充满不安全感。

在小组聚会阶段，小组工作者的工作内容主要包括以下几个方面。

1. 了解组员的心理特征

此阶段的组员因为处于新的小组情境，所以，对他们而言，很多的小组规则、期待与活动都可能是新鲜而陌生的。同时，组员对小组工作不太了解，对自己的期待也不甚清楚，因此可能产生许多焦虑和疑问。

组员过去的小组经验会影响其在小组中的表现。如果组员在过去的小组活动中曾经遇到困难或者受过创伤，那么他在这次小组活动中通常会非常犹豫。组员参加第一次小组聚会时，常常会尝试将其他组员分类，以决定自己在小组中的位置。组员会询问一些问题以触发自己与其他组员对彼此的兴趣，例如，你就读于哪个学校？你在哪个单位工作？

2．给予组员正向的、积极的支持

小组工作者必须牢记组员在小组初期会感到焦虑，即使组员对参与小组表现出高度的渴望，并且努力地朝着小组的目标迈进，他们依然会因对小组的未知而感到担心和恐惧。因此，小组工作者应以一种开放且正向的态度，向组员介绍小组工作初期大家可能产生的正面和负面感受。在小组工作初期，小组工作者应多强调组员间的相似性，鼓励组员分享彼此的感觉，尤其是此时的不安、兴奋、害怕或快乐，这样能促进组员对小组的投入，并且减少组员的孤立感受。因为发现小组内其他人对小组有相同的感觉，组员会感到一种支持和鼓励。例如，在小组工作初期，一个害怕和不安的案主，当听到其他组员也感到害怕的时候，会发现自己增添了几分勇气。

3．订立小组契约

小组契约应澄清小组目标、澄清小组工作者和组员的角色，并请组员对这些事提供回馈。一般情况下，小组契约与支持小组的机构有关，而小组目标、组员的需求等是小组契约的基础。

在小组工作初期，组员往往会心不在焉，因为他们还不能准确理解小组目标、他们的角色、小组工作者的角色，以及他们将被有些什么期待。如果这些问题没有在小组工作初期得到解决，它们将会不断地出现，并且阻碍小组的进步。因此，在小组工作初期的聚会阶段，小组工作者有必要向组员重复说明小组目标和小组的其他基本资料。

小组工作者应当向组员解释清楚自己的角色定位，这对组员是有益的。下面是小组工作者澄清自己角色定位的两个示例。

示例一

在这个小组里，我的主要角色是老师。在每一次小组聚会的前半个小时，我们将谈有关教养孩子的问题，然后我会播放影片并且讨论人类的发展阶段。在这之后，我将请大家提问题，并帮着解答一些大家正面临的问题。我也会邀请大家分享在教养孩子上曾经做过的事情。

示例二

在我们做更深入的讨论之前，让我先向你们解释我的催化者角色。我的工作是帮助你们达到小组的目标，帮助你们更好地适应离婚后的生活。我将鼓励你们每个人分享自己的想法、感觉和关心的事。我将会要求你们更详细地检查你们在小组内和小组外的行为。

在小组中，没有小组经验的组员往往不知道小组对他们的期待是什么。他们常常会问——我们要自我表露吗？如果要，是多少呢？可不可以反对小组工作者？如果我不喜欢说话会怎么样？

在结束第一次正式聚会时，小组工作者可请组员考虑是否入组；另外，对某些有较多疑问的组员可采用个别谈话的方法进行沟通。

任务三　小组形成阶段的特征和工作重点

情境导入

经过初期的接触，组员彼此认识了，小组工作者赵刚开始安排主题活动。为使组员从他人的角度思考各种人际关系，相互学习人际交往中的信任、合作、沟通和理解等技巧，小组开展了"假如我是你""心之桥"等活动。在活动后的分享阶段，有几名组员热情度很高，踊跃畅谈自己的感受和看法，几乎抢占了整个小组发言的机会；与此同时，有两名组员却一直沉默着，仿佛游离于小组之外。

……

任务描述

（1）如何促使小组内所有组员对小组目标达成共识？

（2）如果你是小组工作者，小组中出现沉默者，你会怎么做？

任务实施

（1）按每6人为一组对全班同学进行分组。

（2）以小组为单位根据情境，展开主题讨论。

（3）各小组分析小组的规范、结构以及小组公认的目标如何形成。

（4）各小组选派代表汇报、分享讨论结果。

任务总结

（1）教师结合教学情境对任务要求进行分析。

（2）教师对各小组讨论结果进行点评。

任务反思

小组建立后的主要任务就是建立小组结构和使组员对小组目标达成共识。组员只有对小组目标达成共识，才有动力和愿望为达成目标而努力。

知识链接

一、小组形成阶段的特征

小组的形成阶段是指组员开始熟识的阶段。此阶段的特点是小组的规范和结构开始形成，组员的角色开始出现分化，组员对小组目标形成共识。这种公认的目标必须是明确、实在、可测量、可达成的。目标需要被详细地描述，即将希望得到的结果明确地描述出来，这样每个人对要完成的改变才会认识得很清楚。

1. 小组规范产生

小组规范是指组员之间语言与非语言的沟通规则以及影响他人行为的方式。小组规范是组员之间的相互认同和默契，它是在组员内部自发形成的，而不是小组工作者外加的要求。小组规范有助于小组凝聚力的形成，也是使小组保持一种动态平衡的活力。小组规范产生后，组员已经能彼此分享，通过语言或非语言规范进行相互接触。

2. 小组结构形成

这时的小组出现了明显的结构，主要包括权利结构和角色结构。在小组活动中，有些组员利用自己的个人魅力或占有的重要资源，拥有较多的权利，进而处于小组中心地位或者扮演起领导者的角色。小组就这样以某些组员为中心形成了小组权力结构和角色结构。

3. 组员对小组目标达成共识

由于小组规范和小组契约的形成，组员逐渐对小组目标达成共识。这有利于组员遵循一定的规范，朝着共同的目标前进。

二、小组形成阶段的工作重点

小组形成阶段的工作重点主要包括以下两个方面。

1. 监测小组规范的执行情况

小组规范是在组员内部自发形成的，组员是决定者，同时也是执行者。小组规范产生后，小组工作者可按照规定要求组员执行，但没有强制执行的权利。若遇到组员执行不到位或拒不执行等情况，小组工作者要根据当时的具体情境进行妥善的疏导和处理。

2. 鼓励组员互动

小组工作者要鼓励组员自我管理与自我约束。对不善于表达的组员，小组工作者要多关心他们,努力创造让他们发言的机会,鼓励他们发言。小组工作者不仅要帮助组员解决后顾之忧,还要鼓励组员参与小组活动,积极扮演好自己的角色。

3. 协助小组形成公认的小组目标

小组目标必须是切实可行的,在小组存续期间可以达成。因为目标太大或不实在,会阻碍组员自己的努力。同时,小组目标必须以可以测量的方式来描述,例如,经过这个为期三个月的小组,将使组员敢于面对20人以上的公开发言。

任务四 小组冲突阶段的工作内容

情境导入

在"大学生人际交往"小组第五次活动中,小组工作者赵刚看到组员阿红面容很憔悴,就问她最近怎么了。阿红说最近经常和男朋友吵架,心情很不好。赵刚引导她说出具体情况。阿红说她觉得她男朋友性格很奇怪,有问题也不愿意讲出来,这让她很焦虑。赵刚听了阿红的事情,问大家有什么话要跟阿红讲吗?这时小组里最爱分享的组员李刚说:"阿红,我觉得你的性格很直爽,你和你男朋友的问题估计是因为你太强势,让你男朋友不敢表达自己的真实想法。"阿红听了有点生气地说:"我觉得你和我男朋友一样,你们男生都自以为是,自己不好都怨别人。"

……

任务描述

(1) 预想一下,如果继续上述案例中的对话,之后会发生什么事?
(2) 小组工作者应该如何处理小组冲突?

任务实施

(1) 按每6人为一组对全班同学进行分组。
(2) 以小组为单位根据情境,展开主题讨论。
(3) 各小组分析小组冲突的产生原因、类型和解决对策等。
(4) 各小组选派代表汇报、分享讨论结果。

任务总结

（1）教师结合教学情境对任务要求进行分析。
（2）教师对各小组讨论结果进行点评。

任务反思

小组工作过程中经常会发生小组冲突，发生小组冲突并不一定是坏事。分析小组冲突的原因和类别，运用恰当的冲突解决技巧，有助于大家分析冲突，并有效地解决冲突。

知识链接

一、组员互动关系

组员互动关系可分为组员与组员的关系、组员与小组工作者的关系和组员与小组的关系。

1. 组员与组员的关系

在小组工作中期之初，组员之间的关系呈探索性特征，表现为观望；随后，组员之间的关系呈凝聚特征，表现为冲突、理解和互助；在小组工作中期之末，组员之间的关系呈知交特征，表现为宽容、互敬和归属。

2. 组员与小组工作者的关系

在小组工作中期，组员与小组工作者之间的关系将经历由组员对小组工作者较多依赖到逐渐减少依赖，彼此地位逐渐接近甚至平等的变化过程。

3. 组员与小组的关系

组员与小组的关系主要包括规范维系和感情维系两个方面。规范维系是指组员如果想被小组接纳，就应当遵守小组的规范；否则，他将被小组排斥。感情维系是指组员对小组产生信任感，在感情上接纳小组，归属于小组。

二、小组冲突及其类型

小组冲突是指由于组员的需求、目标或价值观念不协调而导致的冲突。实际的小组工作经验告诉我们，无论什么样的"冲突"，都可能对小组造成不良的影响，同时组员间的冲突往往会发生变化，很多时候，"意见"之争往往会演变成"意气"之争，而某一类冲突的解决，也会连带影响到另一类冲突。例如，组员间感情的恢复，往往会减少甚至完全消除彼此之间的意见和分歧。

学者对小组冲突的类型持不同的意见。有学者认为小组冲突包括"真实的冲突"和"非真实的冲突"两类，前者是指组员在围绕小组目标达成过程中所产生的冲突，后者是指与小组目标达成无关的矛盾表现。举例来说，两位组员就如何比较有效地推行一项小组计划而产生的冲突可被视为"真实的冲突"；而另两位组员因不喜欢对方而产生的冲突，可被视为"非真实的冲突"。

美国小组工作专家费什尔把围绕小组目标达成的理性冲突称为"实质冲突"，而把组员之间性格、情绪上的冲突称为"感情冲突"。这种界定除对组员之间性格和情绪的矛盾给予更大的肯定外，还将"小组冲突"较明显地置于小组过程中讨论，使人们比较容易明白和掌握。

此外，也有学者强调"权力和控制"对小组的重要影响，并将其视为"小组冲突"产生的重要原因之一。

根据以上分析，我们认为小组冲突的产生和演变与小组过程有很大的关系。大体而言，我们归纳出以下三种不同类型的小组冲突。

1. 理性及秩序式的冲突

理性及秩序式的冲突又称实质冲突，其主要围绕小组目标的达成产生，在表达方面以理性为基础。例如，两位组员以理性方式争论某一小组活动最有效的推行方法。

2. 心理及情感式的冲突

心理及情感式的冲突又称感情冲突，主要是指因组员之间性格或行为不协调，又或是因组员未能有效地克制自己的情绪所产生的冲突。例如，两位组员，一位做事大大咧咧，另一位行动谨小慎微，前者比较容易做出后者不能接受的举动（如摸对方脑袋之类的），这时发生的冲突就属于心理及情感式的冲突。

3. 权力及控制式的冲突

权力及控制式的冲突主要是指组员因争夺小组权力和影响力而导致的冲突。例如，一个小组长因为害怕丢面子而故意排斥一位提出有益意见的组员；或者是两个次小组在小组职员会选举期间互相倾轧，他们都希望其支持的候选人能够顺利当选。

任务五　小组维持阶段的特征和工作重点

情境导入

在参加了几次"大学生人际交往"小组的活动之后，组员们彼此都熟悉了。在这次活动中，小组工作者让大家谈谈参加前几次小组活动之后的感受。这时组员李静说，经过了前几次活动，她感觉自己没有别的组员进步大，她还是害怕在陌生人面前讲话。小组工作者听了之后，让李静谈谈为什么害怕在陌生人面前讲话。李静说，她内心很自卑，总觉得没有别人优秀，所以和陌生人说话时总担心别人会嘲笑她。小组工作者请大家都谈一下对李静的看法。这时组员开始分享自己对李静的看法，纷纷告诉李静他们真实的感受。李静在大家众多肯定和真诚的表达中了解到他人眼中的自己和自己心中的自己是不一样的，认识到她需要慢慢修正对自己的看法。

…………

任务描述

（1）小组维持阶段的特征是什么？
（2）小组工作者如何引导组员分享个人感受？
（3）小组工作者如何运用小组动力？

任务实施

（1）按每6人为一组对全班同学进行分组。
（2）以小组为单位根据情境，展开主题讨论。
（3）各小组分析小组目标达成技巧、小组动力的运用方法等。
（4）各小组选派代表汇报、分享讨论结果。

任务总结

（1）教师结合教学情境对任务要求进行分析。
（2）教师对各小组讨论结果进行点评。

任务反思

在小组维持阶段，小组工作者应努力把握小组动力，推动组员积极参与，防止小组僵化，实现小组目标。

知识链接

一、小组维持阶段的特征

在小组维持阶段，组员之间达到交往深入化、沟通理想化、接触频繁化的状态，小组的概念深入人心，小组的权力结构趋于稳定，小组有足够的能力达成小组目标，组员比原来有更大的自主性，组员与小组工作者的关系密切。此时，组员讨论的内容也变得比较广泛，大部分组员能在每一次小组聚会中分享自己的想法、感受和问题，小组治疗和援助的效果最为明显。

二、小组维持阶段的工作重点

小组工作者在这一阶段的主要工作是设计一些小组活动，帮助组员互动，促进小组目标的达成。小组活动是组员互动的媒介，也是达成小组目标的媒介，它不是小组目标，但小组目标要靠它来达成。常见的小组活动有：游戏、音乐、舞蹈、唱歌、戏剧、角色扮演、讲故事、手工艺、烹饪和营地活动等。小组工作者在进行小组活动设计时应考虑下列主要因素。

1. 组员因素

组员因素是指组员的个人因素，如年龄、教育背景、家庭背景、宗教信仰、个人技能、语言能力和认知能力等。这些特征会成为小组活动的动力或阻力。例如，7~8岁的儿童，可以做游戏，但没有能力讨论；老年人则不适合进行动作比较激烈的游戏。

2. 小组目标因素

小组目标因素是小组活动设计的重要依据，设计的小组活动应为目标的最终实现服务。

3. 组员兴趣

组员兴趣是小组活动设计的重要影响因素之一，设计的小组活动必须对组员有吸引力，否则组员将无动力参与。

4. 物质资源因素

物质资源是小组活动的物质基础，小组工作者设计小组活动时应考虑是否有小组活动所需的物质资源。

5. 时间因素

不同活动所耗费的时间是不同的，小组工作者应根据具体情况视时间长短来设计小组活动。

任务六　小组结束阶段的特征和工作重点

情境导入

"大学生人际交往"小组的组员们经过一个多月的小组活动，普遍感觉到自己人际交往的困难状况减轻很多，在这里认识了很多新朋友，也学会了尊重他人、理解他人，对自己以后的学习、生活中人际交往帮助很大。此时小组活动即将结束,小组工作者组织了"我和你在一起"的主题活动。小组工作者赵刚把每一次的小组活动照片做成了幻灯片,像放一场回忆电影一样,跟大家重温每一个点滴。赵刚还将大家的合照洗了出来,并在每张照片后面写了祝福寄语,送给了组员。赵刚对大家说,如果你们愿意,可以互相留下联系方式,今后大家还可以一起出来玩。通过这个小组,组员结识了可以彼此倾诉的朋友,提高了人际交往能力,小组在欢快的气氛中结束。

…………

任务描述

(1) 小组结束的原因通常有哪些?
(2) 小组结束阶段组员有什么特点?
(3) 小组结束时小组工作者应该注意哪些问题?

任务实施

(1) 按每 6 人为一组对全班同学进行分组。
(2) 以小组为单位根据情境,展开主题讨论。
(3) 各小组分析小组结束的条件、组员离别情绪的处理方法。
(4) 各小组选派代表汇报、分享讨论结果。

任务总结

(1) 教师结合教学情境对任务要求进行分析。
(2) 教师对各小组讨论结果进行点评。

任务反思

小组结束阶段组员的不同离别反应代表什么样的内心情绪?如何处理组员的离别情绪才不会对组员产生伤害?

知识链接

一、小组结束的原因

小组结束的原因主要有以下几个。

（1）小组达到预期目标。这是小组最理想、最自然的结束。

（2）小组时间届满。有时间限制的小组，通常有一个预先确定的结束时间，如为期两个月的小组，将在第一次聚会后两个月结束；二十次聚会的小组，将在聚会二十次后结束。

（3）小组动力不够。小组可能因为无法达到一个足够整合的动力层次，适当完成任务后结束。

（4）小组不适应。当小组不能适应内外压力，不利于甚至阻碍组员的成长时，适时结束。

二、小组结束阶段的特征及工作方法

以上小组结束的原因中，第一、第二种情况属于正常结束；第三、第四种情况属于非正常结束，即小组夭折。

对于正常结束的小组来说，一方面，在小组结束阶段，组员彼此间建立互相接纳和合作的工作关系。大部分组员的需求得到满足，问题得到解决，自我认识和自我接纳得到增强。组员的自我形象和社会功能普遍有所提高。另一方面，组员会在一定程度上出现负面情绪反应，如拒绝、愤怒、恋恋不舍、哀伤、失落、紧张、担忧、压抑等，并由此衍生出不同的行为表现，如不愿承认小组结束，投入程度降低，愤怒并责怪自己等。小组工作者应做好小组结束阶段的有关安排并注意处理这些别离情绪。通常，处理小组结束阶段组员的各种情绪的方法有：申明小组结束的时间，淡化结束的情绪，引导组员充分表达结束前的感受，如赠送纪念品、举办小组聚餐等。

对于非正常结束的小组，小组工作者也应与组员一起讨论小组提前结束的原因，协助组员正确评价小组所产生的正面功能，帮助组员了解和肯定其在小组中的贡献与成长，与个别组员订立他们离开小组后的计划和做出适当的安排。

开放小组的局部结束：小组内一个或一个以上组员因目标达成或其他原因离开小组，其他组员仍留在组内。当遇到开放小组的局部结束时，小组工作者应了解不同组员对小组局部结束的感受，协助离组者总结在小组内的经验，制订离组后计划；协助离组者与留在组内的组员互相给予回馈；鼓励留下来的组员为达成小组目标继续努力。

子情境 II 小组工作的开展

能力目标

1. 能够全面地进行小组需求评估与分析。
2. 能够根据实际情境撰写完整的小组活动策划书。

3. 能够根据小组活动策划书和实际情况顺利地开展小组活动。
4. 能够全面地进行小组活动专业评估。

知识目标

1. 掌握小组需求评估和分析的知识与方法。
2. 清楚小组活动策划书的撰写规范与要求。
3. 具备小组活动策划的知识、方法与技巧。
4. 掌握小组活动开展的知识、方法与技巧。
5. 清楚小组工作者应该具备的素质。
6. 掌握小组活动专业评估的知识与方法。

任务一 领受小组工作任务

情境导入

实习社工小李来到重庆某社会工作服务中心进行为期半年的专业实习。在听了小李的自我介绍后，该社会工作服务中心决定把小李派驻到某学校社会工作项目点进行专业实习。小李被安排到某中职学校，社会工作服务中心在该学校设有工作站和一名女性专职工作者。不久，小李接到了社会工作服务中心指派的实习任务，其中包括每周要开展一次人际沟通小组活动和一次职业规划小组活动。

任务描述

根据上述情景，讨论分析以下问题：
（1）上述情境中，小李接下来应该怎么做？
（2）小李应该选择什么类型的小组？
（3）小组工作者应该具备哪些素质？

任务实施

（1）按每6人为一组对全班同学进行分组。

（2）以小组为单位根据情境，展开主题讨论。
（3）各小组选派代表汇报、分享讨论结果。

任务总结

（1）教师结合教学情境对任务要求进行分析。
（2）教师对各小组讨论结果进行点评。

任务反思

准确地理解小组任务是小组工作者首先应该做的工作。小组工作任务一般有两类：一是机构派给小组工作者的任务，属于自上而下的任务，这个任务一般是机构之前经过调查或者凭借经验而制定的；二是小组工作者通过实地观察，发现居民们有共同的需求，而向机构提出并得到机构同意的任务，属于自下而上的任务。不论领受哪一类小组工作任务，小组工作者都有必要去弄清楚机构的性质、服务理念、物资、主要服务对象、运作目标、服务对象的需求等基本情况，以及小组的目标等。

知识链接

一、小组的提出

成立一个小组的想法可能由机构领导者、小组工作者、潜在组员和其他人员提出。

1. 由机构的领导者提出

机构的领导者在检查机构的等待名单时若发现许多案主都遇到类似的问题，并认为此类问题能够以小组的方式解决，他可能就会在机构会议中提出成立一个小组。

2. 由小组工作者提出

当小组工作者发现有许多案主存在类似的情况和问题需要解决时，他可能提出建立一个小组。例如，美国一位社会工作者在检查他的案主资料时，惊讶地发现，在当时每个星期来找他做个别咨询的案主中，有许多是遭遇离婚的妇女。虽然这些妇女的年龄、教育程度和生活状态各不相同，但她们却有一些共同的重要特征：

① 她们都有轻微的沮丧，但都维持着基本的健康状况；
② 她们在经济上都有困难；
③ 她们在满足孩子的需要上都有困难；
④ 在过去的生活中，她们都曾经遭遇过男人的遗弃，这也影响了她们与其他人的关系。

当这些妇女被个别询问是否有兴趣成为小组的一员时,她们都表示乐意参与。

3. 由潜在组员提出

在潜在组员的请求甚至要求下,小组工作者可能针对他们的特殊问题成立一个小组。例如,一些青少年的母亲,由于关心社区中的药物滥用的状况,而与社区心理卫生中心的工作者讨论,请求工作者协助他们组成一个小组,并且协助他们寻找适当的药物专业人员成为他们的讲员。

4. 由其他人员提出

当某一机构的有关工作人员(如医院的医生、学校的辅导员)发现有多个人存在相同问题时,可能建议成立一个小组。例如,医务工作者将拒医的病人组成一个小组。当社区工作者发现社区中有若干人面临或存在相同问题时,可能建议成立一个小组。例如,某社区中有越轨行为的青少年较多,社区工作者可能建议针对他们成立一个小组,帮助他们纠正越轨行为。

二、小组的类型

根据不同的标准,可将小组分为不同的类型。

1. 按小组的形成划分

(1) 自然小组。

自然小组是指人们自然而然聚在一起的小组。自然小组往往由于一些自然事件、组员间的互相吸引或感觉需要等因素而形成。自然小组通常具有较低的组织结构,如家庭、朋辈小组、街头玩伴小组等。

(2) 人为组成的小组。

人为组成的小组是通过外部的影响和干预而组建起来的,一般有较强的目的性和结构性,如任务小组、工作委员会、兴趣小组等。

2. 按组员的参与度划分

(1) 自愿小组。

自愿小组是指基于组员自身动机和主动性而形成的小组,这种小组中所有组员都是自愿参加的,如志愿者小组、家长技巧训练小组等。

(2) 非自愿小组。

非自愿小组是指不是由组员自身动机和主动性组成的,具有强制参与性的小组。例如,在矫治机构中用于组员转变行为的戒毒治疗小组等。

3. 按组员间的联系划分

(1) 基本小组。

基本小组的组员具有较高的互动频率和紧密联系。基本小组都是很小型的,小到组员可以用面对面的方式与小组中的其他任何一个人进行交流。基本小组也是组员间有约定承诺的小组，组员相互表达情感，不论是积极的还是消极的，都可以清楚地表达出来。最典型的基本小组就是家庭。

(2) 次层小组。

次层小组的组员之间联系较少，而且关系不甚密切，如同事等。

4. 按小组的结构划分

(1) 正式小组。

正式小组具有正式的小组结构，组员具有确定的角色和地位。通常，正式小组有特定的目标去指导组员的行为，如任务小组、行动小组、教育小组等。

(2) 非正式小组。

非正式小组不具有正式的结构。通常，非正式小组也没有明确的目标，组员自然地聚拢在一起，通过互动达到交往和满足个人需求的目的，如同学小组、街头玩伴小组等。

5. 按组员的界限划分

(1) 封闭小组。

封闭小组从小组聚会开始到小组结束都具有相同的组员组合，不会随时间的变化而增加或减少组员。一般来说，深刻的互动关系和一些特殊的治疗关系都是在封闭的小组中完成的，如为戒毒者成立的"情感支持小组"等。

(2) 开放小组。

开放小组在小组过程的任何时间都允许组员加入或离开。一般情况下，社会目标模式下的小组都具有很高的开放度，如环保小组等。

6. 按小组的性质和目的划分

(1) 社交小组。

社交小组的目标是组员的关系改善和互动。小组活动往往围绕着提升组员的社会交往能力开展。这种小组在我国的学校和社区青少年活动中心比较常见。

(2) 教化小组。

教化小组有明确的角色指引和行为规范指导。教化小组往往通过小组工作教化和训练组员，使其在品德、行为、纪律等方面规范化，提升他们的自觉意识。学校、青少年中心等有很多教化小组。

(3) 服务小组或志愿者小组。

服务小组或志愿者小组通过小组开展义务服务工作，培养和发掘公民的服务意识和潜能。我国的许多志愿者小分队就属于服务小组或志愿者小组。

(4) 兴趣小组。

兴趣小组常常通过小组发展和培养组员的各种兴趣和爱好，陶冶情操。我国学校和青少年中心等举办的各类兴趣班就属于兴趣小组。

(5) 任务小组。

任务小组有明确的任务（工作）取向，如环保小组、艾滋病防范公共宣传小组等。

(6) 意识提升小组。

意识提升小组致力于组员的增权，以提高组员对自己和社会整体的意识，如妇女意识提升小组、单亲母亲支持小组等。我国的专业人员在这方面做了许多努力，如中华女子学院社会工作学院师生做的"单亲女性自强小组"，香港理工大学应用社会科学系和云南大学社会工作专业师生在农村开办的"绿寨妇女识字班"等，都在意识提升小组方面做了很多有意义的尝试。

(7) 教育小组。

教育小组常常用小组的方式帮助组员学习与自己的生活、工作和社会交往相关的各类知识，目的是增进组员适应社会（生活）的技能。用小组的方式进行"非正规教育"，帮助组员学习与自己生存有关的知识和经验，对组员能力的提升和自信心的培养作用很大。家长技巧训练小组、妇女手工艺传习小组等都属于教育小组。教育小组在我国有广阔的前景，各类社会福利机构对此做过许多有益探索。

(8) 成长小组。

成长小组往往通过组员之间的互动，促使他们从思想、感情和行为等多方面觉醒并深刻反思，从而不断获得成长。成长小组最终的目的是帮助组员发掘自己的潜能，在情绪、态度和行为等方面获得改变与成长。大学生成长小组、老年人成长小组等都属于这一类。我国许多机构都开过成长小组，积累了一定的经验。

(9) 治疗小组。

治疗小组通过小组互动，帮助有"问题"（如社会功能丧失，违反法律或道德规范等）的组员恢复社会功能，改变"不良"行为和态度，治愈身心"疾病"等。偏差青少年行为矫治小组、精神障碍者适应社区生活小组等都属于这一类。治疗小组是小组工作的重要类型，为各种社会适应不良和身心有缺陷的人提供服务，在我国的特殊人群（残疾人、精神障碍者等）和司法矫治对象中有广阔的应用前景。

(10) 社会化小组。

社会化小组帮助组员学习社会适应技巧和行为方式，提高他们应对社会压力的能力。提高青少年自信心小组，帮助儿童学习与他人交往和合作的康乐小组等都属于社会化小组。

(11) 自助和互助小组。

自助和互助小组以组员自己的资源作为支持，以达到转变态度和行为的目的，或者达到解决社会问题的目的。针对下岗女工建立的创业自助互助小组、单亲母亲或受虐妻子支持小组等都属于这一类。我国有通过小组的方式达到自助和互助目的的传统，新中国成立初期的"互助组"就是一个典型的例子。用小组的方法建立社会支持网络，重建社会资本，是困难群体自立自强的重要途径，也是社会工作努力的方向。

（12）社会行动小组。

社会行动小组的目的是利用小组资源，集结社会力量，促进社会发生积极的改变，维护组员或社区的整体利益。这类小组已经趋向于采用社区工作的方法。各种类型的发展性小组就是通过群体组织的方式进行社区倡导或社区教育的，目的是推动社区的改变。例如，一个以环境保护为宗旨的小组，就是通过社区倡导和宣传等行动，来达到保护环境的目的的。

三、小组工作者应具备的素质

1. 自我觉察和自我了解

小组中，几乎每一个人都是带着自己过去生活的经验，带着自己的价值观、自己先入为主的观念和独特的个性进入小组这个联盟的。

小组工作者也和其他组员一样，有着各种需要，需要同伴、认同、名望、安全感，需要被人喜欢。作为助人者，小组工作者可能会不知不觉地被助人过程中所具有的权威地位，被他人的依赖、可能得到的奉承，或被通过帮助他人而帮助自己的希望所吸引。一名小组工作者也可能掉入自恋的陷阱，如渴望去治疗所有人、了解所有人、爱所有人、被所有人爱。在小组工作过程中，小组工作者的意识或者潜意识中的内容若被激发，可能产生对小组有害的反移情现象。

所以，一位有效的小组工作者，需要具有敏锐的自我觉察能力，随时随地都能了解自己各方面的状况，包括生理、心理、精神的状况，了解自己的过往经验、现在生活中的事件和周围的事务对自己的影响，随时保持高度的自我觉察和自我了解，及时处理个人的各种可能对小组过程造成影响的问题。只有小组工作者有清晰的自我觉察和了解，他们才有能力在小组中做出较为正确的观察、评估和回应，才有可能真正做到以组员为中心，才不至于发生由于小组工作者自身的需要而给组员和自己带来损害的事情。因此，在小组工作者的训练当中，自我觉察和自我了解是十分基础的必修功课。

2. 自我接纳、自爱自信

自我接纳基于个人的自我了解。当小组工作者能够透彻地了解自己，并能够全心拥抱和接纳自己的时候，他们往往是自我肯定、自爱和自信的人，他们清楚并且欣赏自己的价值观、人生信念和生活方式，因此，也更能够尊重和欣赏组员的不同风格，会有能力去信任、接纳、爱护小组里的每一名组员。相反，不能很好地接纳自己的小组工作者往往会有较高的自我防卫意识，他们可能会为了别人的同意或者欣赏而工作，而非真正有力量和勇气就小组中的一些重要的环节跟其他人对质，从而也会减损小组的力量和治疗功效。

因此，自我接纳、自信自爱是小组工作的一个基本目标，也是一名小组工作者需要具备的基本特质。

3. 真诚以及愿意与自己对质

有效的小组工作者是真实的，并且会对组员作出诚实的回应。他们基于组员的利益，愿意将心中的想法和感受说出来。他们向小组示范自己已经做好准备，可以讨论小组关心的任何事情。他们不逃避自己，不把自己隐藏在种种面具后面。他们的表达具体、清楚，当他们犯错的时候会愿意承认；当受到挑战时，他们不会摆出防御的姿态。他们以问题为中心，不会为情绪所左右而忘记讨论的真正主题。他们真诚地对待自己，也真诚地对待他人，他们的这种态度会对小组有良好的示范作用，从而使小组工作能够卓有成效地向前推进。

4. 敏感与及时回应

敏感是指小组工作者对组员的认知和情绪有及时的察觉和反应的能力。及时回应是指小组工作者被他人的快乐和痛苦所感动，并且能够将这些感受及时、准确地予以传达的过程。

及时回应可以有效地促进组员和小组工作者、组员和组员之间情感上的联结，使小组更容易产生同理和共鸣，从而增强小组的一体感，为小组带来积极的动力。

及时回应还意味着小组工作者能够及时处理问题。他们能够真诚地关注和聆听，专注而不被其他事情所分心，能够在小组中开放地做出各种反应。要做到及时地回应，小组工作者需要对自己的情绪有及时和敏锐的认识，对组员有高度的同理的关注。

5. 温暖、关怀及尊重他人

小组工作者需要具备的最重要的特质之一就是对他人的转变和成长抱有极大的兴趣。基于此，他们能够发展出对人的无条件的温暖和关怀的能力以及欣赏与尊重他人的能力。

由于关怀，他们会激励组员去诚实地面对和审视各方面的问题，他们会真诚、坦率地告诉组员一些也许组员不想听到的事情；由于尊重，他们会允许组员按照个人的节奏、习惯、风格行动，他们会留给组员足够的空间去发展，去真诚地聆听和及时地回应，会发自内心地对每一名组员的发展感兴趣。

6. 对小组过程与功能的信任

小组工作者对小组的价值和小组的功能深信不疑，是小组成功的一个重要保障。当小组工作者对小组怀有坚定的信念时，他会对小组投入真挚的热忱和希望，即使小组处于逆境，小组工作者也能够千方百计地找出路，而决不会轻言放弃。小组工作者的信念和热情并非只是一种情绪化的狂热，而是基于他们对小组发展过程与小组动力的了解，基于他们丰富的带领小组的实际经验。他们知道小组发展变化过程的各种玄机和峰回路转的妙处，也了解如何利用小组中的一切因素。在他们眼中，没有所谓的消极因素，小组中发生的一切都可以转化为积极的因素，推动小组的进程。

7. 放松与幽默

小组工作看起来是十分严肃的，而且常常会触碰到组员内心的伤痛，因此，感觉上会更像一件沉重而压抑的事情。事实上,一个成功的小组工作过程,应该是既充满眼泪,又充满欢笑的过程。越是艰难的时刻,小组工作者放松的态度越可以帮助组员保持镇定和信心,越有可能带领小组创造峰回路转的奇迹,同时使自己保持清醒的觉察能力和反应能力。幽默是放松小组、放松小组工作者的重要方法,它不仅可以缓解小组的气氛,同时也具有很好的治疗作用。放松和幽默可以增进组员的关系,使组员在笑声中学习到举重若轻的生活态度,给小组带来希望。

一名自信、放松、幽默的小组工作者能够恰当地运用自我解嘲,能够通过幽默的语言和行动来回应小组的变化,能够激发组员的智慧,能够为小组创造出一种轻松、诙谐的气氛,让大家在笑声中疗伤、成长。

8. 勇气和个人的力量

有效的小组工作者能够在与组员的互动中表现出勇气,不把自己隐藏在工作者这个特殊角色的后面,而能在小组中承担风险与承认错误,能够与别人对质并裸露自己对对方的真实反应,能够凭直觉和信念行事,在小组中开放地讨论自己对小组历程的想法和感受。同时,他们能够坚持自己的理念,不会被暂时的事件动摇。他们愿意在适当的时候冒险。小组工作者的这种能力和力量能够带给小组特别的示范作用,从而促进和提升组员的个人力量。

任务二　策划组建小组

情境导入

接到每周要在中职学校开展一次人际沟通小组和职业规划小组的活动任务后,实习社工小李积极收集资料:上网查询相关小组计划书样本,找同学、老师索要参考资料,到图书馆查找小组工作辅助教材等。很快,小李写好了小组计划书并交给实习机构审批。两天后,实习机构告知小李:小组计划书的可行性、操作性、实用性、针对性不够,计划书内容大部分都脱离实际,要求小李修改小组计划书。

…………

任务描述

根据上述情景,讨论分析以下问题:

(1) 针对小组计划书脱离实际的情况,小李接下来应该怎么做?

(2) 如何写好一份完整的小组计划书?

任务实施

（1）按每10人为一组对全班同学进行分组。

（2）以小组为单位根据情境，展开主题讨论。

（3）各小组选派代表汇报、分享讨论结果。

任务总结

（1）教师结合教学情境对任务要求进行分析。

（2）教师对各小组讨论结果进行点评。

任务反思

策划组建小组工作主要包括撰写小组计划书和招募组员两大部分。在开组前，撰写好小组计划书是非常重要的工作。小组计划书需要得到相关机构的支持和批准。撰写小组计划书还能够使小组工作者对小组理念、理论框架、小组目标等有清晰的认识，能够帮助小组工作者对每一节的小组活动做好准备。同时，小组计划书是小组工作的一个程序设计，小组工作者通过撰写小组计划书可以明确小组工作的程序安排和每一个工作阶段的活动内容安排。一个完整的小组计划书也可以为小组工作评估奠定基础。小组计划书的内容比较灵活，可以随着小组的发展和组员的改变进行适当的调整，以满足组员的需要。学完本任务后学生应具备设计、撰写小组计划书和招募组员的能力。

知识链接

一、小组需求评估和目标确定

有学者将开组前的准备工作称为计划目标和接案工作，另外一些学者将其称为酝酿和计划工作。此时小组工作者处于中心位置，扮演着基本角色，需要处理各种大小事务。总的来说，开组前小组工作者首先需要做以下两项工作。

1. 评估需求

成立一个小组的想法，一般在小组的第一次聚会之前就产生了。这种想法（需求）可能由小组工作者、机构主管、社区居民或潜在组员提出，提出的原因大部分是存在比较普遍的问题或需求。

用小组工作的方式帮助案主，是基于对问题（需求）的评估。在需求评估过程中一般会出现以下两种情况。

一是相关机构要求开小组，小组工作者自己也有小组工作的训练，认为小组工作方法是最有效的助人手法。以此认为，案主问题最适合用小组工作的方式来解决。

这种情况下所谓的需求并不是案主的真实需求，而是相关机构或小组工作者自己的需要。用这样的态度和方法去评估需求其实是当前社会工作主流的需求评估。当忽视案主的真实需求，以相关机构或小组工作者或方法为本去做出一项介入决定时，这样的介入效果就可想而知了。

另外一种情况是我们极力推崇的需求评估，就是以案主的需求为本，通过与案主"同行"，彼此建立信任关系，评估他们的真实需求，并在此基础上制订介入计划。

要找到案主的真实需求，就必须深入了解他们，与他们"同行"，当信任关系建立起来时，真实的需求就自然地呈现出来了。小组工作者只有找到案主的真实需求，才有可能真正地帮到他们，而不是满足自己的需要。这个过程就是去评估潜在组员，收集潜在组员的资料，包括潜在组员的需要、所关心的事和问题，将这些内容和小组目标对照，看是否需要修改目标；同时还应该评估潜在组员的兴趣和专长，以便组员有一个理想的组合。

小组的需求评估实际由"收集资料""分析资料""制订介入干预计划"三个步骤组成。收集资料主要可以采用访谈、问卷、量表、文献回顾和查阅机构资料等方法，收集各种有关小组和组员的资料。特别要关注组前面谈和机构记录中的重要资料，这些是发现组员真实需求的珍贵的第一手资料。资料分析非常关键，一般量表可以借助计算机软件进行分析，计算出变量之间的关系和概率等，然后将其作为介入干预计划的科学依据。许多访谈资料要通过定性的方法进行归纳分析，以发现组员的特殊需求。制订介入干预计划就是基于资料分析而制定出切实可行的介入策略。

2. 确定目标

小组工作者找到案主的真实需求，确定目标就是"水到渠成"的过程。此时，小组工作者需要思考许多问题，包括由谁决定小组工作是否要实施？自己是否有足够的时间、精力和技术来承担小组工作？机构和社区的资源如何？小组如何招募组员？如何领导小组？等等，从而为撰写小组计划书打下基础。

小组工作者必须将小组的目标加以概念化，就是要思考小组将协助组员达到什么目的，具体包括小组工作者的目标是什么？组员的目标是什么？机构的目标是什么？小组的长期目标、中期目标和短期目标分别是什么？为了达到目标，招募多少名组员才适中？为了达到目标，小组聚会要坚持多长时间？具体采取何种方式达到目标？等等。

每个人参加小组都有自己的需求，小组工作者开组有自己的期望，机构也有自己的宗旨需要遵循。美国小组工作专家艾根在其1970年的论著中列出了五个小组目标：协议目标（contract goals）、沟通目标（interaction goals）、过程目标（process goals）、实质目标（content goals）、需求目标（need goals）。

（1）协议目标。

协议目标是小组的总目标，是组员希望加入小组后能够达到个人目标的基本要求。协议目标是比较广义和原则性的，不是具体的目标。例如，对流浪儿童开展一个支持小组，其协议目标就是"为流浪儿童创造一个安全、温暖并促进其成长的环境，通过小组工作向他们提供必要的物质支持和同伴经验的分享，提高孩子们应对环境变化的能力等"。

（2）沟通目标。

沟通目标是一个分目标，强调互相沟通，通过组员的自我解剖和彼此分享，给予组员支持，为总目标服务。例如，流浪儿童支持小组的沟通目标是"鼓励儿童在小组中开放自己，信任别人，说出自己的难处和困惑，以得到他人的支持"。

（3）过程目标。

过程目标是在小组各个阶段的分目标。因为小组在每一次聚会中都会带出一些新问题，解决这些问题（需求）就成为过程目标。由于过程是动态的，所以这个目标只会在过程中产生，很难预先设定这个目标是什么。例如，流浪儿童在第一次聚会中希望小组可以处理他们面临的安全问题，于是，解决这个问题可能就会成为小组下一次聚会时的一个具体目标。

（4）实质目标。

实质目标就是小组目标的内容。实质目标其实限制着小组的功能，因为小组往往必须在实质目标范围内工作，不能超越范围。例如，流浪儿童支持小组的目标范围就是对流浪儿童提供物质和精神支持。

（5）需求目标。

需求目标是指有特殊需求的个别组员，希望在小组中达到的个人目标。一般而言，个人目标与小组目标应该是一致的，因为小组目标就是来自个人的真实需求。但由于个体的差异，每个人都有自己的特殊需求，有时个人的特殊需求与小组目标会冲突。这时个人目标要服从小组目标。但小组工作者一定要在小组过程中留意个人的期望和问题等，必要时可对小组目标做出修订。例如，在流浪儿童支持小组中，当小组工作者发现有的流浪儿童存在被不法分子操控犯罪的问题时，这时小组目标也要针对这个问题有所修订或补充。

确定目标是小组筹备中重要的一环，只有目标清楚，才能有的放矢地工作。但一定要清楚：目标的确定是一个动态的过程，绝不能将目标僵化；同时，在小组工作过程中要不断地对小组目标做出修订，这样才能最大限度地帮助组员。要注意小组目标可能不止一个，相关人员应该处理好各层目标之间的关系。

在流浪儿童支持小组中，小组工作者的目标是工作者认为重要的价值观（权利等），而这些流浪儿童的现实处境是生存和游戏的需求，孩子们有自己看重的东西。小组目标要符合组员的真实需求，小组工作者应该去寻找组员的真实需求。组员的需求会随着时间和空间的变化而改变，所以，需求评估工作应贯彻于小组工作的整个过程，小组工作者应该有能力随时调整小组目标，以便最大限度地满足组员的需求。

二、撰写小组计划书

在正式开组前，小组工作者要撰写小组计划书。小组计划书的内容比较灵活，可以随着小组的发展和组员的改变而有适当的调整，以满足组员的需求。一份完整的小组计划书主要包含以下内容。

1. 小组名称

小组名称一般应根据小组活动内容、类型等确定，应尽量做到既能反映小组活动的主题，又能吸引组员，同时还要尽量简明扼要。

2. 活动背景

活动背景包括机构的背景，服务对象群体的背景，服务对象所在社区的背景，社区的文化、组织结构等。服务对象的基本信息、社会特征和需求等对小组工作是非常重要的背景信息。

3. 理念的阐述

这里的理念主要包括小组的成因和小组的理论架构。

（1）小组的成因，即需求调查中小组工作者发现的案主存在的需求与问题；

（2）小组的理论架构，即需求评估中所得到的有关潜在组员的问题跟什么样的理论扣连，或要采用什么样的理论解释或解决。

4. 目的

小组目的是小组最根本的目标和小组存在的原因。一个清楚且反映组员适当期望的小组目的是组员发展联结和达到小组目标的基础。小组的目源于机构、小组工作者和组员三个方面。与此相应，小组目的可以分为机构的目的、小组工作者的目的和组员的目的，当三者的内容一致时，小组的发展会更顺利、更和谐。因此，成立小组时应尽量使三者的内容一致。小组目的的陈述应当简洁明了，并应以清楚和概括性的方式提供给潜在组员，以便让潜在组员知道小组对自己有什么好处。下面是一些小组目的陈述实例。

小组A是为父母离异的小孩所成立的。通过同辈之间的相互支持，鼓励组员讨论他们关心的事情，发展适当的适应技巧，使他们能够处理因父母离异而带来的创伤，并且可以痊愈。

小组B是为精神病科病房中新的住院病人所成立的。小组讨论的重点是医院生活的情况，以减少大家的压力。组员可以提出个人的问题，也可以从小组工作者和其他组员那里得到建议。

小组C将通过会议向血液透析病人、病人家属和治疗团队提供讨论病人问题的机会，并讨论如何一起努力解决问题。

5. 组员

组员主要包括两方面信息：一是年龄、性别、教育背景、特征；二是需要处理的范围，如他们的问题和需求等。

6. 小组的特征

小组的特征主要包括以下六个方面的内容。

（1）小组的性质。

这主要是指小组是治疗性小组，还是康乐性小组，或是成长性小组。

（2）小组的形式。

小组工作者应当决定，对于新的组员，小组是开放的，还是封闭的，即成立开放式小组还是封闭式小组。开放式小组维持一定的大小，允许有组员中途离开，也允许有组员中途加入；封闭式小组则从开始到结束，基本上都是固定的组员在一起活动。

开放式小组和封闭式小组各有其优缺点。开放式小组的优点是可以有持续的组员流动，如果某一个组员离开，一个新的组员可以很快填补这个空缺；组员可以自由地加入小组，而无须等到小组管理重组，这对需要紧急和暂时性帮助的案主特别有价值。开放式小组的缺点是新组员的加入会影响小组的持续性，并且会阻碍小组的凝聚力；如果新组员没有小组经验，有时还会阻碍小组的成长，并且小组工作者必须花费额外的时间来帮助新组员快速适应小组工作。封闭式小组的优点是经过长时间相处，组员之前的联系较多，认同度和信任度较高，小组的凝聚力也较高。封闭式小组的缺点是小组可能因为组员的离开而结束，而且并不是每一个组员都适合亲密性高的小组。对一些组员来说，亲密可能是具有威胁性的，他们可能会激烈或暗中抗拒亲密。具体采用哪种形式，在成立小组时小组工作者应综合考虑。

（3）小组的规模。

多少人组成小组比较合适？这是一个很现实的问题。小组工作者常常以小组的目的和自己的感觉作为确定小组规模的主要依据。一般来说，如果期望每一个组员都深度参与，并且强调亲密的关系，那么由5~12人组成小组是比较理想的。当小组的规模降至4人或更少时，小组的运作通常会停止。

（4）小组持续的时间。

一般而言，小组持续时间越长，意味着组员要投入越多的精力。小组持续时间过短，又难以达到小组的目标。小组有没有时间限制，会对组员产生不同的影响。

有时间限制的小组由于有明确的时间长度，组员知道小组不会永远持续下去，因此，他们对达成目标会产生一定的压力。这有助于提高小组工作的效率。但是，有时间限制的小组可能会出现小组目标达成的时间不够的问题。对于有时间限制的小组，二十次聚会是比较理想的。没有时间限制的小组又称持续性小组。持续性小组的好处是可以让组员在适当的时间深入处理自己的问题，并且小组工作者也有足够的时间为面临生命中重要改变的组员提供其所需要的支持和挑战。不是每一个组员在十几至二十次聚会的小组中都可以发生改变，许多组员在离开小组投入到真实生活之前，需要有较多的时间在小组中做模拟情境练习。持续性小组的缺点是组员会依赖小组，并且小组动力比有时间限制的小组要小。

（5）小组聚会的时长和频率。

小组聚会应该持续多长时间，这要视组员的挫折忍受力和能够保持专注的时间而定。对儿童和功能有限的人来说，每次聚会的时间不宜太长。一般而言，30～40 分钟是比较合适的；对一般的成年人来说，一个半小时或两个小时的聚会是比较合适的，这样既可以让每个人有足够的时间分享，同时不会感到疲倦。小组每隔多长时间聚会一次，取决于组员的多少和构成，以及小组工作者对时间间隔的认识。对某些特殊的治疗小组而言，由于几乎每天都有一个或更多的新组员，可以增加小组聚会的次数，如果小组工作者的时间允许，甚至可以天天都举办小组聚会。如果组员是儿童或某些功能受限的人，聚会可以每周安排一次。

（6）小组聚会的物理环境。

小组聚会的物理环境对组员的行为有很大的影响。隐秘、安全、舒适和安静这四个有关物理环境的因素会影响组员之间的互动。组员有安全感是很重要的，外面的人不能听到里面发生什么，不能突然进入小组聚会的房间，小组不能使用过道之类的环境。如果没有干扰因素（如声音、景观），可以加强组员的注意力。温度应保持在一个舒适的程度，如果在一个太冷或太热的房间里进行小组聚会，将对小组的互动产生负面影响。房间太大会破坏小组的亲密感；相对的，房间太小则可能会引起组员的惊慌和焦虑，因为那样会导致他们的私人空间被侵占。桌子可以为组员提供休息、喝茶的地方，同时，也可以为组员和小组工作者提供一定的屏障。没有桌子往往会对小组活动造成明显的阻碍，因为那样会让许多女性组员不能舒服地坐下来，而且对正在进行的事情无法集中精神。使用桌子时，圆桌要比方桌效果好。

7. 小组活动内容

小组活动内容包括每次小组活动的活动环节、所需要的资源、活动时间的分配、小组工作者的职责分配等基本要素。

8. 招募计划

招募计划包括招募海报、宣传单、时间、名额限制等基本要素。

9. 预料中的问题和应变计划

预料中的问题和应变计划包括在整个小组活动过程中可能出现的突发事件及其应对策略。

10. 预算

预算包括整个小组活动的各项经费预算。

11. 评估

评估包括评估的范围、方法。评估方法一般是过程评估和结果评估相结合，定量评估与定性评估相结合。

三、组员的选择

1. 招收组员

小组计划书和小组目的确定以后，就可以开始招收组员了。招收组员可以通过张贴招收公告、寄送成立小组的计划书，或将有关资料置于潜在组员经常出入的地方等方式来进行。这些方式可以吸引有需要且乐意参与的人前来报名。对于小组工作者或其他机构工作者认为有必要参与小组但本人起初不愿意参与小组的人，小组工作者可以上门邀请并说服其参与小组。

2. 选择组员

小组将包括哪些人？将排除哪些人？不是每一名潜在组员都适合加入某个独特的小组，这就存在一个选择组员的问题。选择组员首先要考虑三个因素：第一，这个潜在组员的需求是否能在即将成立的小组中得到满足；第二，组员的相似性和相异性，小组中可以选择不同的组员，但不能差异太大；第三，某个潜在组员的加入是否会对小组带来破坏性或其他危险。小组工作者应经过综合考虑之后，再决定潜在组员应加入小组还是被排除在小组之外。

平衡组员的相似性和相异性时可从以下几个方面来考虑。

（1）性别——单一性别还是两种性别？

（2）年龄——相同年龄还是有大范围的年龄层？

（3）婚姻状况——已婚、单身还是两者混合？

（4）智力程度——一个窄的智力范围？还是相对比较宽的智力范围？

（5）教育——单一教育程度还是多层次教育程度？

（6）社会地位——处于相同的社会阶层？还是处于不同的社会阶层？

（7）生活经历——生活经历大致相同还是差异较大？

（8）民族——同一民族还是多个民族？

（9）风俗习惯——风俗习惯大致相同还是差异较大？

（10）自我强度——相同的忍受力和相近的问题处理能力？还是某个大范围程度的信心和适应能力？

（11）问题——组员真正要处理的问题是相同（或相似）的？还是不相同（或相异）的？

任务三　开始小组活动

情境导入

经过两个星期的准备，实习社工小李带领的第一次小组活动于周二下午 5:30 开始，小李早早地来到了活动室并开始准备。小组活动一开始，小李就主动地介绍了自己，并要求组员们一一自我介绍。为了搞活小组气氛，小李设计了反映个人机敏度的比赛游戏和促进组员建立信任关系的"不倒翁"游戏。游戏过后，小李带领大家分享如何处理好室友之间的矛盾问题，可组员们都不怎么发言，小李只好把之前准备好的有关资料，通过投影给组员们都讲了一遍。小李发现组员们都在各自玩手机，对小组活动不感兴趣，这时，有一名组员表示有事要先走，小李只好同意……

小李发现，大家好像都不愿意待在这里，情况有些不妙，为了避免持续这种尴尬的场面，小李宣布本次活动结束，并告诉大家下次活动的时间和地点。

任务描述

根据上述情境，讨论分析以下问题：
(1) 请对实习社工小李带领的本次小组活动进行评价？
(2) 如何开展好第一次小组活动？

任务实施

(1) 按每 6 人为一组对全班同学进行分组。
(2) 以小组为单位根据情境展开主题讨论。
(3) 各小组选派代表汇报、分享讨论结果。

任务总结

(1) 教师结合教学情境对任务要求进行分析。
(2) 教师对各小组讨论结果进行点评。

T 任务反思

小组活动是有时期和阶段的。关于小组活动的时期和阶段，不同的学者有不同的划分方法，我们在这里采用常用的简单划分方法，即把小组活动划分为三个时期：初期（概念阶段、聚会阶段和形成阶段）、中期（冲突阶段、维持阶段）和后期（结束阶段）。严格来讲，小组活动的时期和阶段的划分并无可套用的固定界线，因为小组活动的时期和阶段的划分还要根据小组活动的实际进程来进行。例如，小组进行到后期时，仍然会发生小组冲突。即便如此，小组活动初期、中期、后期通常都具有其一般性的特点，是可以被大家认知、理解和掌握的。本任务属于小组活动的初期，要求学生掌握小组活动初期组员的特征和能够运用于该时期的方法与技巧。

K 知识链接

一、第一次小组活动组员的心理特点

第一次小组活动时，组员因为处于新的小组情境，很多小组规则、期待与活动对组员来说都可能是新鲜而陌生的。同时，有些组员对小组工作不太了解，对自己的期待也不甚清楚，因此可能产生许多焦虑、疑问和试探。例如，

① 小组工作者是一个什么样的人？他会不会喜欢我？他会不会尊重我并理解我的感受？

② 我能不能把我的真实感受与其他组员分享？他们会不会嘲笑我、伤害我？

③ 我可以信任其他组员吗？

④ 其他组员会同情我、支持我，还是会攻击我、威胁我？

组员过去的小组经验会影响其在小组中的分享。组员如果在过去的小组中曾经遇到过困难或受过创伤，那么对于参加新的小组就会非常小心。组员参加第一次小组聚会时，常常会尝试将其他组员分类，以决定自己在小组中的位置。他们也会询问一些问题，以建立自己与其他组员间彼此的兴趣，如你是哪里人？你就读于哪所学校？你在哪家单位工作？等等。第一次聚会也是小组活动的开始，此时小组只能算作一群人的集合，小组工作者仍然是初级基本角色，处于中心位置，而组员只关注自己，与他人较少发生互动，小组有很大的不确定性，也很少有规范可循。此时的组员主要有以下几个比较明显的特征。

1. 充满了两极情感

（1）无论组员对于预期的聚会做了多么充分的准备，第一次聚会时他们还是会处于内心充满兴奋和焦虑的两难境地。一旦聚会开始，组员会直接向工作者这边看。在这种状态下，有些组员会因为紧张而不自然地笑，为了减缓压力，他们也可能会小声而有礼貌地说

话，充满犹豫，行为显得很笨拙，先前问过的问题会重复询问。这时的组员只关心他们自己，他们很少注意其他组员，与他人的接触也很有限，虽然他们很想与其他组员互动和分享。

（2）在此阶段，组员一方面拥有独立性，另一方面他们又渴望与他人互动和交流，这种心情是矛盾的、冲突的。这主要表现为组员的"趋避"（就是趋求和避免）心理和行为。所谓"趋求"，是指组员对新经验的好奇，希望从小组中获得满足，期待与其他组员和小组工作者建立良好的关系，并期待自己以开放的心胸进入小组，了解他人的看法，尽量理解他人。因此，此时组员会过多地表现出揭露自己、包容他人的情况，同时组员也在极力"避免"着一些什么。例如，他们会小心地对待他人，对他人会感到陌生和害羞，不敢正面与他人接触和交谈，盼望他人先提及自己，不敢主动发言，常避开他人的注目，担心会被小组控制，恐惧他人的敌意，不相信自己会被喜欢，思考参加小组的代价，怀疑小组达成目标的能力，等等。总之，太多的顾及、犹豫与害怕会涌向多数组员的心头。

由此可见，这时组员非常需要小组工作者的引导，需要小组工作者帮助他们摆脱困惑，顺利地与他人建立良好的人际关系。如果此时小组工作者工作积极、方法得当，组员的情感得到满足，小组就会顺利进入下一个阶段。否则，一开始组员就会产生离心倾向，进而可能导致小组名存实亡或夭折。

2. 组员过去的经验（包括经历）会影响其在小组中的分享

例如，组员儿时的经历、曾经参加过小组的经过、曾经到过的地点、曾经做过的重大事情的经验和教训等，这些都会影响组员在小组中的分享与合作。

3. 试探

此时组员由于焦虑可能会试探着提出下列问题：

① 我在小组中需要做什么？
② 我会不会喜欢其他组员？
③ 其他组员会不会喜欢我？
④ 其他组员会不会嘲笑我？
⑤ 小组会不会强迫我做一些我不喜欢做的事？
⑥ 我会不会认识一些人？

此时组员还会试探性地向其他组员提出下列问题：

① 你叫什么名字？
② 你住在哪里？
③ 你的工作是什么？
④ 你认不认识某某？

此时的组员非常依赖小组工作者，他们可能还会向小组工作者探询以下问题：

① 小组工作者有什么期待？

② 小组有什么规范？
③ 小组角色有什么限制？
④ 小组会如何进行工作？
⑤ 小组对组员的保密工作做得如何？
⑥ 小组具体要讨论哪些问题？

二、开展好第一次小组活动的工作指引

小组工作者必须牢记：组员在小组初期会感到焦虑，即使组员对参与小组表现出高度的渴望，并且努力地朝着小组目标迈进，他们依然会因为对小组存在未知感而有所担心和恐惧。因此，小组工作者必须以一种开放且正向的态度向组员强调小组初期组员可能产生的正面和负面感受。在小组初期，小组工作者应强调组员间的相似性，鼓励组员分享彼此的感受，尤其是此时的不安、兴奋、害怕和快乐。这样能增加组员对小组的投入，并且减少组员的孤立感。因为当组员发现其他人对小组有与自己相同的感受时，组员往往会觉得自己得到了一种支持。在小组初期，当一个感到害怕和不安的组员听到其他组员也感到害怕和不安时，他会发现自己好像多了一些勇气。

小组工作者应努力在第一次聚会中完成下列目标：

① 让组员相互认识（由小组工作者介绍或组员自我介绍来完成）。
② 做一个简要的、开放性的陈述，澄清赞助此小组的机构，同时也让组员提出他们觉得紧急的主题或最关心的事情。
③ 邀请组员提出他们的需求，比较其与小组所能提供的帮助是否相符，并给予组员回馈。
④ 澄清小组工作者的角色。
⑤ 介绍小组日后的工作方法和组员如何能从小组工作中获益。
⑥ 直接处理会阻碍小组有效发挥作用的任何障碍。
⑦ 鼓励以组员之间的互动取代小组工作者与每个组员之间的讨论。
⑧ 发展一些组员可以感觉到安全和被支持的文化。
⑨ 帮助组员为他们自己和小组的未来制订一个试验性的计划。
⑩ 澄清个人目标与小组的整体目标，澄清小组和组员相互间的期待（由组员和小组工作者完成）。
⑪ 鼓励组员对小组工作有效与否提出诚实的回馈。
⑫ 讨论保密的需要和建立小组的基本守则。
⑬ 了解组员对小组运作的期望或顾虑，给组员足够的时间提问并对提问进行解答。
⑭ 引导组员形成小组契约。

基于上述认识，在这一阶段小组工作者应该注意以下几点。

1. 寻找组员的相似性

在小组初期，组员会以外表特征和经验为基础来互动，相同或相近的年龄、民族、性别、教育状况、宗教信仰、政治立场、爱好特长等因素都可以促进互动。

此时小组工作者可以通过认真阅读组员的背景资料或向组员询问"谈谈你为什么参加这个小组"等方式来了解组员的相似性，以便制定工作目标和选择介入方法。相似性是组员互动的基础。

在现实生活中，我们常常发现"似曾相识"和"同病相怜"是最容易产生互动的。所以，在小组初期，寻找组员的相似性非常重要。

有的组员在小组初期就表现出异常的积极，他们这样做，一方面可能是为了突出自己，另一方面也可能是想与别人打成一片。因为这样可以给别人一种领袖和楷模的印象，也可以展示自己的自信。不过，小组工作者必须明白，最早出现的领袖有时候并非就是最有能力和影响力的人。因为我国有保持谦虚和"真人不露相"的传统观念，这就要求小组工作者在确定小组领袖时应该非常谨慎。

2. 彼此交谈

在与组员交谈中，小组工作者主要应注意以下两点：

（1）在这一时期组员倾向于与小组工作者谈话，所以小组工作者要有意地转移话题，引导组员尽量多与其他组员进行交谈。例如，可以让组员自我介绍；或者给一个话题，让大家轮流发言等。

（2）有时可能会出现多数组员只想听别人谈，而自己羞于启齿的情况。遇到这种情况时，小组工作者应该帮助组员梳理思路，鼓励他们大胆地开口说话。

3. 消除顾虑

组员在交谈中，总有人不能准确地理解别人的意图或顾虑。事实上，这种情况是很容易发生的，因为我们常常很难仔细听别人诉说，对他人的意图难免产生误解，加之有些组员的口头表达能力有限，就更容易引起别人的误解。这时小组工作者应该积极与组员沟通，引导组员与组员之间进行最大限度的沟通。对表达能力欠佳的组员，小组工作者应给予特殊关注，一方面帮助他们梳理思路，另一方面引导他们积极发言，鼓励他们大胆地开口说话。

4. 仔细聆听

在第一次小组聚会时，有些组员急于表达自己的观点，而有些组员则沉默不语；有些组员为了准备自己的发言而无法注意别人的表达，甚至有些人漫不经心。这可能会导致小组聚会只是各个组员的表达会，而缺乏互动。遇到这种情况时，小组工作者应该要求组员注意他人的表达内容，学习聆听他人的心声。小组工作者本身也应该用聆听的技术来协助组员沟通。小组工作者可以询问组员是否听懂他人所说的意思，或要求组员轮流做阶段性总结；小组工作者还可以问组员当别人不注意听他发言时，他有何感想，等等。这样可以加强组员对别人发言的回馈。对儿童来说，用奖赏的方式来换取他们的注意力是一种可行的方式。

5. 同理、真诚和接纳

（1）同理就是小组工作者应该多站在组员的角度考虑问题，即要有同理心。倾听是有同理心的表现。倾听和有效回应是一对"孪生兄弟"，在认真倾听的基础上才能够给予有效的回应，会让对方感到贴心、被理解了，这种状态是人际互动的最高境界。在小组活动中很重要的一点就是组员间彼此要有同理心。小组工作者要想增强组员的同理心，一方面可以通过自己表达同理心来示范，另一方面也可以通过训练的方式。训练可以用"注意对别人言行的反应""角色扮演""给予及时回馈"等方式进行。对小组工作者而言，增强组员的同理心不应使用技术训练，而应采用价值观影响或行为规范的方式，要随时进行培养，力争使组员将其内化为自己生活的一部分，这样才能在适当的场合真实地表现出来。

（2）小组工作者必须是真诚（坦白）的，并且会对组员做出诚实的回馈，使组员愿意说出自己的真实想法和感受。真诚包括诚实与开放的心胸，真诚要靠自我了解来实现。真诚的态度就是将自己的满意与不满统统说出来。为了使组员拥有开放的态度，小组工作者要愿意将自己的小秘密揭露出来。真诚也应该包括小组工作者对组员不掺杂任何偏见，并会及时提出对组员和小组的意见。真诚的态度有助于消除组员之间的猜疑，并增加组员之间的相互依赖。

（3）小组工作者必须学会接纳。接纳就是接受，小组工作者应该抱有谦虚的态度，对组员的行为、语言进行认真观察和了解，然后仔细加以分析，制订一套有效的援助、治疗方案，以便有效地开展工作。

6. 向组员解释清楚小组工作者自己的角色

在小组筹备的会谈中，虽然小组工作者已经向组员说明小组的目的、自己的角色、组员的角色等，但小组聚会一开始，组员还是非常关心这些问题，小组工作者在这一阶段有必要再次说明一下自己的角色。

不论小组工作者的角色是促成者、治疗师还是援助者等，让组员清楚小组工作者的角色都是非常重要的。

7. 向组员解释清楚组员的角色

许多没有小组经验的组员，在第一次小组聚会时往往不知道小组对自己有什么作用，以及自己该怎样参与小组活动，他们常常对下列问题非常疑惑和关心：

① 我需要自我表露吗？如果表露我该怎么对别人说？

② 我可以对小组工作者提出反对意见吗？

③ 如果我不喜欢说话，别人非要我说怎么办？

④ 聚会将是怎样的情形？

⑤ 我可以在聚会时大胆说出自己的感受吗？

对于这些问题，小组工作者应该提前向各位组员说明小组的目标、规则、表达方式，以及组员所拥有的权利等内容，鼓励组员大胆互动、表露、倾听、支持和对质等。

8. 掌握几种小组初期的活动并加以灵活运用

（1）相互认识和了解的活动。

① 自我介绍。小组工作者要求组员轮流谈谈自己的基本情况，可以包括"我的姓名""我从哪里来""我的年龄""我就读的学校""我的工作""我的故乡""我的兴趣""我的愿望"等。

② 相互介绍。自我介绍有时会显得比较刻板和紧张，有时小组工作者需要协助组员用其他方式相互认识和了解。相互介绍就是一种很好的方式。相互介绍是指将组员每两人分为一组（可以找同性别、同年出生或穿同样颜色衣服的组员分为一组），然后要求他们在两人的小组内互相介绍，几分钟后回到小组中将刚才得到的资料再介绍给大家。介绍的方式可以多种多样，只要能使组员彼此认识、了解都可以采用，而且灵活热闹的介绍活动也是组员"破冰"（打破僵局）的开始。

③ 寻找相似点。给每个组员发一张卡片，要求他们去寻找至少两位有六种特征或爱好大致相同的组员，然后将他们的名字写在卡片上。这六种特征是：来自（或祖籍是）相同的省份，家庭出身（如工人、农民、干部、知识分子等）基本相似，对老鼠、蛇等动物的反应相似，喜欢的休闲和运动方式（如旅游、看电影、跳舞等）基本相同，不喜欢的休闲和运动方式（如逛街、爬山等）相似，专长（如外语、音乐、舞蹈、计算机等）相似。

当每个人都对照上述六种特征找遍组员后，小组工作者把大家召集在一起，然后讨论刚才寻找的过程、方式、策略等。实际上从寻找相似特点开始，小组的"僵局"就被打破了，组员的互动也已经开始。

（2）缓解紧张气氛的活动。

① 大家可以多说问候语，如"你好""很高兴见到你""吃过饭了吗"等。

② 大家可以唱一些流行歌曲，小组工作者建议尽量唱大家都熟悉或会唱的歌，还可以在小组聚会时放一些轻音乐等。

③ 大家可以聊一些关于聚餐、郊游、舞会、劳动等的话题，利用这些话题达成某方面的共识。

三、适合小组初期的游戏

（一）游戏1——破冰船

1. 活动目的

当组员互不认识时，可用这个游戏来"破冰"，或用此游戏来阐述手势的作用，同时说明手势在谈话中是十分重要的；也可以用来说明口头交流时如果不使用任何肢体语言，会显得有些拘谨或尴尬。

2．活动说明

人数：2人一组。

时间：10～15分钟。

材料：不需要。

场地：教室或会议室。

3．实施程序

(1) 小组工作者告诉组员接下来的几分钟将用来进行一项简单的游戏，请大家每2人为一组，与邻座的人进行交流，时间2～3分钟，交流的内容不限。

(2) 2～3分钟后，小组工作者请大家停下来，并请大家说一下在刚才的交谈中发现对方有哪些非语言的表现（如肢体语言或表情）。例如，有的人不停地摆弄手中的笔，有的人一个劲儿地轻敲桌子。

(3) 当大家说完后，小组工作者可以告诉组员：我们常常是无意识地做这些动作的。

(4) 小组工作者请大家继续交谈2～3分钟，但这次要注意尽量不要有任何肢体语言。

4．补充说明

小组工作者可以与组员讨论以下几个问题：

(1) 在第一次交谈中，我们中的大多数人是否意识到自己的肢体动作。

(2) 大家有没有发现你的交流对象有什么令人不快或心烦意乱的动作或姿势。

(3) 在交谈中，当被迫不能使用任何肢体语言时，大家会有什么感觉？没有任何肢体语言的交流是否和先前的效果相同？

(二) 游戏2——大风吹

1．活动目的

打破组员的防备心理，活跃小组气氛。

2．活动说明

人数：8～12人。

时间：15～20分钟。

材料：不需要。

场地：室内或室外均可。

3．实施程序

(1) 所有组员围坐成一圈，若在室外，可划定地方固定每个人的位置，小组工作者立于中央充当主持人。

(2) 游戏开始，主持人先说："大风吹！"大家问："吹什么？"主持人说："吹戴眼镜的人。"则凡是戴眼镜者，均要移动，另换位置。这次换位活动，主持人也参与，可快速找一个位置坐下来，若主持人抢到一个位置，便会使得一人没有位置，他便成为新的主持人。活动继续，新主持人再喊"大风吹"……

4．补充说明

可"吹"的内容：戴表的人、穿×颜色衣服的人、戴戒指的人、打领带的人、擦口红的人、已婚人士……

（三）游戏 3——棒打无情人

1．活动目的

（1）促进组员之间的了解。

（2）活跃小组气氛。

2．活动说明

人数：8～12 人。

时间：30～40 分钟。

材料：纸棒。

场地：室内或室外皆可。

3．实施程序

（1）用报纸或杂志搓成一根纸棒，大家围成一个圈，选一位执棒者站在圈内。执棒者所面对的人开始叫出一个人名，然后执棒者马上跑到那位被叫到姓名的人面前，刚刚被叫到姓名的人要马上喊出另一个人的姓名。如果他无法马上喊出另一个人的姓名，则执棒者即可一棒打下，将他呵斥醒；如果他能马上喊出另一个人的姓名，则执棒者就再跑到第二个被叫的人面前。如果第二个被叫的人无法马上讲出下一个人的姓名，则执棒者照样一棒打下，如此连续下去。

（2）可挑出 3～5 个人轮流出来任执棒者。

（四）游戏 4——认识大家

1．活动目的

（1）引发个人参与小组的兴趣。

（2）小组初期，组员可借此活动进行自我介绍并复述与熟记其他组员的个人信息，从而使彼此有更多的了解。

2．活动说明

人数：8～12 人。

时间：30～50 分钟。

材料：笔、纸。

场地：安静舒适的室内或室外。

3. 实施程序

（1）组员围圈而坐，领导者（第一号）先报自己的姓名，然后其右边的组员（第二号）报自己的姓名，接着复述第一号的姓名。

（2）第二号右边的组员（第三号）报自己姓名后，再复述第二号的姓名和第一号的姓名，以此类推。最后一号复述所有组员的姓名。所有人复述完后，本轮结束。活动次序也可以相反，即每人复述完后，其左边的人接着复述。

（3）第二轮游戏除了报自己的姓名外，每个人另加一种其他信息（如住处）。

（4）第三轮游戏还可以再加上其他信息，如主要兴趣、特征、个性等，以此类推。

4. 补充说明

（1）第二轮游戏时，可换其他组员担任第一号，每轮最好选不同的组员担任第一号。

（2）此游戏在组员彼此不认识的小组中做效果最佳。

（3）活动结束后大家可将彼此的兴趣、特征等归类，也可讨论活动经验。

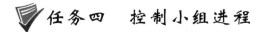

任务四　控制小组进程

情境导入

在"人际沟通"小组第四次活动中，实习社工小李请大家就某些情境展开讨论，请大家通过讨论认识自己在人际沟通中的态度，以及如何更好地与他人进行和谐的沟通。在讨论中，组员们形成了三种不同观点，并形成了针锋相对的形势，甚至有的组员开始用一些嘲笑、讥讽的词语来攻击其他组员。此时的小组，形成了三个次小组，并且各个次小组都坚持自己的观点，不接受其他观点。组员们不仅不能和谐相处，而且出现了裂缝和冲突。为了处理这种尴尬的局面，实习社工小李对大家的讨论进行了总结，并宣布进入下一个环节。

任务描述

根据上述情境，分析讨论以下问题：

（1）请对实习社工小李带领的本次小组活动进行评价。

（2）如何处理好小组中期的冲突与矛盾？

任务实施

（1）按每10人为一组对全班同学进行分组。
（2）以小组为单位根据情境，展开主题讨论。
（3）各小组选派代表汇报、分享讨论结果。

任务总结

（1）教师结合教学情境对任务要求进行分析。
（2）教师对各小组讨论结果进行点评。

任务反思

在小组中期，随着组员的沟通和互动增强，组员之间会在价值观、权力位置等方面产生冲突和矛盾，如果能够顺利地解决这些冲突和矛盾，小组就会顺利进入凝聚与和谐阶段，即进入大家期待的成熟阶段，这是每个组员的理想，也是大家共同努力的结果。小组中期是小组工作的重要时期，对小组工作者来说至关重要。小组中期可以分为冲突阶段和维持阶段。本任务要求学生掌握小组中期组员的特点、组员的互动关系、小组冲突及冲突的解决方法等方面的问题。

知识链接

一、小组冲突时的特点

一般来说，在小组工作过程中，小组冲突是无法避免的，而且冲突对于小组工作而言，既可能有建设性的作用，又可能有破坏性的作用。小组冲突并不可怕，关键是要及时发现、及时解决。组员在一起活动，常常会有权力分配不均，论题立场不同，在观念、价值、爱好等方面存在分歧等，因而极有可能产生冲突。小组冲突发生后，如果处理得好，小组就会健康发展；如果处理不好，小组就可能会分裂。

1. 组员的自我意识和权力意识增强

小组中期，组员都开始想办法用自己的权威来影响他人，有的人开始对小组前一阶段产生的领导者表示不满，有的人认为自己比他人高明，总想用自己的权力控制对方。例如，有的人会提出："如果是我，绝对比他干得好。"如此，一般会产生两种结果：一是有些组员的权力欲不能得到满足，内心就会产生心理冲突和失落感，甚至是嫉妒感；二是有些组员把目标对准其他组员，寻找"替罪羔羊"，促使组员之间暗生冲突。例如，有的组员总是爱说："你们难道没有发现×××总是出错吗？这件事如果由我做，肯定比他做得好。他就是会走上层路线，其实并没有多少真才实学。"有的组员还会迁怒于小组中的弱者，他们总爱埋怨："这种局面就是由于你的软弱造成的。""天啊！你怎么这么肥呀？看到就烦。"

小组工作者此时要非常注意：对小组中权力欲望和控制欲强的人，一定要给予特别的关注和分析，有时必要的对质也是非常重要的。

对于小组中如下一些特殊组员，小组工作者要多加关注。

（1）有攻击性的组员。

攻击性行为包括贬低其他组员、否定其他组员的意见、挑战质疑小组目标、讥笑其他组员、争夺权力，等等。攻击的方式有直接的，如与其他组员直接对质；也有间接的，如讽刺、开玩笑、尖刻的言辞，有时是一些非语言行为，如皱眉、不耐烦的神情、不友善的态度，等等。这些攻击行为会对小组气氛产生负面影响。无论是否是这些组员本身的性格因素使然，这些攻击行为都会引起组员间关系的紧张，引起冲突或危机。

（2）沉默的组员。

小组中还常常会出现不发言、不表态的沉默者。这类组员的表现往往不利于小组气氛的活跃，给小组工作者的工作带来困难，有时也会给其他组员造成压力。

沉默的原因可能有很多，有的组员性格内向、被动；有的组员表现沉默往往与小组活动的过程和气氛有关，例如，他们有时沉默可能是正在思考或整理自己的思绪，有时可能用沉默表示不满，等等。不过，沉默不完全是一种破坏性的行为，它有时也具有建设性的作用，尤其是中国人相对比较含蓄和"慢热"，在小组活动中由于对自己的意见有保留，也会表现出沉默，这一现象也比较普遍。

因此，小组工作者应有足够的敏感度，应小心地处理小组中沉默、退缩的组员。小组工作者首先应尊重部分组员选择沉默的自由；其次，应想办法避免组内其他组员对沉默的组员进行"逼迫"；最后，当观察到他们已有心理准备时，可适时地进行深度"挖掘"。

（3）有垄断倾向、爱说大话的组员。

在小组中，与沉默者相对的，还有特别活跃的人，他们相当主动、积极，有时甚至会形成喧宾夺主的局面。这些组员往往会占去小组大部分的分享时间，"霸占"其他组员倾诉、表达的机会，使自己成为小组的中心。这种局面的持续，可能会造成其他组员的不满，也可能会增加小组工作者开展小组工作的难度，阻挠小组的正常进程。

对此，小组工作者一方面要保护这些"积极分子"的参与热情，另一方面要从实现小组目标的大局考虑，可有策略地暗示他们减少或阻止他们在组内过分表现。小组工作者可利用小组规则来约束他们的行为，或将他们的注意力和积极性转移到有利于小组发展的轨道上。

(4) 替罪羔羊——牺牲者、其他组员的发泄对象。

小组中有的组员有时会把自己的愤恨、不如意发泄到别人身上，从而减轻自己的负担和压力，有些组员会把注意力从自己身上转移到别人身上，尤其是当小组遇到紧张情况，小组与外在社区发生冲突，组员与小组工作者产生冲突，小组凝聚力不高或小组目标不能达成时。

而在小组中，也有些人由于个人的不自信，也喜欢扮演小组中受虐者的角色，以此来获得众人的接纳，确保留在组内。研究表明，"替罪羔羊"的形成除外因外，往往也和当事人的人格特点、行为特性、潜意识情绪和社会觉醒等许多复杂因素有关。

所以，对于组员透过人、宣泄和逃避责任等情况，小组工作者要小心处理。

2. 有些组员向小组工作者提出对质

经过小组前期，此时有些组员对自己在小组中的表现感到自满，他们开始有了更强烈的表现欲望。他们会提出"这是谁的小组"等话题，有时也会向小组工作者提出对质。

美国小组工作专家瑞德指出：经过几次小组聚会，组员可能会向小组工作者提出"你现在认为小组的未来会如何，你的期待又如何？"等问题。这些问题不仅代表组员开始关心小组的过程，而且也代表组员对小组有了更多的参与。组员对小组工作者的定位也由一个"领导我们的权威象征"逐渐转变成"小组需要你，但是当我们需要你的引导时，我们会向你提出请求"。

可见，冲突期就像人生命历程中的青少年期，是一个充满热情而缺乏理智的时期，如果顺利度过，小组就会向成熟阶段发展；如果不顺利，小组就有可能提前结束。所以，小组工作者必须积极努力，促使小组健康发展。

3. 小组冲突的形式和小组中的次小组问题

(1) 小组冲突的形式。

一般而言，小组冲突主要有以下三种形式：

① 个人内在心理冲突。

这是指有的组员面对小组冲突，内心非常矛盾和痛苦。

② 组员之间的冲突。这是指组员之间由于权力争夺和对问题的看法不一致从而产生的矛盾和冲突。

③ 组员与小组工作者之间的冲突。组员可能对小组工作者的表现不满，认为此时小组工作者成为"多余的人"，或者小组工作者对个别组员向自己提出对质感到不满，于是双方产生冲突。

(2) 小组中的次小组问题。

大部分小组都会产生次小组，这是小组发展过程中的自然现象。在一个小组中，组员的社会关系、个人性格、心理倾向、特殊嗜好等都不相同，这些可能是产生次小组的主要原因。

次小组一般由两三个人组成，它可以反映小组的现状，也可以使组员获得情感的归属。当次小组成员意识到自己也是小组中的一员时，小组的凝聚力就增强了；当次小组遭受反对时，可能会导致小组解散。所以，小组工作者应该正确对待次小组，并加以正确的引导。

健康的小组都会产生若干次小组，小组的健康发展需要每一个次小组都认同小组目标，而且次小组虽然有自己的"领袖"，但大家也有一个共同的小组领袖。次小组向坏的方面发展时，小组内就可能出现"派系"。所谓派系，就是次小组只认同自己的目标和"领袖"，整个小组四分五裂成若干个次小组，大家既没有共同的目标，也没有共同的领袖。这对小组工作是一个危险的信号。小组工作者应努力防止派系的出现，应对次小组进行正确引导和控制。

二、发生小组冲突的应对

经过小组中期之初短暂的观望之后，组员开始表白自己，小组中开始产生权力分化，组员的观点、立场、兴趣、爱好、价值观的分化也逐渐表现出来。在小组中，冲突变得不可避免。其中最突出的两种冲突是组员之间的冲突和组员与小组工作者之间的冲突。

对待冲突应采取一种不焦虑的态度，因为冲突对小组并不是一件坏事，没有冲突的小组就像一潭死水。恰当地处理冲突，往往可以将小组冲突转化为小组动力。不过在实务工作中，由于冲突难免会使人焦虑，所以很少有人（包括小组工作者）能够对冲突感到舒服，大部分人会试图避免冲突，并倾向于只要冲突浮现出来就压抑它或把它消灭。但是，小组工作者应从解决冲突的角度来思考。一个较具功能性的思考架构是冲突管理。完全解决冲突有时无法实现。虽然单一的问题可能被解决，但冲突的原因仍然存在，而且潜在的冲突也可能继续下去。因此，小组工作者应努力营造一种解决冲突的环境，让冲突可以被提出来，被了解，并且转化为组员正向成长的经验。而要做到这一点，小组工作者就必须努力保持一种不焦虑的态度，尤其是当组员觉得受伤、声音提高、被说坏话、过早离开聚会，或自己感到苦恼的时候。

要想解决小组冲突，小组工作者就应努力做到以下几点。

1. 包容

小组工作者应认识到冲突是很正常的现象，是小组的自然整合过程，绝大部分小组都会经过这一阶段，若处理得当，冲突会变成小组动力。千万不要一有冲突就如临大敌，"眼睛里揉不得沙子"，非要把矛盾公开化，迅速解决不可。有时，有些矛盾是可以自生自灭的，有时冲突不公开化，反而有利于冲突的解决；小组工作者若不假思索就将冲突公开化，甚至上纲上线，可能不利于冲突的解决。当然，有些冲突是要解决在萌芽状态的。所以,小组工作者的包容心态非常重要。

2 冷静

遇到冲突时,小组工作者应该冷静和敏锐地觉察出问题的症结所在,不宜有威胁、指责、挑衅或惩罚等行为。小组工作者对于冲突的处理,有些学者认为应加以干预,以使小组结构不受损坏;但是有些学者则持相反的看法,认为冲突有益于自我再认知,组员可能通过别人的回馈了解冲突的本质,小组工作者不一定要即时干预,但是一定要去面对它。但学者们一致认为对待冲突,小组工作者一定要冷静。

冲突既然有一定的积极意义,小组工作者就应协助组员利用冲突,方法是澄清冲突的本质,支持和协助组员去解决冲突所带来的紧张情绪。

小组工作者协助组员澄清小组的过程时,可以将论题提升至意识的层面或使之语言化,如"有没有人想谈一谈现在小组发生了什么?"或是"谈一谈现在的感受"。这样引起话题有助于使冲突趋向理性的对质,从而避免冲突被压抑而进入潜伏性的危机层次。

小组工作者干预冲突时不可太早封闭冲突,也就是说小组工作者不能为了尽早跨过冲突的障碍而粉饰太平,刻意地使小组表现牵强的和谐;而应该牢记小组是所有组员共同拥有的,有任何冲突都应由组员共同面对。而且,许多时候冲突是有益于小组发展的,譬如,为了避免组员表现出一厢情愿的服从,或是避免小组失去活力,谨慎地挑起冲突并无大碍,反而有益。小组工作者应切记要去除"不忍心看到小组冲突"的想法。

总之,小组工作者应协助组员澄清与确认引起冲突的话题,而且去直面它。如果冲突较早地消失,则可能只是代表冲突已转入地下,或是换个时间爆发而已,重要的是小组工作者应该协助组员掌握解决冲突的技巧。

3. 保持理性

所谓理性,就是无偏见,就是用客观公正的态度对待冲突。无论面对的是组员之间的冲突,还是组员与小组工作者自己之间的冲突,小组工作者都应该持有"公心"。

4. 维持稳定

面对冲突,为了整个小组的稳定,小组工作者应该尽可能协调各种矛盾。在冲突阶段,小组工作者应该以大局为重,表现出应有的协调能力。此时组员可能会把小组工作者放在了"矛盾的焦点"位置,他们可能会把各种不满、指责、攻击等情感莫名其妙地发泄到小组工作者身上。小组工作者应该表现出高度的同理、诚恳和接纳的态度,只有这样才能使小组渡过危机期,顺利进入成熟期。

5. 焦点回归

焦点回归就是把问题抛回给组员,让他们自己解决。小组工作者把问题抛回给组员是其轴承位置与可变角色的实质功能表现。所谓把问题抛回组员,是指小组工作者不担任最终的决策者,而成为一位提醒者和鼓励思考的媒介,小组工作者用启发性与示范性的表达鼓励组员发表不同的看法，让任何引起争议的话题能通过组员共同的参与达成共识，也就是创造一个以小组为焦点的问题解决情境。小组工作者将问题抛回给组员可以有如下几种表达方式："大家觉得这样是否恰当？""其他人有没有进一步的想法？""有没有不同的意见呢？""要看这个建议对大家的影响如何，不妨让我们仔细地思考它。""大家觉得怎样？"等等。但是，把问题抛回给组员的用意并非要小组工作者完全放弃主张或权力，小组工作者仍然可以有介入的行动，只是比以前的各个阶段更谨慎，而且表现更少的引导与活动角色罢了。小组工作者可以用自己的知识和经验来判断小组自主性的能量有多高，从而决定自身角色涉入的深浅程度。

6. 澄清过程

在小组争议的情境中，沟通会变得混乱，对语言和非语言信息的错误理解，会导致困惑、生气、焦虑和受伤的感觉。小组工作者应尽快让参与冲突者对冲突有一个共同的定义，帮助他们重新回顾引起冲突的事件，尤其是语言和非语言行为，帮助他们对问题进行分类，把问题分成几个待处理的部分，并且澄清彼此同意和不同意的范围。小组工作者也可以让其他组员分享他们的观察和看法。

7. 分享与公正

分享的含义很广，包括体验他人的感受和情绪，分享他人的痛苦、快乐等。小组工作者懂得分享，才会认真关注每一个组员的实际困难和他们的思想、情绪，也才会为他们提供实质性的援助。

在澄清过程中，小组工作者不仅可以让其他组员分享他们对冲突参与者的观察和看法，而且在整个冲突期间都可以让其他组员分享冲突过程。因为冲突不光是冲突参与者的事，它会直接或间接地影响小组中的每一个人。整个小组越了解解决冲突的利害关系，可用来解决冲突的资源就会越多。而且把其他组员考虑在内，小组工作者可以引导出更中立的意见。

8. 建立解决冲突的规范

为了更有效地处理小组冲突，小组需要建立大家都同意的解决冲突的规范，以保护组员不受伤害、虐待和感到尴尬。解决冲突的小组规范一般包括以下几点：

(1) 生气是可以的；

(2) 不能有攻击行为或说对方的坏话；

(3) 即使生气，聚会期间仍然要留在聚会的房间里。

9. 磋商和修正组员的价值观

当小组冲突是由于组员的价值观各不相同所引起时，小组工作者可以与组员进行磋商，修正部分组员的价值观。

10. 其他

在小组冲突期间，小组工作者还可以根据实际情况采取以下工作方式：

(1) 压制：小组工作者通过强制手段解决矛盾，主要有命令、暴力、强制解散等手段。这种工作方式一般不建议采用。

(2) 少数服从多数：即经表决，少数组员服从多数组员。

(3) 妥协：双方各自让步，达成妥协，以求取协调。

(4) 团体整合：小组工作者引导冲突双方通过努力和磋商，达成共识，这是解决冲突的最好方式。

三、适合小组中期的游戏

（一）游戏1——不倒翁

1. 活动目的

(1) 体验在一定的风险中，如何信任和支持他人。

(2) 培养组员彼此间的信任感。

(3) 在活动中建立个人对小组的责任感。

2. 活动说明

人数：7～10人。

时间：15～20分钟。

材料：不需要。

场地：地面相对松软些的场地。

3. 实施程序

(1) 组员分组，每组组员并肩围成一个圆圈，大家都一脚在前一脚在后，两脚相距约30厘米，每组中需请一名组员自愿站在圆圈的中间，其他组员紧密地并肩站立。

(2) 站在中间的组员双手交叉抱住自己的大臂并闭上双眼，然后对其他组员说："你们准备好支持我了吗？"其他组员齐声回答："我们准备好支持你了！"然后其他组员将双手举至胸部且手心向外，做好支撑准备。

(3) 站在中间的组员说："我准备倒了。"其他组员同时回答："倒下。"此时站在中间的组员倒下的方向需两位组员将其支撑着，并将其轻推至另一个方向，以此类推，使站在中间的组员在圆圈中倒向不同的方向。

(4) 约一分钟后，其他组员共同将站在中间的组员扶正，使其恢复身体的平衡。接着，换另一位组员自愿站在中间，遵循上述的程序，如此依序直到所有组员完成这项体验活动。

(5) 游戏结束后可请大家一起讨论以下问题：

① 在活动中，当你担任支撑者和自愿者时，分别有什么样的感觉？

② 活动中你应该怎么做或怎么想，才会相信其他人会安全地支持你？

③ 从信任其他组员并倒下开始直到结束，你觉得身体有什么变化？

④ 通过这样的活动，你觉得大家彼此间的关系会有什么改变？

⑤ 生活中，什么时候你才会完全信任一个人？

4．注意事项

(1) 每组所围成的圆圈，尽量使中间者倒下的角度为 15°～30°。

(2) 站在中间的组员倒下时身体尽量保持一条直线，不要弯曲。

(3) 站在中间的组员倒下时，支撑的组员要尽量撑住其背部或肩膀，且顺势将其轻推至另一个方向。

(4) 注意要保证活动的绝对安全，建议选择地面相对松软些的场地。

(二) 游戏 2——盲人走路

1．活动目的

通过亲身体验，让组员体会信任与被信任的感觉。

2．活动说明

人数：8～12 人。

时间：15～20 分钟。

材料：不需要。

场地：相对开阔的室内或室外。

3．实施程序

(1) 将组员分为每 2 人一组（如 A 与 B 一组）。

(2) A 先闭上眼睛，将手交给 B，B 可以虚构任何地形或路线，口述注意事项，然后指引 A 行进，如"向前走，……迈过台阶……跨过一道小沟……向左拐……"，等等。

(3) 然后交换角色，B 闭上眼睛，A 指引 B 走路。

4．注意事项

(1) 被牵引的一方应全身心信赖对方，大胆遵照对方的指引行事。

(2) 牵引者应对伙伴的安全负起全部的责任，每一个指令均应保证准确、清楚。因为万一指令有错，信任受到怀疑后可能很难重建。

(三) 游戏 3——解手链

1．活动目的

让组员体会在解决团队问题方面都有哪些步骤，体会聆听在沟通中的重要性，以及团队合作精神的重要性。

2．活动说明

人数：10～12 人。

时间：15～20 分钟。

材料：不需要。

场地：室内外均可。

3. 实施程序

（1）所有组员围成一个圆圈。

（2）小组工作者向大家发出指令："先举起你的右手，握住旁边人的手；再举起你的左手，握住另外一个人的手；现在你们面对一个错综复杂的问题，在不松开手的情况下，想办法把这张网解开。"

（3）小组工作者告诉大家这个网一定可以解开，但结果会有两种：一种是解开后是一个大圈，另外一种是解开后是两个套着的圈。

（4）如果过程中实在解不开，小组工作者可允许组员决定相邻两只手断开一次，但再次进行时必须马上拉住。

（四）游戏4——齐心协力站起来

1. 活动目的

让组员体会团队合作的重要性，并让大家明白：参加游戏的人越多，越需要大家齐心协力。

2. 活动说明

人数：8～12人。

时间：20～30分钟。

材料：不需要。

场地：室内外均可。

3. 实施程序

（1）先邀请两位组员进行游戏，两人以身高相近为佳。两人先背靠背，手臂扣着手臂，然后坐在地上，接着依靠背与背的支持一起站起来。

（2）当两人站起来后，增加一人，成为三人一组，试着以同样方法手臂扣手臂、背靠背一起坐下，然后再一起站立起来。

（3）以此类推，每次游戏成功后就再增加一人。大家按上述方法坐下，再尝试一起站起来。

（4）当参加游戏的人越来越多时，站起来可能会越来越费力，当大家站不起来时，游戏结束。

（5）游戏结束后可请大家一起讨论以下问题：

①人数的变化对游戏有什么影响？

②人少时和人多时用力方向有何不同？大家如何合作才能顺利站起来？

4. 注意事项

（1）这个游戏很简单，但比较消耗体力，讲求团队合作，人越多越有挑战性。

（2）当参加游戏的人比较多时（一般超过 7 个人后），应提醒组员不要硬把他人带起，大家要互相支持一起站起来。

任务五　结束与评估小组

情境导入

由实习社工小李带领的"人际沟通"小组活动进入了最后一次。在最后一次小组活动中，小李带领组员们回顾了整个小组活动的过程。回顾结束后，有些组员开始有些伤感和沮丧，小李告诉大家：天下没有不散的宴席，希望大家珍惜这段缘分和友谊。为了尽快让组员们从伤感中走出来，小李宣布：小组活动进入下一个环节——分享活动。于是大家进行了 20 分钟的分享活动。在分享中，小李邀请组员们对整个小组活动提出自己的建议和意见，同时给每位组员发放了小组工作评估问卷。

任务描述

根据上述情境，讨论分析以下问题：

（1）请对实习社工小李带领的本次小组活动进行评价。

（2）如何处理好小组结束时的工作，以及做好小组工作评估？

任务实施

（1）按每 10 人为一组对全班同学进行分组。

（2）以小组为单位根据情境，展开主题讨论。

（3）各小组选派代表汇报、分享讨论结果。

任务总结

（1）教师结合教学情境对任务要求进行分析。

（2）教师对各小组讨论结果进行点评。

任务反思

本任务属于小组活动的后期。这时，小组活动很快就要结束了。小组活动的结束可能会使组员产生失落感。利用小组结束期的活动帮助组员了解失落的意义十分重要。小组活动后期作为小组工作即将收尾的阶段，有其特殊性和重要性，同样是小组工作不可忽视的环节。此时，小组工作者应该组织和引导组员进行工作总结、评估，使大家了解自己的收获，引导大家发现新的目标和需求，寻找新的小组，克服不良心态和消极行为的发生等。本任务要求掌握小组活动后期组员的特征和小组工作的内容与方法，能够撰写小组结束评估报告。

 知识链接

一、小组活动后期组员的特征

1. 正面的、积极的情绪

组员通过参加小组活动，进一步增强了对自己的认识和了解，自我不断完善，自我形象和社会功能也有所提高。他们有能力去面对和支配自己的生活，也会热切期待在未来的生活中实践在小组中学到的东西，会对自己的将来有一份美好的憧憬。

2. 负面的、消极的情绪

面对即将到来的分离，有的组员可能有担忧、失落、否认、逃避、行为倒退等负面的消极情绪或行为。

3. 组员之间的联结呈现松散状态

小组活动后期，小组的影响力和小组规范的约束力都逐渐减弱，组员之间的联系也逐渐开始松散，互动频率和强度逐渐降低。

二、小组活动后期小组工作的内容与方法

（1）巩固组员正面的、积极的情绪体验。小组工作者可以通过强调组员的正面成功的感受，来增强组员的信心和成长的力量。

（2）消除组员负面的、消极的情绪体验。小组工作者并非要消除组员所有负面的、消极的情绪，而是要协助组员正确认识和面对客观现实，帮助组员建立对事实和即将面对的新环境的正面和积极的态度，引导组员运用自己的能力和资源去适应新环境。例如，小组工作者可以适当地肯定和揭露组员的情绪；可以与组员一起表达彼此对小组活动结束的感受并率先分享自己的感受；可以表现出谅解、宽容的态度，并让组员明白小组工作者了解与理解他们的感受；与此同时，小组工作者还应明确小组本身的限制，避免组员对自己和小组产生过分苛刻和不切实际的要求。

（3）巩固小组成果，帮助组员独立地、有成就感地离开小组。

（4）帮助组员巩固其在小组中的学习经验，使其能够将这些经验运用于日常生活中，从而更好地发展和成长。

（5）尽可能地引导组员增进对小组经验的良好印象，从而吸引组员日后参加类似的小组活动。

（6）评估小组工作的效果（目标达成情况、小组动力情况、有何特殊事件、处理情况等）。这不仅是对本次小组工作的总结，也是下次小组工作的参考。

（7）了解特殊组员的需求。对于那些需要给予进一步关注的组员，可安排转介服务，鼓励其转向相关机构寻求帮助。

（8）处理最后的离别。

① 小组工作者向组员说明这是最后一次聚会。大家一起分享在小组中走过的心路历程，重新体会和感受大家由陌生到相互了解、熟悉，再到依依不舍的情感变化过程，回顾小组活动过程中所经历的愉快经验和感受。

② 小组工作者协助组员回忆他们在小组活动中学了些什么，以及在学习中经历了什么，邀请组员总结、整理自己的学习收获和发生的改变，尤其是比较参加小组前后，在观念、情绪和行为上的具体变化。通过组员互相回馈的方式，确定组员已经克服的心理障碍和实际困难，鼓励组员从成长的经验中获得信心和勇气。

回馈可通过不同的形式进行：开放式问题、小组分享、讨论和游戏等。当然，小组工作者也可鼓励组员就大家的不足之处作建设性的批评，而不是简单笼统地进行正面性回馈。

③ 小组结束形式要视小组的情形而定。对一个短期任务小组来说，最后的离别相对来说简单一些；但对一个关系亲密的长期小组来说，最后的离别内容则会丰富一些。为了缓解组员离组的负面情绪，最后一次小组活动时，小组工作者可发动组员开展小组送别活动，活动程序、内容由组员自己设计。在一种温馨与惬意的氛围中分别，有助于组员日后参加小组活动时形成正面的感受。

④ 面对即将的分别，组员之间可以互送提前准备的小礼物，也可以互相说句祝福的话，留下几句临别赠言和寄语，还可以借助一些回馈活动或游戏，进行更充分的交流。

⑤ 保密是小组活动自始至终都要遵守的规范，在小组活动过程中，小组工作者应随时提醒大家贯彻执行。到了小组快结束时，小组工作者仍需要再次提醒组员尊重他人，维护他人和自身的权益。

⑥ 活动最后，小组工作者可请组员填写小组活动意见反馈表，为小组工作评估做准备。

（9）引导组员为走进现实生活做准备。

① 组员的小组生活与其日常生活之间应有一个理想的衔接，这可能需要小组工作者与组员一起做一个离开小组后的安排。这样做一方面可以协助组员巩固其在小组活动中获

得的经验并能将之运用到日常生活之中,从而更有效地应付小组以外的生活挑战;另一方面,也可以为一些希望进一步发展的组员计划和安排另一种成长途径。

小组工作者与组员一起制订计划必须考虑组员的能力与需要,同时也要考虑组员的意愿和自身所处的环境。小组工作者应同组员一起探讨他们的兴趣与意愿,从而制订适合该组员今后发展的成长计划,让组员有一个现实的、合理的期望值,并付诸行动。

② 小组工作者可以寻求组员的家人或他们周围其他人的支持,请大家帮助维持在组员身上已发生的变化。同时,小组工作者还可针对组员的需要,寻找适当的资源,甚至替组员做一些直接的转介工作,尽可能掌握组员所在社区的资源情况,给组员提供寻求帮助的资源线索;让组员尽可能地掌握其支持网络,从而拓宽其可运用的资源,协助其离组后更好地成长与发展。

③ 有些组员有兴趣或有必要继续学习,或想接受进一步的帮助、培训等服务,小组工作者可将自身所掌握的资源介绍给组员,为组员进一步学习、巩固和提高提供帮助。

④ 组外的环境不同于组内的环境,小组工作者可以针对组员的表现给予特别的关注和支持。很多时候,组员面对的可能是封闭的、排斥的或不被支持的环境,这会导致组员在小组外应用其所获得的知识和经验时感到受挫。当然,在对支持性环境的争取上,小组工作者可尝试做一些工作,如去争取组员家庭、社区环境的支持等,但最直接、有效的解决方法,仍是锻炼组员自身面对不被支持环境的适应能力,或者鼓励组员逐步改变不被支持的环境。

此时,小组工作者应与组员在一起,设想并设置一些外在环境可能存在的障碍,从而有针对性地想一些调整和应变的行为和技巧,使组员在心理上、适应策略上有初步的准备和积淀,逐渐适应外部环境的挑战。

小组工作者可通过角色扮演、模拟练习、行为预想等简单的、模式化的方法来协助组员学习应变行为,提高应变能力。

⑤ 在小组历程中,无论曾针对多少情境做过行为的模拟实践,组员都不可能预想到现实生活中所有可能遇到的问题,所以,组员应逐步提高独立解决问题的能力。小组工作者不仅要在小组活动过程中对组员进行相应的训练,而且在小组活动后期,要引导组员进一步消化所学到的东西,这样才能使他们有能力将在组内所获得的知识和经验进行更广泛的运用。

三、适合小组活动后期的游戏

(一) 游戏1——水晶球

1. 活动目的

这是一个"未来取向"的游戏,组员借着对未来的展望,投射其现在的感受,并经由其他组员的回馈,增进游戏者的自信心。

2. 活动说明

人数：8～12人。

时间：30～40分钟。

材料：纸、笔。

场地：安静、舒适的场地。

3. 实施程序

(1) 将某一物件当作水晶球，大家假定从水晶球中可以看到自己的未来。游戏由一名组员开始，该组员拿着水晶球，叙述从水晶球中看到自己5年后的情形（具体多少年后，这个数字可由小组工作者视情况而定）。

(2) 该组员叙述完毕后，其他组员给予回馈，然后将水晶球传至其他组员，游戏依次进行，直至所有组员都参与过。

（二）游戏2——道别活动

1. 活动目的

(1) 组员了解经过小组活动后彼此的改变。

(2) 讨论团队结束时的感情。

2. 活动说明

人数：8～12人。

时间：80分钟。

材料：纸、笔、礼物。

场地：室内。

3. 实施程序

(1) 重温旧事，组员重温小组活动第一刻，相互介绍（或自我介绍）与推传活动（约30分钟），然后大家一起分享并讨论收获的经验（约10分钟）。

(2) 大家互赠礼物，礼物可以是一束花、一封信、一张邮票、一句赠言、一首歌曲……（约20分钟）。

(3) 大家一起谈论离别时的感情和对以后的展望（约20分钟）。

（三）游戏3——祝福与道别

1. 活动目的

(1) 组员了解经过小组活动后彼此的改变。

(2) 圆满地结束小组。

(3) 借数个小活动，讨论小组的成果。

2．活动说明

人数：8～12人。

时间：80分钟。

材料：纸、笔、礼物。

场地：室内。

3．实施程序

(1) 改变印象：由一名组员开始，大家轮流讨论这名组员现在的状态与刚参加小组时有何不同，或者他在参加小组后，发生了哪些改变；然后这名组员叙说自己的感受。接着换另一名组员，依次类推。

(2) 互道祝福：给每一名组员一张八开的白纸，要组员在白纸顶端写上"对×××（自己的姓名）的祝福"，然后将这张纸传给其他组员，其他组员分别在白纸上写上一句或数句祝福的话，也可用作画的方式来表达祝福，最后由被祝福者右边的组员念出其他组员的祝福，若用画的方式，需由绘画者加以解释。

(3) 结束活动：大家站起，手臂搭在左右组员肩上围成圈，哼着温柔的歌曲，如《友情》《偶然》《骊歌》等。随后大家轮流握手，进行道别。

四、小组工作评估

对小组的过程和效能进行评估，在小组工作中是非常重要的。对小组工作进行评估不仅可以让小组工作者知道小组目标达成的情况、组员的变化，还可以帮助小组工作者了解自己工作的状况，为今后的小组工作提供借鉴。对组员的评估，在小组活动过程中一直都在进行，只是在小组结束时需要对小组工作做一个整体的评估。有关小组工作评估的内容和标准，我们将在教学情境五进行详细介绍，这里我们只介绍在小组工作过程中，对组员的改变和小组进行的过程进行评估的相关知识。

在小组过程中，评估方式主要有三种：小组工作者自评、组员自评、观察人员或督导的评估。

1．小组工作者自评

小组工作者自评主要包括两个方面的内容：一是对工作内容的评估，二是对工作过程的评估。

在针对工作内容的评估上，可设置以下问题：

① 小组的活动方案或计划是否有效？

② 对组员的了解程度如何？

③ 是否有效地协助组员获得了改变？

④ 组员对新行为的习得、巩固情况如何？

⑤ 在小组发展过程中，对相关专业知识和技巧的运用情况如何？

⑥ 能否有效运用社会资源？

在针对工作过程的评估上，可设置以下问题：

① 组员间的关系如何？

② 小组的气氛如何？

③ 处理小组事件的效果如何？

④ 能否催化小组，形成小组凝聚力？

⑤ 能否与组员建立良好的互动关系？

⑥ 能否在小组过程中贯穿小组规范、运用小组动力？

⑦ 能否自我反省、自我察觉？

2. 组员自评

组员自评主要包括三个方面的内容：一是评估小组的目标是否达成，二是评估参加小组活动的感受，三是评估小组效能。

在评估小组的目标是否达成时，一般会涉及以下问题：

① 参加小组之初的期望是什么？

② 参加小组后最大的收获是什么？

③ 小组过程带来了哪些个人改善？

④ 收获是否符合自己的期望？能否达到自己的期望值？

⑤ 个人的目标是否达成？

⑥ 小组的目标是否达成？

⑦ 个人目标和小组目标之间是否有差异？

在评估参加小组活动的感受时，一般会涉及以下问题：

① 活动的参与情况如何？

② 自我探索的程度如何？

③ 自己在小组中的定位状况如何？

④ 自身的努力程度如何？

⑤ 活动中与他人的互动状况如何？

⑥ 自身对小组的融入程度如何？

在评估小组效能时，一般会涉及以下问题：

① 小组是否协助自己达成了目标？

② 小组活动是否有效？

③ 小组过程是否有意义、有价值？

④ 小组气氛如何？

⑤ 小组凝聚力如何？

⑥ 小组工作者的工作是否有效？是否符合自己的期望？

⑦ 组员的情感维系情况如何？

⑧ 组员的目标、进步状况如何？

⑨ 对小组满意的（或失望的）地方有哪些？

3. 观察人员或督导的评估

观察人员或督导的评估主要包括两个方面的内容：一是对组员的观察和评估，二是对小组效能的观察和评估。

在对组员的观察和评估方面，主要会涉及以下几点：

① 组员的倾听状况如何？

② 组员的自我表露状况如何？

③ 组员间同理、尊重的状况如何？

④ 组员间沟通的状况如何？

⑤ 组员有哪些破坏性的行为？

⑥ 组员有哪些抗拒、掩饰行为？

⑦ 组员有哪些防卫行为？

在对小组效能的评估方面，主要会涉及以下几点：

① 小组计划的可行性和有效性如何？

② 小组工作者的工作行为如何？

③ 小组工作的结果如何？

总之，在对小组做评估时，一般会采取多角度、多主体的评估。

教学情境四

小组工作技巧

小组工作技巧是小组工作者通过对小组工作基本理论的不断积累和丰富，在小组工作的实践中逐渐形成的。

小组工作技巧对达成小组目标起重要作用。

小组工作的一般技巧包括建立关系的技巧、有效沟通的技巧、组织会议的技巧和评估小组的技巧等。

本教学情境分别从小组工作的一般技巧、小组工作者的干预技巧和小组工作特殊情况及处理技巧三个子情境加以介绍。

子情境 I 小组工作的一般技巧

能力目标

1. 能将小组工作的一般技巧熟练运用于小组工作中。
2. 能对小组工作的一般技巧进行深入反思。

知识目标

1. 掌握小组工作中建立关系的技巧。
2. 掌握小组工作中的沟通技巧。
3. 掌握小组工作中组织会议的技巧。
4. 掌握小组工作的评估技巧。

🇸 情境导入

组员小张：哎，不知道为什么，最近我总是莫名其妙地紧张，我的英语四级已经第三次没过了……（眼睛看着小组工作者）

小组工作者：哦，第三次了。（眼睛注视着小张，身体前倾，表情自然，并投以鼓励的眼神）

组员小王：是啊，第三次，还有最后一次机会！再考不过，将来找工作或考研可能都会受影响，怎么跟我爸妈说？我觉得自己真是太失败了。

小组工作者：英语四级对你很重要，你很担心，老是失败让你对自己产生了怀疑。（看着小张，点点头）

组员小吴：不奇怪，当年我第二次考英语四级前的感觉和你也有点像。

……

T 任务描述

根据上述情境，讨论分析以下问题：

（1）当组员在分享时，工作者如何表达尊重与专注？

（2）如何引导组员之间进行相互反馈？

（3）同理的表达与日常聊天有何不同？

T 任务实施

（1）按每6人为一组对全班同学进行分组。

（2）请每组组员扮演小组中不同的角色并进行互动。

（3）模拟小组进程的不同阶段，练习小组带领技巧。

T 任务总结

（1）教师结合教学情境对任务要求进行分析。

（2）教师对各小组讨论结果进行点评。

T 任务反思

小组工作技巧的运用以真诚为基础，缺乏真诚的技巧运用是无法实现作用的。

教学情境四 小组工作技巧

K 知识链接

小组工作者以其小组工作的专业理论和知识为基础，通过不同类型小组的实践活动和经验过程，发展和创造了一些可以在小组活动中运用的专业技巧，这些技巧对小组工作的有效开展具有积极和重要的作用。但是，不能仅仅将这些技巧落在纸上，而且小组工作的这些专业技巧并不是固定不变的，所以需要小组工作者在实际的小组工作中艺术化地对它们加以灵活地运用。

一、建立关系的技巧

（一）基调的设置

基调，意思是小组的情绪氛围。基调的设置对小组的氛围非常重要。有些刚开始带领小组的工作者不会运用基调设置这种技巧，因此，在没有意识到自己是在干什么的情况下，他们设置了一种乏味的或者是非常严肃的基调。也有一些小组工作者，因为希望自己被组员们喜欢，所以，经常设置一种"轻飘飘"的基调，最后因为似乎没有人对这个小组有所承诺而以失败告终。

在设置基调的过程中，很重要的一点是：小组工作者是通过他的行动、言辞和他所允许发生的一切来设置基调的。如果小组工作者很有攻击性，就会造成一种阻抗和紧张的氛围出现；如果小组工作者允许组员们相互攻击和批评，就是在纵容一种恐惧的基调出现；如果小组工作者鼓励交流与关怀，就会建立起一种更为积极的氛围。

设置基调是小组工作者的责任。在设置基调时，小组工作者应当考虑以下问题：

(1) 基调应当是严肃的，还是轻松的？

(2) 基调应当是支持性的，还是对抗性的？

(3) 基调应当是正式的，还是非正式的？

(4) 基调应当是以任务为导向的，还是更为自由的？

如果小组工作者问了自己这些问题，然后根据自己对这些问题的理解来带领小组，那么他就可能为小组设置好理想的基调。

下面的几个示例展示了小组工作者怎样为小组设置不同的基调。

示例一 严肃的基调

小组工作者：让我们开始吧。在开始今天的内容之前，我请你们坐得近一些，这样就不会分散得四处都是。同时，请大家把食物和饮料都收起来。（组员们照做了）好，现在我请各位自我介绍一下，并且谈谈你们为什么要到这里来。

示例二 社交性的基调

小组工作者：让我们开始吧！（组员们依旧分散在各处，并继续吃东西）开始时我想请大家作一番自我介绍,谈谈你认为重要或愿意谈的内容,任何内容都可以谈。

示例三　对抗性的基调

(这是由一群十几岁少年组成的小组的第一次聚会,这群少年曾经使用过违禁药品。组员陈亮不认为自己存在与药物有关的问题。)

小组工作者:陈亮,很明显,你的确存在着严重的问题。在这个小组中,如果你们可以确保自己诚实的话,那么我们就可以彼此帮助。(用一种相当有对抗性的语调)你们当中有多少人认为陈亮有问题呢?

示例四　支持性的基调

小组工作者:王海,即使你并不认为自己有问题,我还是希望这个小组会对你有价值、有帮助。你们其他组员也将会有相同的感受。而且,我相信你们当中有些人也的确意识到了自己存在问题。这个小组的目的是帮助你们,我希望你们可以倾听、交流和充满希望地彼此关怀、互相帮助。当然,我能理解,承认自己有问题是需要勇气的。

示例五　正式的基调

小组工作者:我是张东,在××市精神卫生中心工作。今天,在这里我是这个小组的工作者。在开始之前,我想谈谈这个小组的一些基本规则。我想请大家做的第一件事是自我介绍——告诉大家你的名字,在什么地方工作以及为什么决定参加这个小组。

示例六　针对任务的基调

小组工作者:让我们开始吧,我们有许多任务,但只有一个半小时来完成它们。首先……其次……再次……

组员们经常抱怨的不成功的基调包括:敌对的、乏味的、使人沮丧的、批斗性质的、令人困惑的,等等。相反,成功的小组基调包括:温暖的、严肃而关怀的、有趣的、鼓舞人心的,等等。在设置基调的过程中,小组工作者还必须注意灯光的运用、座位的编排、墙壁的装饰等细节问题。这些因素对设置基调有一定的帮助。

(二) 表现温暖和尊重组员

小组工作者往往会尝试营造某种气氛,使组员在小组中感到安全、被保护和被尊重。但是,如何才能营造出这种气氛呢?

有一种方式是,小组工作者通过语言传递给组员某种信息,如"我尊重你""我重视你这个人的价值"等。

小组工作者同样也可以通过非语言来表达温暖的态度,如面部表情、姿势、身体的接近等。当小组工作者与组员有直接的目光接触,或适当地使用生动且富有变化的面部表情,以及不时地微笑时,组员会对小组工作者表示更高程度的接纳。同时,当小组工作者通过倾听的方式表达对组员的注意,表现他们的放松,以及表示他是在全神贯注地倾听时,组员也会比较主动地接近小组工作者。

相反的，对于一些细小的不支持行为，组员也会很快地感受到，尤其是对批评和拒绝特别敏感的组员。这些不支持行为可能暗含不赞成、情绪激动、责难等意思。一些面部表情，如打呵欠、目光回避、过度地点头，或者是僵硬的面部表情，都可能被组员理解为这样的小组工作者不值得信任，或小组工作者是在有意回避自己的暗示。组员可能会将小组工作者的坐立不安、没精打采、用手指点以示强调的姿势等，理解成小组工作者不关心自己或没领会自己的意思。美国小组工作专家艾根指出，小组工作者可通过基本的友善行为来表达小组初期对组员的关怀。然而，"基本的友谊"和亲密朋友间的温暖是不同的，如果小组工作者仅仅把自己变成一台"温暖的机器"，一味地满足与迎合组员，是不利于组员成长和改变的，也是很危险的。

1. 勇气与真诚

勇气是面对困难或打击时，可以不动摇并坚持自己的想法和理念。在小组中，一个有勇气的工作者会愿意冒险，即使遭到组员的反对，他也会说一些组员不喜欢、不愿意听的话，他不会为了得到组员喜欢而放弃自己的工作原则；当组员挑战他时，他会真诚面对；当遇到组员防卫时，他会提出对质。

真诚则是不戴"面具"，将真实的自己展现在小组中，对组员做出诚实的回馈，愿意与大家分享自己的想法和感受；在自己不知道答案时，不会刻意隐瞒；在自己犯错误时，也愿意承认；在面对挑战时，不会防卫。这意味着小组工作者必须能够察觉自己每时每刻的体验，并且在适当的时候，将这些感受传达给组员。

2. 尊重

一个尊重组员的小组工作者会不断评估组员的陈述和行为，但不会批判或侮辱组员。当小组工作者说"做这件事一定是疯了！"（如果这是适切的回应的话，可能是一个具体的观察）和"你疯了！"（这是对个人的攻击）时，这两种陈述是完全不一样的。

小组工作者对组员不尊重的表现有时很微妙，并不一定借助口头语言。小组工作者不停地看钟表、望着窗外、打着呵欠，或是坐立不安等，这些行为都在传达着一种信息——对组员非但不关心而且缺乏尊重。小组工作者的一些内在因素也会妨碍其与组员之间的正常心理接触，这些因素包括：对组员做先入为主的评估，内心有对组员的问题提出立即解决方法的压力等。影响小组工作者与组员互动效果的环境因素主要包括：电话铃声、其他外在的噪音、不适当的小组空间，或是缺乏隐秘性等，这些因素都会影响小组工作者的心理，使其无法与组员做有效的心理接触。

另外，在小组工作过程中，小组工作者使用组员名字的方式，以及小组工作者运用何种技巧与组员进行目光接触，也能够透露出小组工作者是否尊重组员。

3. 接纳

接纳指的是承认已经发生了的事情，尤其是那些给组员带来负面情绪或负面评价的事情。只有真正尊重组员的小组工作者才能做到无条件接纳所有的组员，无论组员说了什么或做了什么，那些都是组员的一部分，都值得被了解。当小组工作者对组员的行为做出评价或是认定他们对所做决定应负的责任时，需要非常的谨慎。无条件地接纳很容易被误解，它并非意味着要宽恕组员的偏差行为，或是赞同组员的一切行为。

二、有效沟通的技巧

（一）同理的运用

同理是指正确了解组员所传达的信息，而且能够敏锐地觉察出组员所传达的信息中的情绪与感受，并将所感知到的情绪与感受用语言反馈给组员，帮助组员理清思路。同理不是小组工作者如何认识关于组员的事物，而是进入组员的世界去了解他们的参考框架，了解他们是如何认识周围世界的，感受他们的情绪。

同理可分为初级同理与高级同理两种。初级同理指的是小组工作者清楚组员明确表达出来的感受、行为和经验并如实传达到组员。初级同理往往在小组工作初期使用，以增强组员间的相互了解。高级同理是指小组工作者不仅能体察到组员表达的表面意义，还能体察到组员内在的感受和隐藏的情绪。同理在整个小组工作过程中会被经常使用，在小组工作的不同阶段，小组工作者应视情况使用不同层次的同理。

示例

组员小李：从大一开始，我就喜欢她，她成绩好，长得漂亮，家境也好。学校好多男孩都喜欢她。可每次当我有机会接近她时，我总是不敢跟她讲话。现在马上要毕业了，我曾想过很多次向她表白，但不知道为什么，总是鼓不起勇气。

组员小王：由于你的退缩，4年来都没有机会跟心爱的女孩在一起。眼看要毕业了，你还没有勇气向她表白，为此，你很苦恼。（初级同理）

小组工作者：我同意小王的观点。面临毕业，和她在一起的可能性越来越小，你很着急。但是，你有没有考虑过，也许正是因为你的自卑才让自己无法鼓足勇气呢？（高级同理）

表达同理的时候可能会遇到许多问题。有时，小组工作者可能会误解组员的想法和感受，也可能会过分注意组员所说的问题，而忽略了组员话语中的意义。

一般来说，以下几种情况，组员通常会认为小组工作者没能很好地做到同理。

（1）假装了解。有时候，即使小组工作者非常专心地倾听，也很难理解组员所说的话。小组工作者应该做的反应是，请组员把之前所说的话重复一次。例如，小组工作者可以说："我有点不清楚，请再说一次，因为对我而言，了解你所说的话非常重要。"

承认自己不了解会比让组员继续说，或是过度地点头，或是假装了解要好得多。小组工作者有疑惑时不提出来，可能会导致偏离治疗路线，甚至会形成错误的理解，而且接下去的谈话有可能会变得没有帮助。

(2) 虚伪的反应。有时候小组工作者使用语言或文字，表达得看似有同理心，但使用的更像是虚伪的语言。例如，小组工作者先说："我听到你说"，接着不假思索地将组员的陈述复述一遍。不假思索地对每一个组员重复相同的话，组员会对小组工作者产生怀疑，甚至会非常反感。

(3) 不适当的语言。当一个小组工作者的语言与组员的语言一致或相似时，这个小组工作者的工作是最有效率的。也就是说，小组工作者应避免使用组员不了解的词语或者组员不擅长的表达方式，更要避免向组员吹牛。刚开始带领小组的工作者，在小组工作中可能会经常使用书本中所学到的专业用语，如"转移""自我""防卫机制"等。对于大多数组员而言，要理解这些词会有些困难，所以这样的沟通很难达到好的沟通效果。

(二) 澄清和提问

当组员表达得不是很清楚时，小组工作者需要协助他理清让人困惑、混乱的表达，即帮助组员对他要说的内容有更好的理解。澄清可能是为了整个小组的利益，也可能是为了发言者的利益。这里介绍一些澄清的技巧。

示例一 提问

小王：我认为我们不应当接受这项提议，它有太多潜藏的内容。

小组工作者：小王，能具体谈谈有哪些潜藏的内容吗？

示例二 重述

李琴：有些时候我觉得我快要发疯了，不过我知道我只是因为离婚而失去平衡。我妈妈说："孩子们该怎么办呢？"我8岁的女儿昨晚一直在哭，这就是我的生活。

小组工作者：李琴，你已经说了许多内容。我想试着澄清你现在的感受，如果我说得不对，请你告诉我。一方面，你认为离婚是正确的；另一方面，你觉得自己也许有些自私。同时，你想要检查自身，看看你是否有一些相互冲突的观点。

示例三 请其他组员澄清

小张：这个世界一直都是个男权的世界，女性永远得不到认同、得不到理解，在单位、在家庭中，到处都是这样，这叫她们如何去面对？

小组工作者：小郑，我看你皱紧了眉头，看起来很困惑，我不太确定你是否理解小张的话，你能不能把你听到的再说一次，并问问小张是不是这样？

小组工作者有责任使小组内的沟通保持清晰。如果不能得到适切的澄清，那么混乱的信息将会使组员们沮丧，进而丧失精力与信心。当小组是由具有不同文化背景的组员组成时，澄清就会变得更为重要。

(三) 积极倾听

积极倾听有利于给予组员关注，尊重他们的表达，鼓励他们开放自我和检讨自我。同时，积极倾听也可以帮助小组工作者掌握组员表达的语言和非语言的真正内容。积极倾听并不是被动接收信息的过程，而是一个由多感官共同参与、共同作用的主动过程。

(1) 耳朵。

小组工作者应用耳朵捕捉组员所表达的每一句话、每一个词,甚至每一个声音元素,这是积极倾听的首要任务。

(2) 眼睛。在听的过程中,小组工作者还应对非语言信息进行关注。非语言信息主要包括组员的表情、肢体语言和声调变化等。语言是一种传递信息的符号,非语言也是一种传递信息的符号。有时非语言信息可信度更高、更有意义。在小组工作过程中,小组工作者应多注意组员的非语言信息中所隐含的内容,有时这些内容会透露出与语言信息不同的内容,对此,小组工作者要敏锐、正确地觉察。

(3) 心。小组工作者不但要倾听组员说他的故事,而且要尽力用心理解组员的感受。一个健康的人,经验生活的同时,也一定在感受生活。感受是事件发生作用于人的实际后果。组员对某种感受的诉说,传递出他对该事件的真实反应以及该事件对他最终的影响。

(4) 口。在倾听过程中,小组工作者进行适当的语言回应也是非常有必要的。简短的语言,如"然后呢?""做这样的选择一定很难""我理解"等,都能向组员表达"我在认真听你说话,而且我听懂了你所要表达的意思"。

(5) 脑。小组工作者在倾听的过程中还应注意结构化的问题,即小组工作者应边听边思考、梳理组员所述内容之间的关系,尽量使组员围绕主题陈述,按一定顺序和结构陈述,目的是把组员的陈述引向一个正确的方向。

小组工作者在倾听的过程中内心应尽量不做评价。原因有二:一是评价容易产生情绪,小组工作者带着情绪继续工作,会产生困扰,专业能力会受到影响,这也会阻碍小组工作者与组员的心理接触;二是处于情境中的人,在没有充分了解所有事情之前所做的评价,会影响其对整体事件的评价效果。

(四) 自我表露

在小组工作中,小组工作者可在适当的时机刻意地并有建设性地分享一些经验、感受和想法。小组工作者这种自我表露有助于建立起与组员之间的信任关系,催化小组气氛。同时,小组工作者的自我表露往往具有示范的作用,组员在良好的氛围中很容易效仿。

小组工作者自我表露要注意时机,不能太早,也不能太晚。如果组员彼此还不熟悉,关系还没建立起来,这时小组工作者的自我表露会使组员感到很不自在;如果太晚,会失去引导组员开放的作用。小组工作者的自我表露也不能太多,因为那样可能有从小组获益的嫌疑。小组工作者进行自我表露时,要把握好情绪,避免情绪失控,否则将可能使组员产生挫折感。

小组工作者不必在小组所讨论的每个话题上都进行自我表露。实际上,小组工作者频繁的自我表露可能会转移组员的注意力,并使组员感到困惑或产生某种压力。此外,小组工作者的自我表露不应过于强烈,因为那样的话,小组工作者可能会成为小组的焦点。小组工作者可以对有些话题进行适当的自我表露,同时要确保组员不会将注意力集中在自己身上。

三、组织会议的技巧

小组会议是小组沟通的一种特殊形态。在小组工作中,开会能使更多的组员面对面地沟通信息和解决问题,同时也便于小组工作者进行安排、协调、决策等工作。

成功的会议在小组中起着协调的作用,使得小组中的所有人,以及小组的活动都趋向于同步化与和谐化,以便得到相同的结果。但如果滥用会议,或对会议进程掌握不当,必然会使其走向反面——使人厌烦,降低工作效率等。如何才能把会议开好,提高效率,解决问题?非常重要的一点是,会议应该着力于讨论。

在小组工作的每一阶段,小组工作者都会安排各种不同类型的会议与讨论,这主要是因为小组讨论具有如下功能:

(1) 鼓励组员参与小组事务;
(2) 引导组员对小组产生兴趣;
(3) 促使大家交流信息、表明态度、解决问题、做出决策;
(4) 刺激大家积极思考以增加小组活动效率;
(5) 培训。

要想在小组工作中开好会议,使会议得到成功,小组工作者主要应做好如下几项工作。

(一) 做好会议安排

这是开好一次会议的起码要求。实践证明,未能取得令人满意结果的会议,其中至少有一半原因是没做好会议安排。会议安排是指为开会而必须准备的事情。例如,为会议提供恰当的物质条件,设计一个经过周密思考的议事程序,确定邀请哪些人员到会,确定会议要讨论的具体问题,明确会议要使用哪些必要的资料文献,等等。

(二) 掌握会议的进程

为了使小组会议有一个好的进程,小组工作者主要应注意以下几点。

(1) 努力使每一位参加会议的人员感到舒适,这就涉及前面所说的设置基调的问题(尤其要注意基调设置过程中的环境因素)。
(2) 阐明会议的目的。
(3) 会议开始时,小组工作者要用生动的语言简要地介绍一下所要讨论的主题和问题。
(4) 规定会议所讨论问题的界限。

(三) 引导与会者积极参与

要想引导与会者积极参与,小组工作者就要在会议进程中创造一种和谐的气氛,这样有利于与会者讨论和畅所欲言。

(四) 其他事项

在带领小组的过程中，第一、二次会议通常都是最重要也是最难进行的。第一次会议难进行是因为小组工作者有许多问题需要处理，如开始筹建小组、为组员介绍小组内容、洞察组员们对于参加小组的反应，以及组员对于小组所涉及内容的反应等。

下面我们将介绍在第一、二次会议时，小组工作者要考虑的几项重要内容。

1. 开场白

在第一次会议中，小组工作者要考虑的一个重要问题，就是怎样开始这个小组的第一次会议，这与小组的基调和组员的舒适水平有着非常重要的关系。小组工作者应当表现出温暖与关怀、值得信任、有所帮助、理解和尊重。在这段时间里，组员们会对小组工作者形成非常重要的印象，并评估这个小组是否会对自己有所帮助。

下面是三种可用的开场白，包括对小组的概述和对组员的介绍。

(1) 以对小组及其目的的较长的开场陈述作为开始，然后指导介绍练习。

这种类型的开场白经常被用于教育或任务小组当中，不过，有些小组工作者在治疗和成长小组中也应用较长的开场陈述。在运用这种开场白时，小组工作者一般会用最初的3~5分钟，以一种愉快的、精力充沛的方式描述小组的目的和模式，然后用几分钟提出内容概述。

请看下面这个例子。这个小组由一个大的教学区内的教师组成。这是关于教师工作过度的一系列会议中的第一次会议。(总共有4次会议)

示例

小组工作者：我们开始吧，我叫张明，是××大学的心理咨询师。在过去几年里我一直在研究教师工作过度的情况。作为我的研究成果，我已经发展了一种我认为很有帮助的理解工作过度的方法。在以后的四周中，我将逐步讲解这些内容。首先，我想简短地和大家谈谈每次会议我们将要谈些什么内容。今天，我们开始的是……

(讲了大约2~3分钟后，小组工作者结束了开场陈述)。

小组工作者：我希望大家对于在这里会讲些什么内容，这个小组会给大家提供怎样的帮助有了一个基本的了解。在开始谈教师工作过度的定义之前，我想用几分钟请大家自我介绍一下。我希望你们每个人告诉大家你的名字，从事教学工作多长时间了，讲授什么课程，并用一两句话谈谈你为什么会到这里来。

(2) 以一段长开场白陈述开始，然后直接进入小组内容。

这种类型的开场白可用于组员们已经相互认识的会面，教育小组、任务小组或者个人资料的交流极少的小组都可以使用。

请看下面这个例子。这个小组的目的是帮助14个失业者寻找一份工作，该小组共有6次会议，小组工作者是这样开始的：

示例

小组工作者：我很高兴大家来参加这个小组，我认为这些信息有助于使大家重新回到劳动大军之中。小组会议的目的是为大家提供如何找工作，如何准备工作面试，如何填写申请表，以及如何在找工作的过程中保持积极的态度等相关信息。开始之前，我想告诉大家一些我的个人情况，以及在我们以后的5次会议中，每次将会谈论些什么……

谈完5次会议的预定内容后，小组工作者继续：

小组工作者：现在让我们开始今天的内容。今天我们将讨论怎样才能找到工作。我想请在座的每个人想出三种着手找工作的方式。

（3）以关于小组的简短陈述开始，然后将组员们分成每2人一组。

当不需要介绍练习时，可以运用这种开场白。小组工作者先简短地描述一下此小组，然后让组员们每2人一组讨论小组的内容，以及为什么来到这个小组。

请看下面这个例子，这个小组由一些家长组成，他们都得知自己的孩子在一家日托中心受到虐待。

示例

小组工作者：对于今天晚上大家的到来，我很高兴。我认为你们所有人都会从与他人的交流中获益。当类似于这种情况的事件发生时，小组有助于使大家获得支持和交换怎样帮助孩子的想法。既然你们都彼此认识，我希望开始时大家每2人组成一组。记住，不要和你的配偶组成一组（如果他和你一起来了），也不要和一个你熟识的人结组。

看到组员们结组完毕，小组工作者继续：

现在你们都有个同伴了，我希望你们交流一下自从此事件发生后你们的感受，以及你为什么选择参加这个小组，也就是你想从小组中获得什么。

开始第一次会议的方式很多。选择使用适当的开始方式，结合小组工作者的真诚和热情，会对小组的开始产生强而有力的积极影响。

2．澄清目的

在第一、二次会议中，小组工作者需要澄清小组的目的。如果组员没有经过筛选、面试的话，澄清就显得更加重要了。即使小组工作者已经筛选过组员，而且已经花了一些时间和大家讨论过小组的目的，在小组中回顾一下小组的目的仍然是个不错的做法。某些小组的目的也许比其他小组的目的更需要澄清。在一个用广告宣传戒烟的小组中，组员可能自认为对小组的目的很清楚；另外，一个由离异人群组成的小组可能被认为是支持小组或治疗小组，但实际上可能不完全是这样。因此，小组的特定目的就必须在第一次会议时加以澄清。

3．解释工作者的角色

在第一次会议中，小组工作者应当解释一下在整个会议过程中自己扮演的角色：是教育者、促进者，还是活跃的领导者；是治疗者，还是每种角色中的一部分的组合。向组员解释小组工作者的角色将有助于组员形成一定的概念，即方便组员确定自己期望从小组或者小组工作者那里得到些什么。

示例一

小组工作者：在这个小组中，我的主要工作是帮助你们与他人更好地进行交流，无论是在学校、在家里，还是与朋友之间进行的交流。我将确保这是一个你与他人交流时不会产生困扰的安全场所，并会帮助你学会怎样解决问题。我会鼓励你们与他人交流，并会要求你们在一些不同种类的小组中练习，以帮助你们关注你们生活的不同领域，如与父母的相处问题、社会交往方面的压力，以及与学校功课有关的问题等。

示例二

小组工作者：在这个小组中，我将介绍饮酒和使用非处方药物的危险。我会给大家提供一些信息，然后让大家面对其他组员谈谈自己的反应、想法和疑问。我很可能会尝试让你们表达自己的想法和忧虑，而不会像老师讲课一样让你们只是坐在那里听。这就意味着这是一个交流的小组，我希望每一个人都参与其中。

示例三

小组工作者：我在这个小组中的角色，是保证你们做出我们讨论的那些需要做的决定。我的参与会很少，也就是说，我不会提出观点和想法，因为我并不在这里工作，并不像你们那样了解你们的机构。我会鼓励你们彼此坦诚，也会试着让你们表达对这些问题的看法。同时，我也会尽量合理地利用时间，以保证我们每次会议都可以完成某些东西。

4. 使每一位组员有所吐露

在第一、二次会议中，对小组工作者来说，比较明智的做法是尝试确保每一位组员都有表现的机会。小组工作者不应当强迫每个人都发言；相反，应当让组员们感到，只要他们愿意就可以参与。如果组员感到没有机会说出自己的想法、情感，他们就有可能感到自己被排斥在小组之外了。

在成长、咨询、治疗或支持小组的第一次会议中，如果可能的话，小组工作者应当让每位组员告诉大家一些情况。一方面，这有助于缓解大家置身于这样的小组而引发的焦虑；另一方面，刚进入一个小组，组员通常对其他组员很好奇，透露一些情况有助于大家感到更舒适。但应注意的是，有些组员会由于感到不适或害怕而不愿在第一次会议时吐露大量的信息。

在第一次会议中，让组员们有所吐露，最好的两个办法分别是应用轮流发言和书写练习。轮流发言通常可以让每个组员都开口讲话；进行一些书写练习，如完成句子或填表，是非常好的活动，因为当一个组员告诉大家他所写的内容时通常会感到相当的舒适，即便是其他组员要求他说的。

5. 解释小组规则

关于小组规则，有许多内容需要考虑：

① 小组规则是什么？
② 谁制定小组规则？
③ 何时讨论小组规则？怎样讨论小组规则？

下面的例子显示在小组会议中何时和怎样将小组规则"夹进去"，以及怎样让组员关注保密问题。这是一个治疗小组的第一次会议，已进行了30分钟。

示例一

张明：我想听听李东是怎么想的，关于他的问题，他还什么也没说过。

小组工作者：我想在此插一句。我知道你们中一些人想听听别的组员的看法，但在我领导的小组中，有一个规则，那就是不能强迫他人说话。所以，你可以说你很想知道某人是怎么想的，但不要把此人推到非说不行的困境中。制定这条规则的原因是，我希望大家不必担心会被攻击或被单挑出来。对此有谁想谈点什么吗？（停顿几秒钟后）让我们回来继续谈论你们正在面临的忧虑吧！

在这个示例中，小组工作者发现提及小组规则的必要性，并且以一种很自然的方式陈述了这条小组规则。通过将小组的注意力由李东转向小组规则，再回到话题上，小组工作者也"解救"了李东。当小组规则与当时的活动发生关联时把小组规则讲出来，这有助于组员更好地记住小组规则。

接着看下面这个例子。这个小组正处于第一次会议的前半个小时，组员正在讨论与参加小组有关的恐惧。他们正在应用句子完成模板完善语句，其中的一个句子是："在小组中我害怕的一件事情是……"

示例二

张明：我写的是"我害怕自己看上去很傻"。

小组工作者：那是一种非常普遍的感受。我可以想象，其他人也许会有相同的感受。（一些人点了点头）

李东：我写的是"我害怕我会由于我所说的话而被其他组员攻击"。

小组工作者：我想对此谈几句。我想建立一个规则：任何人不可以攻击其他组员。我们到这里来是为了倾听他人并向他们学习，而不是为了攻击那些与我们意见不一致的人。大家对于制定这样的规则有什么看法？

小组工作者制定这样的小组规则是为了让组员们关注"任何人不可以攻击其他组员"，因为他认为对小组而言，这是一个非常重要的问题。

再看下面这个例子。这个小组处于第一次会议刚进入中期时，一个组员说有一件事情想提出来讨论。他要说的是非常私人的事情，他是第一个真正想谈谈自己困扰的组员。在这之前，组员们所谈的都是关于自己其他的事情。

示例三

张明：我想告诉你们一件发生在工厂里的事情，我从来没有告诉过别人。

小组工作者：张明，在你说之前，我想谈一件非常重要的事情。刚开组时我们曾简要讨论过，我们应当为小组中的一切保守秘密。我想再次强调一下这项规则，因为很明显，张明要告诉大家一件对他而言很重要也很隐秘的事情。如果希望小组值得信任的话，我们就有义务为小组会议的内容保密。大家都同意这一点吗？（环顾一周）我将请你们每一个人回答是否同意我刚才所说的。李东，你呢？

　　李东：是的！

　　小组工作者：王海，你呢？

　　王海：是的！

　　小组工作者：赵琴，你呢？

　　赵琴：我同意！

　　小组工作者：杨丽，你呢？

　　杨丽：我同意！

　　小组工作者：好，张明，让我们回到你刚才想谈的内容上。

6. 结束第一次会议

　　结束第一次会议和结束其他任何一次会议相似，除非小组工作者希望用更多的时间听听组员们的反应、澄清问题或其他任何需要澄清的内容。根据小组的类型，在第一次会议结束阶段，小组工作者可以提出以下问题：

　　① 对于这次会议，你的感受如何？

　　② 它和你所想象会发生的情况有多大的差别？

　　③ 对你而言，突出的感受是什么？

　　④ 小组中发生的事情，有什么是你不理解或不喜欢的？

　　⑤ 今天你从小组中学到了什么？

7. 开始第二次会议

　　开始第二次会议时，小组工作者要考虑的两项重要内容分别是：介绍新组员和对第一次会议做出正确的评估。

　　如果有新组员加入小组，那么以介绍活动作为开始通常效果不错。介绍活动可以运用很多具体的方法。在下面的示例中，小组工作者介绍新组员的方式将使新组员有机会听到前一次会议中所发生的事件，同时也了解到其他组员的姓名。

　　示例

　　小组工作者：这是张明，上周他没能参加我们的会议。为了帮助张明赶上进度，我想请你们每个人用一分钟的时间，想出一两件与我们上周讨论的内容有关的、对你而言很突出的事件，然后我会请你们每个人发表看法。同时，请大家一定要说出自己的姓名。

　　如果第一次会议相当成功，而且大部分组员看上去都喜欢那次会议，小组工作者就可以计划，在一个简要的热身阶段后转向要会谈的内容；如果第一次会议未能顺利进行的话，小组工作者就必须评估为什么会是那样。

第一次会议不成功的原因可能在于：

① 组员们害怕发言或谈话。

② 组员们对小组目的感到困惑。

③ 文化或性别问题阻碍了组员们的充分参与。

④ 小组工作者不清楚组员们的需求。

⑤ 组员们对小组工作者的反应消极。

⑥ 会议没有良好的计划。

如果第一次会议不顺利，那么在做第二次会议的开始阶段的计划时，小组工作者可以有以下三种选择：

① 重述小组目的，不必谈及第一次会议中的消极事件。

② 阐述在哪件事情的处理上发生了错误，努力解释以后的会议不会像第一次会议那样。

③ 引发组员们对第一次会议的反应。

示例

小组工作者：在这次会议开始时，我想听听你们对上次会议的反应，我觉得我们的第一次会议还是可以的，但我确信以后的会议会更好。请大家坦诚地说出你对于上次会议的任何反应或疑问。

在这个示例中，小组工作者使组员们有机会做出反应，这样他就可以用一种积极的澄清方式来评论大家的反应了。

8. 为可能的失望做好计划

在第二次会议时，组员们可能会有所失望。在第二次会议中，焦点自然地转向了对个人问题的谈论，组员们常常会为参与其中而感到焦虑。他们会变得犹豫不决，进而导致失望。这种失望常常会让刚开始带领小组的小组工作者感到焦虑不安。为了防止这种失望出现，小组工作者可以在第一次会议即将结束时，顺便提一下第二次会议时组员们很可能不会感到如此的热情洋溢。根据具体情况，小组工作者也可以给组员们布置一项任务，要求他们在第二次会议前完成。这会使第二次会议更有趣味，也可以激发出组员较高的热情。

9. 结束第二次会议

小组工作者应当做出周密的计划，用额外的几分钟来结束第二次会议。在结束阶段，小组工作者应当留有一定的时间，请组员们谈谈他们认为什么是有帮助的，什么是没有帮助的。随后，小组工作者可以请组员轮流发言，描述他们对小组的各方面的反应，这将是一项很有意义的结束活动，无论这些反应是积极的还是消极的。

示例

小组工作者：我想多用一些时间来结束今天的会议，这样我可以了解一下到目前为止，你们对于置身于这个小组的感受，请大家思考一下在 1~10 分的量表上，你会怎样评价这个小组。(接着，小组工作者解释量表的意义)如果你的评分不是10分，想想要想让小组达到10分，我们应当怎样做？

张明：我给这个小组打8分。为了让它达到10分，我觉得我们只需要让大家感到更舒适些。

李东：我给它打10分。我很喜欢今天我们彼此交谈的方式，这让我感到很舒适；我也很喜欢你让我们做"列举事件"的练习，并将其作为会议开始的这个方式。

四、评估小组的技巧

评估是根据特定的标准和系统性的判断原则，来探讨目标达成的有效程度。在小组工作中，并非所有的介入都依据可测量的行为，有时人们的行为会因情绪状态、态度、认知、自我评价或环境的改变而改变，所以，测量起来就缺乏有效的指标，具有较大的难度，但这仍不足以否定评估工作的重要性。

（一）评估的基本流程

评估工作会因小组类型、评估目的和评估方式的不同而有所不同，但一般来说，它有一个基本的流程。

1. 评估方案书的制订

有效的评估依赖于一份完整、具体的评估方案。评估方案书一般需要回答如下问题：
① 评估的目的何在？
② 评估的对象是谁？
③ 评估者是谁？
④ 评估者的假设是什么？
⑤ 评估的方法是什么？
⑥ 具体的评估指标是什么？

2. 评估系统的建立

评估是一个复杂的过程，由诸多的要素组成，包括评估者、评估对象、评估的其他参与者、评估涉及的其他相关机构和个人，以及评估结果出来呈送的有关部门等。要想做好评估工作，需要将这些要素统合起来组成一个系统，理清各要素间的相互关系，协调好各子系统间的关系。

3. 按照评估流程实施评估

按照评估流程实施评估包括收集资料、审核整理资料、统计分析资料等步骤。这里，特别强调其中的"客观性"和"敏感性"。实施评估时应尽量减少评估者个人的主观因素对评估的影响，尽可能地保持评估对象的自然状态，并在评估过程中加强评估者对事实的敏感度，尽可能全面、有深度地捕捉呈现出的事实，控制评估过程中其他变量对评估的影响。

4. 评估后的审核

评估结束后，需要对评估结果的信度和效度进行审核，并要依据审核结果对评估结果进行修正和完善。

5. 写出评估报告

完成对评估结果的修正和完善后，需要编写评估报告。

(二) 过程评估和结果评估

1. 过程评估

过程评估主要是在小组实施的过程中视情况的需要而随机引发的，小组工作者以口头或文字的方式，询问整个小组对本次活动的感受以及对这一段小组历程的看法等。有学者认为，在小组实施过程中进行过程评估是非常重要的。因为如果小组工作者做出任何不适当的行为，都可能通过过程评估得到一个重新思考与判断的机会，从而修正或改变原来的计划、活动、领导方式等。同时，借着过程评估中大家的反馈，小组内不同的意见和需要也可以得到一个处理的机会。

2. 结果评估

结果评估一般在小组最后一次聚会时进行。结果评估一般比较正式，多以文字的形式出现，也多半会与研究产生关系。为完成结果评估，一般需要小组工作者事先设定具体、明确的小组目标，选择恰当的评估工具，注意评估过程中的信度和效度等问题。

(三) 评估的基本模式

根据评估方法和程序的不同，评估的基本模式可以分为两类：一类是 CIPP 模式，另一类是 PPBS 模式。

1. CIPP 模式

CIPP 模式（Context-Input-Process-Product Model）是美国学者斯塔费尔比姆与其同事共同创立的一种评估模式。CIPP 模式包括四个阶段：背景因素的评估、输入变项的评估、过程变项的评估和实施结果的评估（如图 4-1 所示）。在 CIPP 模式中，前一个阶段是后一个阶段的基础，每相邻两个阶段有因果影响关系，完成最后一个阶段（实施结果的评估）后再循环回到第一个阶段（背景因素的评估），以作为修改原工作计划的依据。

(1) 背景因素的评估。

这一阶段主要是评估与小组工作相关的一些重要因素，主要包括以下两个方面：

① 小组工作的整体目标和个别目标；

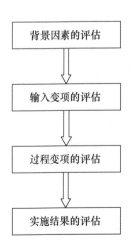

图 4-1 CIPP 模式

② 小组工作计划。

(2) 输入变项的评估。

这一阶段主要是评估小组工作的输入变项，主要包括以下两个方面：

① 小组工作方案；

② 有可能影响到小组工作的各项因素：小组结构、人员组成、权责分工、小组工作者的专业素养、聚会地点的选择、小组使用的设备和筹措的经费等。

(3) 过程变项的评估。

这一阶段主要是评估小组工作过程中会影响到小组工作实施的各种因素，主要包括以下四个方面：

① 小组方案的执行情况；

② 小组方案实施过程中的优点和缺点；

③ 小组工作过程中碰到的问题和困难；

④ 小组工作过程中所遇到的阻碍因素。

(4) 实施结果的评估。

这一阶段主要是评估小组计划实施后的结果，主要包括以下两个方面：

① 目标达成的状况；

② 小组工作的效力、效率等。

2. PPBS 模式

PPBS 模式（Planning-Programming-Budgeting-Systems-Analysis Model）是由美国学者普尔维诺和桑伯恩于1972年创立的。该模式主要从目标管理的关系出发，强调如何充分利用资源，并用系统分析研究方法形成各阶段的目标；同时，也注意回馈的重要性，认为只要是建设性的回馈，不论是正面的还是负面的，均能催化原先期望的走向。

PPBS 模式包括四个阶段：计划阶段、活动执行阶段、预算阶段和系统分析阶段（如图 4-2 所示）。

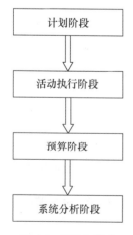

图 4-2　PPBS 模式

(1) 计划阶段。

该阶段的工作主要是在计划部分，主要包括以下三个方面：

① 评估需求，了解需求的现实性和满足需求的可行性；

② 确定需求后，依其重要性，评估其先后次序；

③ 评估系统中的目标是否明确、具体、可测量。

(2) 活动执行阶段。

为达成目标，该阶段的工作主要是对在该阶段设计的各种不同类型、不同主题的活动及提供的各种不同的介入工作进行评估。

(3) 预算阶段。

该阶段的工作主要是评估各项有关的资源的计划、安排和使用情况。

（4）系统分析阶段。

该阶段的工作主要是用系统分析的方法评估整个工作流程，然后分析如何修正旧目标和制定新目标，最后完成并公布评估报告。

（四）评估资料的收集

对于评估资料的收集这项工作，首先要确定谁去收集资料，然后要确定用什么工具去收集资料。收集资料的人可以是小组工作者、组员，也可以是其他相关人员，如观察员、与组员有关的案主系统的人。收集资料的工具可以是问卷、量表，也可以是文字记录、报告书，还可以是录音、录像等。下面介绍一些收集资料的方法。

1. 小组工作者的工作记录

收集资料最简单的一种方法就是记录每次聚会的活动过程。记录应该在每次聚会结束后就立即完成，因为这样才会在没有干扰的情况下，准确地记录小组中发生的事件。在做记录时，记录的问题一定要事先界定清楚，要明确具体，记录者要明白收集的资料与评估之间的关系，这样才能使收集的资料更有针对性。此外，在活动开展的同时也可以借助录音、录像等来收集资料，这是一种很有效的收集资料的方式。它的特点是可以获得准确、翔实而且未经修改的原始资料，特别是在一些重要细节（如小组工作者和组员的一些重要的语言和非语言表达）的记录方面，它的作用更加明显。录音和录像记录是最完整、准确的工作记录资料，如果要评估小组的动力发展、小组工作者的介入技术，借助录音、录像收集资料无疑是最好的一种方法。

2. 利用标准化的量表收集资料

标准化的量表主要是指已有的，并由经验验证，证明行之有效的量表。特别是一些自我评估量表，一般会在小组开始之前发给组员测量一次，在小组结束时再发给组员测量一次。有一些共通使用的量表，如情绪反应性量表、CORE 10 心理健康测试量表、婚姻关系适合度评定量表等，这些量表大都源于精神医学、心理学或行为科学，经过反复检验，信度和效度已获得认可。这些量表常被小组工作者借鉴，用来作为小组工作评估的测量工具。

3. 设计问卷和量表测量

小组工作者可以自己设计或邀请专家设计一系列问题，让组员或其他案主系统的人填写，以收集相关资料。设计问卷时可以结合使用开放式问题和封闭式问题。由小组工作者自己设计的问卷，问题的针对性一般较强，题目的多少、内容的详略、问题的形成等都可控制。设计问卷和量表有时候是一种很灵活、很有弹性的资料收集方法。

4. 行为计量

行为计量是一种最为简单的测量形式，小组工作者希望达到的许多小组目标，都可由组员行为的改变开始。行为计量是要求案主系统的人（案主本人或其家长、老师和朋友，或小组工作者和其他的观察员）观察被评估者某些行为出现的次数并记录下来。记录可在某段指定的时间内进行，小组工作者可以事先设计一个记录行为的表格，列出观察的行为和时间。

5. 日志、日记

组员可每日留意自己在小组以外发生的某些指定的行为，并以日志、日记的形式记录下来。行为计量着重于统计行为出现的次数，而日志、日记不但强调记录行为出现的次数，还着重记录行为出现的情境、过程与结果，较具描述性。为了方便组员记录，也为了便于资料收集后开展分析工作，小组工作者可以事先制定一个较为标准化的日志、日记记录表。

相对于行为计量，日志、日记提供的资料更丰富，对小组工作者评估或进一步介入都很有帮助，但它对组员的文字表达能力有一定要求。

6. 报告书

这里的报告书指的是组员以手写或口头的方式呈现的自我评价报告，或者是案主系统的其他人（如案主的父母、老师等），被要求针对某些问题所做的一系列回答。所问的问题主要包括：

① 在这个小组中，你学到了什么？
② 你觉得经过这个小组，自己有哪些改变？
③ 对于这个小组，你感觉到最满意和最不满意的地方在哪里？
④ 对于小组工作者的表现，你有什么需要说明的吗？

小组工作者可要求组员根据这些问题，写下自我评价的报告书，以便评估时进行相应的内容分析，发现有价值的信息。

7. 观察式测量

观察式测量是指既不是小组工作者也不是组员自己收集资料，而是由独立的、客观的观察者来现场收集小组发生事件的资料。观察式测量中最重要的要求是尽量减少观察者对组员行为的影响，让小组的发展处于一种自然状态。一般情况下，最好采用单面镜后的观察。观察式测量最大的优点在于观察者来自小组外，受小组过程的影响较小，较为客观。但因为请一位或多位受过训练的观察者来收集资料是一件费时费力的事，所以这种方法一般不常用。

子情境 Ⅱ　小组工作者的干预技巧

能力目标

1. 能将小组工作者的干预技巧运用于小组工作中。
2. 能对小组工作者的干预技巧进行初步反思。

教学情境四 小组工作技巧

知识目标
1. 了解小组工作引导互动的技巧。
2. 了解小组工作融合的技巧。
3. 了解小组工作对质的技巧。

情境导入

岩新在小组中很活跃,他不停地表达,常常打断别人的话发表自己的意见。很多时候,因为他并没有仔细听别人在说什么,所以表达的东西令其他组员感到很困惑。终于在一次小组聚会中,有一位组员与他对质:"我弄不明白你在说什么。"岩新对于这位组员的回馈很愕然。小组工作者请其他组员进一步给他一些建设性的回馈,并建议他立即做出回应;如果他愿意,可以在小组中观察一段时间后再发言。岩新同意了。之后,小组工作者在其他组员积极倾听他人意见并给予真诚回馈时,会给予赞扬和支持,并提请岩新注意。两次聚会后,岩新终于表示,他一直都太爱表现自己,根本没有认真听别人说话,现在他从其他组员的行为中明白了这一点,他会很努力地尝试去改变。此后,岩新很少再打断别人的话,有一两次他差点就要去打断别人发言了,但是小组工作者及时给了他一个手势,他很快发觉并立即停了下来。在之后的小组聚会中,小组工作者提供了一些机会,让岩新尝试学习倾听和表达,岩新的表现很好。小组结束后,其他组员就岩新后来的表现给了许多正向的回馈。

任务描述

根据上述情境,讨论分析以下问题:
(1) 在岩新的案例中,小组工作者使用什么样的技巧进行了干预?
(2) 使用对质技巧时应该注意哪些问题?

任务实施

(1) 按每4人为一组对全班同学进行分组。
(2) 请每组组员扮演小组中不同的角色并进行互动。
(3) 模拟小组进程的不同阶段,练习小组干预技巧。

任务总结

（1）教师结合教学情境对任务要求进行分析。
（2）教师对各小组讨论结果进行点评。

任务反思

技巧只是手段，而不是目的，小组工作者要根据当时的情境恰当地运用技巧，关注小组的"此时此刻"。

知识链接

小组工作者采用何种干预方式可以增进互动，使组员的生活产生有意义的改变？答案是小组工作者要有一定的领导能力，这也是本任务的重点。领导对于引导小组及其组员的发展是必不可少的。要成为一个合格的小组工作者，必须了解什么是领导，怎样应用领导技巧，掌握领导者的工作原则和理念。小组工作中的"领导"被定义为一个过程，在这个过程中，组员对其他组员发挥正面的影响力。领导在小组中发挥帮助小组完成小组任务、实现小组目标、维持小组良好工作秩序以及使小组适应环境等作用。

要想使小组发挥效能，小组工作者必须是真诚的、率直的、有同理心的，而不是一副专家的样子。小组工作者应能够真实地了解挫折与满足、兴奋与关切、愉快与痛苦。小组工作者的任务是采取行动，使组员对于小组目标达成一种共识。这些行动绝不是提供一套现成的方法，而是基于小组工作者理论基础、专业训练、人格特质等所采取的必要干预。

一、引导互动

小组工作者最基本的任务，是引导和促进组员产生互动。当小组处于小组初期，或有新组员加入一个已经存在的小组时，小组工作者的引导作用尤其重要。例如，有时候，组员对各自的角色不清楚，并且因为害怕被误解而导致言行有所迟疑。他们希望向小组工作者问一些问题，就好像小组工作者是医师、会计师或律师一样，从而得到一些特别的答案；除此之外，他们也可能想分享一些有关自己周围的信息，但又因害怕被认为是攻击性的或是爱管闲事的而犹豫不决。

在小组初期，为了使小组朝小组目标前进，并且帮助组员与组员之间形成良好的互动关系，小组工作者需要扮演较为主动的角色。小组工作者应该带领小组讨论如下内容：小组的目标、组员对于小组的意义、小组工作者自己的角色，以及组员能够从小组中得到什么等。除此之外，小组工作者还应带领小组讨论小组的规则和一些重要的主题，如活动、出席、冒险、隐私权、自我表露和对质等。

小组工作者若能让组员感到舒适和安全，就可以促进小组的互动。例如，小组工作者向组员指出卫生间、电话的位置，介绍食物或小点心的取用等，都可以透露出小组工作者的体贴、细心和亲切。同时，小组工作者应考虑聚会室环境的安排是否能提供适当的沟通，如以圆形的方式安排座椅，要比按方形或椭圆形的方式安排座椅更能鼓励组员与组员之间进行互动。

小组工作者可以用一定的方式来鼓励组员，如谈论他们的问题，只要这种方式能够解决问题，就不一定要用直接回答问题的方式。小组工作者常常能够发觉个别组员的感受，在互动过程中找出不是非常明显的沟通方式。小组工作者也可以为组员解释他们之间的沟通方式，并且提出组员可能有自我挫败的行为；可以鼓励组员彼此之间进行诚实的回馈，如同是对方的一面镜子那样相互对待。如果能这样，每一个组员将能够透过他人的眼睛看到自己。

（一）联结

联结是指将个别组员沟通中的相同要件连接在一起，用来帮助组员彼此之间有更紧密的认同。它的目的是降低组员之间分离的感觉，增加小组的凝聚力。例如，在第一次活动期间，小组工作者可以邀请组员分享他们在参与小组时喜欢的是什么。

示例

小组工作者：大家能不能谈一下，当你进入这个房间时，你的感觉是什么？

张明：我当时真的很害怕。说真的，我想你们是不是都疯了。

（小组工作者看见李东在点头）

小组工作者：李东，你在点头？

李东：我也有同样的感觉。我期待每一个人都是疯子，而你们这些奇怪的人不会比我还疯吧！

当组员对相同议题有不同的看法时，联结有时候也可以用来指出次小组。请看下面的示例。

(示例)

小组工作者：王海和赵琴似乎同意这个小组应该扩大，然而杨丽和刘英想要维持我们小组目前的人数。

当小组工作者将组员联结在一起时，大家能够组成一个团队，并且能增加做有意义沟通的可能性，表示组员之间有共同的关注点，能促使组员互动，并增强小组的凝聚力。

（二）阻止

阻止是指小组工作者用言语或非言语形式避免小组或某些组员做出不好的、不合情理的或不适当的行为。这类行为包括：侵犯别人的生活，总喜欢讲很长的故事，一直向别人问问题，攻击他人等。请看下面示例。

示例

张明：上一次活动期间，李东愤怒地离开小组，现在他不在这里，所以我们不能发现到底错在哪里，我真的对他很生气。

（组员们表示同意。）

王海：对！当他遇到挑战、不能忍受时就离开，我也很生气。

小组工作者：我能感觉到你们有多生气，我可以理解。李东需要听到你们的反应，但当他不在这里的时候，我们谈他是不公平的。让我们等到他回到小组，然后你们每一个人可以告诉他，你们得到了什么经验。

阻止也可以是小组工作者保护组员的方法之一。有时候，当小组的压力过大而不具有治疗性时，就需要小组工作者来保护组员。通过恰当地阻止，小组工作者可以避免组员受到不适当的批评而成为替罪羔羊，或被他人伤害。请看下面示例。

示例

张明：李东，你从不承认自己的错误，你就像是一块干肉片。（很明显，张明表现出攻击行为）

小组工作者：等一下，张明，李东让你感到挫折，但你可不可以用其他方式，而不是用侮辱的方式来表达你的感受？

（三）设限

有时候，小组工作者在关键时刻必须进行设限（设定好界限），这样可以有效避免组员逾越小组的规则或偏离小组的目标。请看下面的示例。

示例

小组工作者：……让我们以不超过三分钟的时间，说一件已经发生的事，即一件对于今天来说是麻烦的事。

当小组工作者对某些无效的行为进行阻止或为小组活动设限时，敏锐、坚定和直接是非常重要的。但同时，小组工作者也需要考虑个别组员的反应、小组可能的反应和自己的意图。

二、融合

融合是指小组工作者以简洁的、有条理的态度或言行联结有关的主题，使组员可以去处理。具体来说，融合又可以分为以下三种。

（一）综合

综合是融合的一种状况，是指将每一位组员口语和非口语的沟通，把每个人说了什么和做了什么相联系，使其内在感情和想法更清楚，顺便可以指出其重复的行为，使其隐藏于内心的想法表现出来。

小组工作者也可以综合先前小组聚会的意见、话题与关注事项,让组员看到哪些事物是过去曾经分享而与现在的情况有关的。一位组员可能说出四五个其生命中独立的事件,却没能意识到这些事件有怎样的关联。如果使这些独立的片段建立联系,小组工作者就能帮助组员把他们个人的困惑集中在一起,这对于问题的解决可能会有帮助。

小组工作者也可以综合组员正在努力奋斗的特殊主题,如顶撞权威、害怕冒险、过度的罪恶感等。对小组工作者而言,发现并做好这些,并不是一项简单的工作,那意味着要将看起来好像没有相关性的片刻或片段连在一起,以组员可能了解的方式使它们有关联。下面这个示例,是小组工作者在鼓励组员检查自己在小组中的语言形态。

示例

小组工作者:你是否已经注意到,你的发言中常出现"生气"这个词?两个星期以前,你说过对这个方案你有多生气;上周,你说你对你的督导生气;在几分钟前,你说你对我生气。有这种心态,你认为有什么意义?

做这种综合需要小组工作者回忆组员曾经说过什么或做过什么,并且从个人的转变中,寻找有哪些转折的线索。这就好比听协奏曲一样,第一次只是觉得好听,好像在听一些没有关联的片段;但听了几次之后,可能会突然领悟到其中是有基本的主题或形态的,这种主题或形态一直都在那里,只是听者一开始时未能融入,没有意会到罢了。

(二)摘要

一般而言,摘要是在聚会即将结束时,小组工作者将之前发生的事情和相异的线索拉在一起,简明扼要地进行回顾的一种方法。在互动过程中,组员们经常会一心一意地去聆听细节,以及分享他们的想法和感受,而忽略对整个事件的洞察。小组工作者需要通过摘要,来帮助组员了解聚会中发生了什么事情。请看下面的示例。

示例

小组工作者:在这过去的90分钟里,我们谈论了许多主题。我们谈到过保密性,谈到过组员从配偶处得到的支持,也谈到过为我们自己找时间,还谈到过努力使别人快乐,以及对我们正在做的工作觉得有信心,等等。而在这些主题中,有哪一个主题是你想在接下来的一周内做更深入讨论的呢?

摘要在聚会的中间阶段也可能有所帮助。它可能会给组员提供一个机会,反应刚才发生了什么。在小组聚会中,小组工作者可以说:"到目前为止,我们已经谈论了个人对医院不满的感觉,尤其是对医护人员反应迟钝和有关探病时间的限制等感到气愤。接下来的45分钟,在我们进入其他主题之前,对刚才的主题大家还有没有你关心的事情而想说的?"

通常,组员不太会记得小组以前所发生的事情,曾经缺席的组员没有办法了解小组中曾经发生的事情时可能会感到失落。所以,有一些小组工作者会在每一次小组聚会开始时,对之前的聚会做一下摘要。请看下面的示例。

示例

小组工作者：回想上个星期的聚会，我们讨论过小组结束。你们有些人说小组结束意味着星期三晚上不会再被绑住，有一种解脱甚至超脱的感觉；有一些人则对于小组结束感到非常难过。有谁想对这些说法做补充吗？或是有没有人想分享一下上个星期你觉得对自己非常有意义的一些（一件）事？

（三）分类

在小组工作中，分类是指小组工作者打散组员的问题或组员所关心的事，并加以区分，使之成为可以处理的单位。小组工作者的目标是帮助每一个组员解决问题，分类可以让任务或主题不至于过度复杂，更方便讨论和解决。

示例

某组员：两个星期以前我非常难过，我被解雇了；上周我出了点意外，现在我的车子正在修理，那将花掉我2000元；比这更糟的是，今天早上我收到赵老师打来的电话，说我儿子又逃课了。当他下午三点半从学校放学回家时，我将自己这个月以来所积压的情绪释放出来，对着他发了一通脾气。在我的生活里，事情都搅和在一起，使我没法有条理地思考。

小组工作者：在这么短的时间内，有这么多事情发生。我并不想要忽略任何问题，但是似乎你的生气和你对儿子的管教符合这个小组的目的，以及上周我们所讨论的主题：当我们被情绪淹没时，如何才能做到不迁怒于他人？

分类能对很多事情进行筛选和整理。首先，分类使每一位组员和整个小组可以控制将要面对的任务和问题；其次，分类可以使大家有机会以现实的方式面对议题的焦点，降低组员和小组工作者的无力感和无助感；最后，分类有助于小组工作者带领组员把能量集中在小组目标上。

三、对质

对质是指小组工作者直接指出组员语言或非语言信息间的矛盾、逃避或不一致，促使组员面对问题、接受挑战。对质可以迫使当事人更直接、更诚实地面对自己；可以鼓励组员更加诚实地探索自己，觉察自我矛盾的地方，看到自己行为的盲点，去面对一些自己不愿面对的感觉、经验和行为。

对质的技巧是所有小组工作技巧中最具挑战性的一种。对质是以尊重和接纳为前提的，粗俗无礼、尖锐刻薄或过度的对质只会使组员更加防卫、敌对和反抗。有学者认为，对质必须注意下列问题：对质要具体、正确；对质前要对组员有足够的了解，避免带有个人的成见；对质时强调此时此地，不应翻旧账；对质需在建立关系后进行；对质的前提是组员有能力改变相关行为；对质时要体现关怀和尊重，呈现助人的意愿。

对质可以有以下不同的侧重点。

1. 挑战不一致

挑战不一致包括对组员语言与表情的不一致、语言前后矛盾、语言与行为的不一致等进行对质。对下面示例中的情况，小组工作者都可以进行对质。

示例

一个组员说："我要咨询，我知道我需要它。"但这个人却不参加聚会。

另一个组员说"我要戒烟"，但五分钟后他却又点上一支香烟。

好几个组员说"这个小组对我很重要"，但他们在小组中却不怎么说话，也不分享自己的感受。

2. 挑战扭曲的思考框架

有时，当人们发现某些事实是自己不能或不愿面对的时候，就会将它加以扭曲，以使自己免于痛苦和挫折。例如，某组员自己不愿付出努力，英语成绩差，但他却将这归因于英语学科太难以至于不可能学好。对类似这种情况，小组工作者都可以提出对质。

四、一些特别的因素

（一）幽默的力量

在小组中，有时候小组工作者可以使用幽默的方式开展工作，即以一个有趣、适合情境话题的方式，减轻组员的紧张，使小组气氛活跃与轻松。与讽刺、嘲笑不同，幽默源自同感、倾听、轻松，反映着一种对生命的积极看法。幽默不应是做作的，也不应是设计好的，而应是自发的、自然的，它甚至可以是一个眉毛上扬、一个微笑、一个姿势。幽默可以使小组工作者在这个自然助人的关系中，建立出一种特别的联结和信任感。

在治疗小组中，幽默是一个有力的工具。夸张、矛盾、滑稽、双关语、开玩笑等，都可以帮助组员渡过难关、减少焦虑，同时也能促进小组形成凝聚力。幽默就好像社会生活的一种润滑剂，它可以使小组工作者和组员产生对一些事情共同的反应。

幽默也有它的另一面，有时也是敌意的、生气的，甚至是有攻击倾向的。这种幽默可能会伤害那些需要寻求帮助的人，导致较高的抗拒和强烈的防卫。小组工作中的幽默应该是善意的、自然的，而不应是敌意的、专断的，不应是要人感恩的，而是真诚的、非强迫性的。

经过一段时间，小组会创造出一些属于本小组自己的幽默风格。有些小组的幽默可能会将焦点放在小组工作者或某位组员和其特征之上。

小组工作者将影响小组的幽默风格。如果小组工作者是自我解嘲的，那么组员可能会尝试让自己受伤和冒险。但是，如果组员认为可能会被嘲笑和讽刺，在分享之前，他们将会仔细地检查自己的想法、经验和念头。

（二）使用比喻

在小组中，有些组员经常会使用一些象征式的语言，来描述他们所认为的自己、他人和他们的情境。例如,某位组员会说:"有时候,我觉得自己好像是一个大门口的擦鞋童。"或者说:"我的生命就像是一个监牢,我想要冲出去。"或者说:"我觉得过去的我是在篮子里面,而现在的我是一只蝴蝶。"

小组工作者在小组工作过程中也会使用比喻。他们使用比喻有许多原因:第一,比喻有助于小组工作者核对小组发展的阶段(一般而言,小组工作者不可以在小组的任何阶段都使用比喻);第二,比喻有助于小组工作者获取有关组员认同的信息;第三,比喻有助于小组工作者引导组员的注意,如从以过去为中心移到以现在为中心;第四,比喻有助于小组工作过程产生创造性的回馈。象征性的比喻可以增进治疗小组中小组工作者治疗的范围和力量,也可以增加组员对有关解释的开放程度。

比喻可以来自组员的自发性,也可以由小组工作者提出或引出。例如,在某小组中,有一位组员说他自己像一个"弹力球",在人与人之间跳来跳去,但却未曾发展任何真正的友谊。其他几位组员感受到他对"弹力球"的联想,很轻松地观察到,当他们试图与他发展友谊时,他就会跳开(指不愿意与别人进一步交往)。就这样,"弹力球"这个词发展成为组员们用来描述某些没有办法发展或维系关系的人的代名词。

在整个小组处于某个挣扎的情境时,可以运用比喻和象征性的联想。例如,一个由大学毕业生所组成的小组,在最后一次聚会前的三个星期,也就是毕业的前四周,开始讨论有关对死亡的感觉。这打开了组员们关心的许多话题,包括小组的结束、对关心自己的人说再见、即将离开学校、结束学生的角色、找工作、搬离社区,等等。这种讨论使组员明白——在生命中的同一时间,有可能会经历多种"死亡"。在治疗小组中,以讲故事、类推和引用真实事件的方式,可为组员提供没有限制的比喻。

(三)信任自己

有时,小组工作者的直觉在小组工作中是相当有用的工具。要想从直觉中受益,小组工作者必须学会信任自己,也必须相信潜意识中的智慧。当直觉出现时,小组工作者必须做更多的冒险,可能要打破某些规则,寻找一个以上的正确答案;更要忍受不确定性。小组工作者必须寻找认知和直觉的调和,相关知识可以帮助小组工作者核对预感,并且可以帮助小组工作者架构系统的观察组员的行为。

有学者认为,小组工作者有许多方法可以发展他们的直觉。这些方法包括:

① 学会放松;
② 找时间寻求安静;
③ 对于想象和梦给予关注;
④ 让内心可以没有特定目标地自由活动;
⑤ 持续写日记,并记下预感、直觉和结果;
⑥ 信任自己。

另一个建议是在小组情境中使用欢笑和幽默。当小组工作者把问题看得太严肃,直觉就会被卡住。小组工作者必须融入小组，并且倾听组员现在正在说什么，而不是想下一步要怎么做。小组工作者要把精力集中于此刻正在进行的事情。以上这些，都可以让小组工作者更接近自己的直觉。

（四）协同领导

与一位或多位同事共同领导小组，有许多优越性，特别是对于那些刚开始带领小组的工作者。一个主要的优越性体现在协同领导小组会比单独领导小组要容易些。协同领导小组的工作者在为小组制订计划时可以提供更多的想法，并可以在聚会过程中分担领导责任。协同领导者可以彼此提供支持和帮助，特别是在领导紧张的治疗小组或一些较难领导的小组时，这一点尤为重要。如果一位小组工作者陷入困境、思维枯竭或是离题了，其他小组工作者就可以在一段时间内接替他的工作。协同领导的另一个优越性体现在：小组工作者可以从其他小组工作者那里得到反馈；同时，看着对方怎样处理各种各样的情况，小组工作者也可以从中学到许多东西。为了最大限度地注意到非语言线索，协同领导者应当坐在由组员们围成的圆圈的相对两端。

协同领导也可能会出现一些不利之处或问题。对一些机构而言，一个不利之处在于：协同领导会占用其他咨询工作的时间，从而给已经饱满的工作安排增加压力。从这个角度看，协同领导可能不是对小组工作者时间利用的最佳方式。

协同领导小组的问题还可能来自小组工作者在态度、风格和目标上的差异。当两位小组工作者以不同方式对待小组工作时，协同领导的弊端就显露了。正如美国小组工作专家库力所言：对合作工作者的选择很重要，如果两个小组工作者不相容，他们的小组注定要受到消极的影响。这样的小组工作者会让组员们感到很困惑，因为他们都想朝自己期望的方向领导小组。

示例

小组工作者甲：今晚开始时，我们想请你们每个人谈谈这周你过得怎么样，最重要的是，要谈谈你对自己这个星期生活的评价，这样每个人都能了解你的进展。

小组工作者乙：你们也可以对上周的聚会提出一些问题，我们也很高兴回答它们。

张明：这周我过得很好。我在小路上锻炼了三次。

小组工作者甲：那太好了。李东，你说过准备去看看你父亲，情况怎么样？

李东：很好。当他问我是否已经决定上医学院时，我只是说我还在考虑，没有和他发生争吵。

小组工作者乙：那是我们上周谈论的内容——不要与父母争吵。简单地承认他们所说的话正确，经常要好得多。让我们就"与父母争吵"这个话题再谈一谈。

王海：那么老师们呢？我们可以讨论他们吗？

在这个示例中，小组工作者乙的工作目的与小组工作者甲不一致。当小组工作者甲在寻求关于发生于本周的重大事件的自我报告时，小组工作者乙将大家的注意力引向了上周的聚会。尽管小组工作者乙的关注点并不一定是错误的,但它出现的时机不恰当。当组员们已经准备谈论这周发生的事情时,小组工作者乙的发言让大家被迫转变了思维方向。小组工作者甲面临一个困难的抉择——是放弃最初的目的,遵循小组工作者乙提出的新的方向,还是试图回到原先的方向——本周的进程,甘愿冒着在组员面前与协同领导者进行权力之争的风险。这样的协同领导者不能在一起出色地工作,如果他们想继续协同领导的话,就需要校正这种分歧倾向。

子情境Ⅲ 小组工作特殊情况及处理技巧

能力目标

1. 在小组工作过程中,提升对小组冲突、特殊组员等的洞察能力。
2. 能对小组工作过程中出现的各种特殊情况进行合理处置。

知识目标

1. 在小组工作过程中,高度重视小组冲突现象。
2. 在小组工作过程中,给予特殊组员重点关注。
3. 初步掌握小组工作过程中特殊情况的处理技巧。

S 情境导入

小王:小周,你总是不说话,可别人说话时你又摇头,为什么?

小周:没有啊,我只是不自觉的。

小徐:不是,我也看到了。你不但摇头,嘴角还有讥讽的笑,你心里一定在批评我们。

小周:如果你们一定要那样说,我也没办法。反正我不属于这个小组,我到这里来,本身就是个错误。

....

T 任务描述

根据上述情境,讨论分析以下问题:

(1) 为什么组员会互相挑战?

(2) 小组工作者应如何处理小组冲突?

(3) 冲突出现在组员之间，与出现在组员与小组工作者之间有哪些不同？

任务实施

(1) 按每4人为一组对全班同学进行分组。
(2) 请每组组员扮演小组中不同的角色并进行互动。
(3) 模拟小组进程的不同阶段，练习小组带领技巧。

任务总结

(1) 教师结合教学情境对任务要求进行分析。
(2) 教师对各小组讨论结果进行点评。

任务反思

当小组中出现特殊情况时应反复评估小组的阶段性特征和小组动力。

知识链接

本教学情境可以说是小组工作过程的延伸，在此，我们将更加详细地讨论小组冲突的处理方法、特殊组员和其他特殊情况的处理。

一、小组冲突的处理方法

面对冲突，刚开始带领小组的工作者往往会陷入恐慌，希望能找到一种快捷、简便的解决办法应对冲突，希望能找到"灵丹妙药"避免冲突的发生或在最短时间内解决冲突。在小组中，冲突是不可避免的。当冲突无法解决时，一定会给小组带来很多负面的效应；但当冲突得到积极解决时，亦会带来很多建设性的后果。要想有效解决小组冲突，必须考虑冲突的成因、性质和演变，并且必须要结合小组气氛和小组凝聚力，这样才能产生预期的效果。

1. 分析和确定冲突的成因

分析和确定冲突的成因时，主要需要考虑以下问题：
(1) 是谁引起的冲突？
(2) 为什么？
(3) 此人与谁有矛盾？
(4) 怎样引起的冲突？

(5) 冲突程度有多大?

为了更进一步去追寻冲突的性质和演变,以便制定适当的策略,教学情境三中所讲的三种小组冲突的类型或许可以作为重要的参考。举例来说:两位组员在一次小组聚会中发生冲突。就此情况而言,单单了解到"谁对谁做过什么"等,并不足以使小组工作者认识到冲突的成因,也不足以将此作为行动(指解决冲突)的依据。倘若小组工作者能先确定冲突的性质:是意见的分歧、关系和情绪不妥,或是权力争斗的表现,再制定适当策略便有效得多。

虽然如此,仍有一些现象小组工作者要引起注意。首先,小组冲突有时并非单由一种因素引起。例如,一位组员与小组长发生摩擦,其原因有可能同时包括意见不同、性格不合和权力争斗三个方面。在此情况下,小组工作者就不应集中于找出"最终的成因",而应着眼于分析不同成因的形成及彼此的关系,如哪一种因素促成另一种因素。其次,各种因素之间的因果关系有时也很难确定。例如,小组工作者往往很难评定究竟是权力欲望使一位组员不喜欢小组长,还是其他什么原因。此时,小组工作者应当将精力集中于处理在冲突事件中最显著的因素,然后再通过密切关注事态的发展去理解其他因素间的各种关系。一般来说,所谓最显著的因素,往往是指最终触发冲突的条件。最后,一个相关的现象是,冲突的表现形式往往因事态的发展而有所增减或改变。举例而言,两位组员起先可能因为见解不同而产生争论,但随着事态的发展,可能会演变成彼此对对方的好感越来越低。所以,小组工作者在确定小组冲突的成因和性质时,须不时地留意小组动力的转变和影响,这样才能制定有效、灵活的策略。

2. 确定是否应该干预

在处理小组冲突时,小组工作者必须留意两种较为极端的态度:其一,主张小组工作者应毫无考虑地即时干预,制止冲突;其二,认为小组工作者必须严守"中立",任由事态自然发展。第一种态度,小组工作者未经审慎思考就盲目干预,往往会弄巧成拙。现实中,我们不难发现,有时将不满情绪发泄出来,有助于缓和组员间的矛盾,而过早地压制,反而会令不满的情绪隐藏和累积,甚至会转移到小组工作者身上,使得事态扩大。相反,任凭冲突自由发展,也往往会使组员受到伤害,如有些小组工作者会让少年组员通过打架去解决某些情绪问题,倘若任何一方受到损伤,或者冲突因此变得难以化解,小组工作者便难辞其咎。

在小组冲突中,冲突双方以外的组员往往也扮演着重要的角色。很多小组工作者都相信,最好的解决问题的方法应来自小组本身。当冲突发生时,其他组员往往更容易成为协助小组工作者解决冲突的人。例如,小组领袖通常是一位举足轻重的人物,所以,小组工作者在考虑是否应介入冲突时,对组员的认识和对次小组动态的掌握都是应该考虑的重要因素,而这些信息通常可以从小组领袖那里得到。

3. 制定适当的介入策略

假如小组工作者已经判定了必须直接干预小组冲突,那么接下来就要考虑介入的目标是什么，要采取什么样的工作方式。正如美国小组工作专家费什尔所言，小组工作者处理小组冲突的目标在于尽量吸收其好处，减少其坏处。下面我们看一下对三类不同的小组冲突的介入策略。

（1）理性及秩序式的冲突。

① 防止这类冲突变质。组员间为达成小组目标而产生的理性争执对小组影响很有限，但是当这种争执演变得越来越情绪化或权力化时，其结果就难以估量了。所以，小组工作者在"正常的""理性的"争辩开始产生时，对组员的情绪反应和小组动态必须加以留意。防止理性冲突变质的方法有很多：小组工作者可扮演"公证人"的角色，确保沟通顺畅；小组工作者也可以借助小组规范去协调争辩双方的言语和行为；小组工作者还可以转移有不良情绪出现的抗辩，邀请其他较客观和冷静的组员给予他们意见，让正在争辩的双方有机会冷静一下。在较极端的情况下，小组工作者可以要求讨论或聚会暂停，以便有时间处理冲突双方难以疏导的情绪，然后再复会。在冲突仍然未脱离"理性"基础的情况下，上述的办法应该有一定的作用。

② 建立理性的问题解决渠道来疏导冲突。就这一方面而言，小组工作者可以尝试辅导组员，使组员认识到"冲突"是小组历程中的正常现象，如果处理得好，冲突可以转变为推动小组朝着目标前进的动力，如刺激新意念的产生、提高组员的团结性等。小组工作者也可以协助组员运用理性的方法解决意见分歧，提高组员解决问题的能力和技巧。

人们常常发现，即便是最"理智"的冲突，通常也会给小组带来紧张和不安。不过，如果小组工作者能引导组员对冲突持有正确的认识，那么冲突或许能为小组带来好处。小组工作者可用以下示例中的口吻劝说争辩的双方。

示例

小组工作者："你们两位似乎在这个问题上意见不太一样……我知道两位都是为了顺利达成小组目标而尽力提出自己的意见……让我们一起来慢慢地逐步分析这个问题，看看有没有更好的解决方法……"

（2）心理及情感式的冲突。

对于这类冲突及其演变情况，小组工作者可以考虑以下两种策略。

① 尽量控制并进一步减弱其扩散力。小组工作者可以考虑运用自己的权力去处理这种冲突，包括说服某方让步或双方都让步，促使双方达成妥协，甚至暂停冲突。

示例

小组工作者："我知道两位（双方）心中仍有不愉快，不过你已经充分地表达了自己的意见，而时间非常紧张，所以，让我们先处理其他需要讨论的事项，稍后再回到你们的问题，好不好？……"

② 尝试诱发组员产生较正面的情绪，来抗衡不良的情绪。其中比较容易运用的方法是：引导组员回想一些"美好的事情"，并鼓励组员考虑个人和小组整体的利益，更紧密地团结在小组目标周围。

示例

小组工作者："我知道各位之间存在着一些不同意见和不愉快……不过我们已经为了小组目标付出不少心血,现在放弃实在可惜……所以,让我们放下一些不同的意见,集中我们的力量,团结一致地向将要达成的目标努力……"

这种策略的基本假设是除非小组已出现很大的问题,否则,长久以来所建立的小组凝聚力应该可以在某种程度上抵消一些组员间性格或关系上的冲突。长远来说,小组凝聚力在控制冲突的发生和后果上起着决定性的作用。

(3)权力及控制式的冲突。

这类冲突的表现可以是正式的,如竞争小组长的位置;也可以是非正式的,如影响小组的决策。这类冲突的成因和演变较为复杂,影响也可能最深远,需要小组工作者更加小心地处理。不过,由于社会工作中的小组一般都没有明确的争夺目标(如名和利),所以这类冲突发生的频率也相对较低。

这种冲突较难应付的原因主要有两个:其一,它通常都围绕着一些重要的小组要素而产生,如争夺小组领袖的职位;其二,它通常都在小组内已产生了一定程度的分化之后才较明显地表现出来,例如,甲组员除非已在小组内获得了某些人的支持,否则他不会贸然地向领袖的职位挑战。基于此,以下两种策略可以供小组工作者参考、使用。

① 运用小组工作者的权力去影响和平衡冲突的发展。小组工作者的目标主要是确保小组整体不会因组员或次小组的权力冲突而受到太大的伤害。很多"谈判"和"讨价还价"的活动将会进行,而小组工作者应尽量协助组员和冲突双方维持基本的冷静与理智。假若小组凝聚力很强,而整个冲突气氛很理智的话,小组工作者可以容许双方开诚布公地争论;当情况相反时,小组工作者就只能运用其权力和影响力去控制局面了。

② 协助组员建立一个更好的小组环境,确保每个人有同等机会参与和分享小组权力。有些人可能比其他人聪明能干,但就社会工作中的小组而言,每一位组员都应享有同等的发挥他们的潜力和才干的机会,这是社会工作的基本理念。所以,小组工作者也应经常协助组员明白民主参与的意义,并且给每一位组员提供平等的机会,使其从参与的经验中成长并获益。

4. 检讨和跟进

检讨和跟进在处理和解决小组冲突中至关重要。

原因之一:任何处理小组冲突的方法,都必须要通过检讨和跟进去确定和检验冲突发生的真正原因。由于小组冲突往往演变得很快,小组工作者可能需要迅速行动予以应对,其结果可能是对冲突的起因产生误解或理解偏差。例如,有小组工作者曾试过在某次小组聚会中,处理一男一女两位组员就某些小组活动所产生的冲突,后来才发现这两位组员是恋爱关系,而男组员在这次小组聚会前一天提出要与女组员分手,这才导致了该次聚会的冲突。

原因之二:检讨和跟进有助于小组工作者分析其干预的有效性,以作为进一步工作计划的基础。小组冲突的成因往往很复杂，其演变也常常出乎意料：一次来势汹汹的冲突往往会很快消失无踪，而一个似乎已经解决了的简单的争论，却有死灰复燃的可能。所以，小组工作者必须密切留意小组的动态发展，以测定其状况是否已恢复正常，或者需要做进一步的计划和跟进。就这一点而言，小组工作者除在小组聚会时须留意组员的表现和小组动力的发展外，也须在小组聚会以外与组员保持非正式的接触，以减小发生小组冲突的可能性，加强与组员之间的工作关系，以及增强小组的凝聚力。

小组冲突是小组工作中的一种重要现象，应得到小组工作者的有效处理。中国人崇尚"以和为贵"，面对冲突时较容易采取回避的态度；甚至在冲突发生后明显有理的一方，也难免有内疚或者后悔之感。这有助于减小小组冲突发生的可能性和降低其激烈性；另外，组员的不良情绪比较容易演化为潜在的"心病"，对小组所产生的不良后果将是持久性的。所以，小组工作者要多观察，及时发现小组冲突，并要在经过思考和分析后，在适当的时机采取适当的干预措施。

二、特殊组员

（一）特殊组员的定义

每一位组员在小组工作者眼中都可能是"特殊"的，不过这里的"特殊"，是指个别组员在小组内经常或偶尔表现出一些不太理想的举动，或者扮演着某些对小组或组员可能会带来不良反应的角色。

（二）特殊组员的类型和应对方法

1. 带有攻击性的组员

有时，一些组员的"攻击性"可能与其本身的性格或一时的情绪有关。性格刚烈且不善于与人相处的人，或者不善于控制自己情绪的人，都可能给人以带有"攻击性"之感。所以，小组工作者应先分辨清楚组员带有攻击性言行背后的原因，最有效的方法是通过与相关组员接触、交往，观察其在组内的表现来进行识别。可以说，除了突发的情况外，小组工作者对每一位组员都应有一定的认识，并能在计划小组活动时予以充分的考虑，这样才能通过小组工作积极地辅导个别组员的成长，而不是消极地事后应付。另一种考虑的重点是，攻击性言行的表达及其影响。攻击性言行可包括多种类型，如贬低他人、否定其他组员的意见或情绪、挑战小组目标、讥笑他人、抢夺功绩等。有攻击性言行的组员无论是有心还是无意，都可能引起其他组员的不满，引发冲突或危机。

那么，小组工作者应以什么样的处理策略去辅导带有攻击性的组员呢？

对于不是为了获取某些利益的攻击者来说，由于其言行并没有涉及利益冲突，一般组员的容忍度也会很大，所以，处理的方法也比较简单：通过小组活动的参与和合作，在小组工作者协调下与其他组员坦诚地沟通，再配合个别辅导，应该能够达到一定的效果。需要注意的是：即便是无意的攻击性言行，也应及时处理，否则也可能带来不良后果。

至于带有利益目的的攻击者或攻击行为，针对其他组员未必与攻击者产生对抗的情况，小组工作者可能更须刻意地运用本身的权力和影响力加以平衡和协调。小组工作者可在保护被攻击者和小组整体利益的前提下，使用一些平时不宜使用的方法，例如，用以其人之道还治其人之身的方式告知攻击者在小组内并不能为所欲为，又或是鼓励被攻击者和其他组员对抗这类攻击行为。

2. 沉默的组员

有些组员性格比较被动、内向或迟疑，这些人在参与小组的过程中往往很少主动发言，或是由于其他原因慢慢失去发言的机会。此外，也有一些本来非常热诚、性格开朗的组员，因为对小组有不同的期望而变得越来越沉默。了解组员沉默的原因是小组工作者解决组员沉默问题的首要任务。小组工作者可通过平时的接触，观察个别组员在沟通过程中的表现，通过带领讨论的方法尝试促进沉默者多发言。

（1）方法一：直接提问。

例如，小组工作者说："赵刚，你今天似乎较为沉默，是不是很疲倦或是有什么心事？……"或者可以让其说出沉默的原因。小组工作者不宜直接提问沉默者。直接提问的缺点是会将小组动力的集中点转移到沉默者身上，会使沉默者感到有压力。倘若沉默者继续逃避或支吾以对的话，可能还会打乱原先的讨论进程，甚至可能使其他组员和小组工作者感到有压力。

（2）方法二：间接和婉转提问。

例如，小组工作者说："刚才大家的意见也表达得很清楚了，李东，你还有什么意见需要补充吗？……"或是"刚才大家讨论过财政的困难，王海，你是做会计工作的，对这方面应有较深的认识，你的意见又是如何呢？……"诸如此类的提问或许可以引发沉默者不同程度的反应。例如，组员可能会回答："对不起，我很疲倦，忘记了讨论到什么地方……"或是"我的意见跟赵琴的一样，没有什么需要补充的……"这样，小组工作者就可从沉默者的反应测知其沉默的原因，进而判断是否应做进一步的处理。

对于喜欢沉默的组员，如何调动他们的积极性，以下方法可供参考。一是鼓励该组员在小组中多发言。例如，通过话语进行鼓励，或作有意识的程序安排等。二是尽量增加该组员的小组活动和与其他组员的社交接触，促使其性格变得较为活泼。小组工作者可考虑安排该组员按其能力和意愿负责一些活动，如负责文书、联络，这些活动有助于增加其主动性和参与性；或者刻意地在小组聚会以外的时间加强其与其他组员的接触，如一起去旅行。

对于那些非性格原因而又选择在小组内扮演"沉默者"角色的组员，除非他们这样做的动机不正确（如自命不凡），或是其行为会对小组带来不良的影响（如产生误解或使组员间的关系不融洽），否则小组工作者应尊重其意愿，无须干涉。至于那些因小组动力影响而导致组员变得沉默的情况（如逃避、抗拒），除了在较极端的情况下需要考虑特别的方法外（如个别辅导），基本的原则是想办法促进组员进行坦诚的沟通。

3. 成为"替罪羔羊"的组员

小组里出现"替罪羔羊"可能是短暂性的，但也有一些情况，这类组员长期在小组内扮演着"替罪羔羊"的角色。

"替罪羔羊"的成因很复杂，大体上可以从小组和个体层面去讨论。从小组层面来看，"替罪羔羊"往往是小组减压的好方法。人犯了错误往往会将责任推到别人身上，以减轻自己的负担和罪责感。小组也是一样，例如，组员出席情况不理想，小组长往往会埋怨负责联络的组员不得力。

从个体层面来看，"替罪羔羊"的形成往往也牵涉很多复杂的性格和组员关系因素。

第一是性别身份的混淆。无可否认，有时一些被其他组员冠以"娘娘腔"或"男人婆"称谓的组员，往往会成为小组活动失败的发泄对象，如"好一个'娘娘腔'，说话咩声咩气的……"。

第二是为了交换满足。如某组员为了得到其他人的接纳和注意，往往不介意被嘲为"肥婆""无用""孬种"……

第三是性格和表达的问题，有些人的性格像海绵一样，能够吸收攻击、嘲弄，而不会想到要还击，或者有些人的表达能力较弱，不仅未能建立自己应有的尊严，反而招来进一步的嘲弄。

第四是某些组员有与众不同的特征或行为（如肤色、服饰等）。如一个由一群少年组成的小组当中有一名非洲裔组员，就肤色而言，他便很有可能成为其余组员的嘲笑或发泄对象。

"替罪羔羊"的产生与个人及其人际关系因素最为密切，处理的基本策略也应针对这些因素。在个人因素方面，小组工作者应该多留意个别组员的性格、表达和参与情况，予以适当的辅导，无论是怕事、畏缩，还是理解力、表达力弱，甚至对小组规范不适应等，组员的这些情况都应通过在小组活动过程中和个别辅导时得到改善。

示例

小明曾因盗窃而被判刑，所以一直是小组内其他组员嘲笑的对象。小组工作者针对小明的自卑心理予以心理辅导，并在适当的时候（一次旅行当中）让他负责财务。起初，其他组员嘲笑小组工作者此举为"送羊入虎口"，但小明在获得小组工作者的信任下不仅没有吞并款项，反而将财务处理得很有条理，使其他组员改变了对他的看法。小组工作者适时对小明进行了赞许和跟进辅导，使小明在小组内的参与热情和地位有了明显的改善……

这是一个在外展小组中的真实个案。从示例中的描述，我们可以看出小组工作者作为权力的中心，通过适当的辅导、安排和影响力，可以使小组关系有所改观。

4. 喜欢吸引别人注意的组员

每个人或多或少都喜欢在小组当中表现一下自己，这无可厚非。不过当这种情况过分的时候，如经常"吹牛"或炫耀自己，则很容易妨碍小组的正常发展或遭到别人的厌恶。

很多喜欢引人注意的组员的行为可能与其性格本身有关。例如，某些人天生喜欢炫耀自己并以此为荣，甚至丝毫未察觉或不会介意别人的不满和反感。小组工作者应本着小组工作的价值理念尽量予以辅助，如可以进行个别的接触和提醒。这类性格和行为一般都只会造成小组进行的不便，而不至于使小组出现危机。所以，小组工作者只需尽量协调组员间的关系，使他们能互相体谅，以及接纳彼此性格不同之处。至于一些过分的行为，组员的排斥或抵制往往可以达到一定的约束效果。

小组工作者需要留心的是，这些吸引别人注意的行为背后，有没有其他关系上和权力上的目标存在。例如，某些组员，特别是男性组员，往往为了得到其他组员的接纳而有些较为夸张的表现，他们以为通过一些夸张的方法更容易获得女性组员的注意。对于这些渴望得到别人接纳，但又不懂得选择适当方法的组员，小组工作者是有责任予以辅导的，因为学习如何与别人相处，是小组生活的内容之一。

对于怀有权力目标（如希望在小组中获得更大的影响力）而炫耀自己的组员，小组工作者尤其要谨慎应对，否则很容易发生冲突。不过，在平等参与的大前提下，每一位组员都应有权分享小组利益，就算是表达方法不当的组员也不例外。所以，除非小组工作者确定其目标不是以小组利益作为依归，否则都需要辅助，应使其分享权力的意愿有机会通过正确的、被人接受的途径表达出来。

5．不投入的组员

不投入的组员或是出席情况不稳定，或是讨论时心不在焉，又或是对小组活动的参与忽冷忽热，这会使小组工作者和其他组员十分头痛。不投入的组员的行为成因大体有以下几点。

（1）性格问题。

有些人的性格使其对事物的关注不能持久，他们参与某些小组可能是因为一时心血来潮，兴趣很快就会消失。这类组员对小组工作者来说是相当棘手的。较为可行的方法是，小组工作者在开组前强调组员参与小组的重要性，使得此类组员有一个正确的认识，改变其参与小组的态度。这些"游离分子"（编者注：属社会学用语，只是对一种状态的描述，没有什么贬义）对参与小组活动虽然不热衷，但通常也不会造成太大的影响，故小组工作者可能只需让其他组员接受这些投入感不大的组员便可。

（2）"期望"问题。

很多时候组员参与小组的期望与小组工作者设计小组的原意可能并不匹配，这或许会影响组员的参与。举例而言，王海参与小组的动机只是提高人际交往能力，赵琴参与小组的用意在于结识异性朋友（醉翁之意不在酒）……这些问题当然可以通过"小组工作特殊情况及其处理技巧"所介绍的技巧加以解决。不过就小组工作者本身而言，或许应该留意两点：一是有时一些小组工作者会在参加者动机不太强的情况下勉强开组，若是因为受不服输、不想前功尽弃等心理因素影响时，则应小心，因为勉强开组的不良后果，往往比毅然放弃的代价更大；二是一些小组工作者会运用一些"包装"去吸引组员，如向组员承诺不用缴费便可参加一些很有趣的活动（如旅行、参观等），需要注意的是，过分包装往往会使双方都不能如愿以偿。

（3）小组本身的问题。

组员不投入有时可能是因为小组本身的问题，如人际关系欠佳、小组气氛沉闷、参与机会不均等。对于这类问题，由于直接关乎小组整体的成效和组员的参与经验，小组工作者可参照前述各点，在此不再赘述。

三、其他特殊情况的处理

1. 有抵触感的组员

有的组员对小组的有效性持悲观的态度，这些组员相信小组是没用的，因而他们拒绝以合作的姿态参与其中。小组工作者应尽量请这类组员表达他在小组中的感受，或者安排其与小组工作者结成对子——小组工作者"一对一"地跟他谈，或者在会谈结束后通过个别辅导，帮他改变这种认知。如果所有的努力都失败了，但组员由于外界的原因仍然必须留在组内（如社区治疗中心），那么小组工作者可以把该组员排除在小组的焦点之外。

有时候，有抵触情绪的组员反对的是小组工作者帮助他的企图，而不是反对组员们的帮助。基于此，小组工作者可以引导其多与小组的其他组员交流。小组工作者可以采取无须工作者指导参与的结对、三人一组或小组讨论等形式完成此情境。如果此组员是小组的焦点，小组工作者可以让其他组员做主要的帮助工作。相反，如果有抵触情绪的组员反对的是小组帮助他的企图，而不反对工作者的帮助，那么，小组内的个别辅导或单独面谈可能是最佳的选择。

对于小组工作者而言，区别组员是在抵制小组的帮助，还是因不想改变自己或自身所处的情境而有所抵触，是非常重要的。

示例

（张琴已经讨论了作为母亲并拥有一份职业的话题，她说她想继续工作，但是不知道在上班时间怎么安排她的孩子们。）

李东：你不能把他们留在日间托儿中心吗？

张琴：可以，但是我不知道他们会不会喜欢那儿。

王海：你的公司有没有实施一定的计划，来照顾员工的孩子？

张琴：有的，但是我不喜欢那儿的一些孩子和工作者。

赵丽：你们家有没有亲戚愿意帮你照顾他们？

张琴：有，但我不愿强加于人。

小组工作者：张琴，我认为我们都明白了你的顾虑，但是我不知道我们大家怎样才能帮助你，你说我们可以为你做什么呢？

2. "想难倒工作者"的组员

"难倒工作者"是指故意破坏小组工作者的计划或安排，阻挠小组工作者在小组中的言行。其形式有：不同意小组工作者的话，不按小组工作者的指导行事，提出故意让小组工作者难堪的问题，或者在小组工作者说话时交头接耳，等等。

下面列举的一些小组工作者的行为可能导致组员想难倒自己。

① 把一个组员置于全组人的注视之下。

② 不适当地打断组员。

③ 没有给组员说话的机会，或没有觉察到组员想发言。

④ 通知组员小组将重新讨论以解决他的问题，却食言了。

除此之外，缺乏自我参照的组员有时会把他们的挫折感和怒火发泄到小组工作者身上。一些组员有时想成为小组工作者的"最爱"，当这个目标不能实现时也会做出激烈的反应。

其实，小组工作者在意识到某个组员想要难倒自己时，应该把焦点从组员与自己的激烈争斗中转移开来。一般情况下，小组工作者应该知道这种情况为什么会发生，并且知道如何应对这种情况，如给组员更多的注意，重新回归组员的问题，或设法不让这个组员成为焦点等。如果相关问题可以解决的话，那么小组工作者应该及时处理。如果不明白事情的起因，小组工作者可以在会谈中与该组员分在一个两人小组中，或者在会谈结束后与该组员谈话，看是否能获得一些信息，然后再做出进一步的处理。

示例

小组工作者：我想今天的会谈就先谈谈酗酒是如何影响你的家庭生活的。

张东：为什么总是由你开始小组的会谈，并且选择话题呢？我还以为这是我们的小组呢，告诉我原因！

小组工作者：（平静地，眼睛环视所有组员，并没有特别地盯着张东试图使他放弃）让我来向大家解释一下我是如何决定话题的，……同样，你们也可以留意有没有某个话题或某个事件是你们想讨论的，如果有的话，你们可以告诉我，我觉得有许多问题我们应该讨论……

3. 组员互相敌对

在任何类型的小组中，一个组员不喜欢另一个组员是很常见的。这种不喜欢会从组员间的争论、不同意或沉默中表现出来。有的时候，在小组的开始阶段，组员彼此不喜欢是因为在小组开始之前的某些事。如果可能，小组工作者应该在筛选面试时查明这种情况。例如，小组工作者可以问："这里有没有你不喜欢、不想在小组中共处的人？"然而，这并不是防止组员互相讨厌的简单有效的方法，因为，就算组员们开始并不认识，也可能会很快互相滋生出不满。当这种情况发生时，如果小组工作者认为讨论是有益的话，那么小组工作者可以在小组中提出讨论这个问题。

如果小组工作者决定在小组会谈中集中讨论两个组员间的主要冲突，建议小组工作者在会谈前先同每个组员单独面谈，澄清问题，并解释希望在小组会谈中处理这个问题的原因。如果没有得到其他组员的同意，如他们不愿意为解决这个问题而付出努力，小组工作者就是在导演一场灾难。如果小组工作者出乎意料地处理了这个问题,其中一个或两个组员就会把小组变成他们的战场。

示例

在青少年社区治疗中心的一个小组中,两个组员为争抢在中心的控制权发生了激烈的争斗。小组工作者可以选择把其中一个组员调到另一个治疗小组中,但最终小组工作者决定试着帮助他们解决彼此间的问题。小组工作者事先单独与小组内每个人谈完话,然后开始了如下的会谈。

小组工作者:今天,我希望大家能用一点时间,处理一个对我们所有人都很重要的问题。你们早已知道张东和李明从一开始彼此间就存在矛盾,我跟他俩分别谈过话,他们同意试着在小组中努力做些改变。(小组工作者随后转向张东和李明确认一下)

张东:是的,我同意尽力尝试。

李明:那对我来说没什么关系。

小组工作者:好的,我想我们可以先让大家谈谈,自己对张东与李明之间矛盾的看法。

王海:他们都认为自己是对的,并且即使对方是对的也坚持己见。

赵波:他们总是想胜对方一筹。在李明说话时,张东可以算是一个非常好的倾听者;但是当张东发言时,李明,你根本不听他在说什么。

李明:他也不听我说,当我说起我的父亲时,他说我很愚蠢!

小组工作者:那么先等一下。李明,你的怒火有一部分是因为当你说起你父亲的事时,张东的所作所为,是吗?那么其他人是如何对待那些使你困扰的人呢?……

在这个示例中,小组工作者决定让别的组员提供反馈,并且随着讨论的深入逐渐把每个组员吸引进来。集中讨论解决冲突的一般话题和应付愤怒的方式,而不是讨论具体的抱怨。这可能是一种富有成效的解决问题的方向。小组工作者没有回避这两个组员间的冲突;相反,他假定组员缺乏解决他们激烈争论的良好技能,并且必须有人告诉他们这些技能。

教学情境五

小组活动

小组活动的基本内容有小组讨论、小组游戏、小组习作、小组工作记录和小组工作评估。

常见的小组活动主要有表现艺术、手工艺、营地活动、烹饪和角色扮演等。

应用于小组工作的活动从儿童游戏到认知活动，从语言到非语言，从观看到接触，从几分钟到整个单元，数量和种类数不胜数。

本教学情境将介绍小组活动的基本内容、常见的小组活动、小组活动的选择和小组活动的应用领域四个方面内容。

子情境 I 小组活动的基本内容

能力目标

1. 掌握小组活动的开展技巧。
2. 掌握小组活动开展时的记录和评估方法。

知识目标

1. 了解小组讨论的基本技巧。
2. 了解小组游戏的开展方法。
3. 了解常见的小组习作。
4. 了解小组工作记录方法。
5. 熟悉小组工作评估方法。

教学情境五　小组活动

任务一　小组讨论

情境导入

案例研讨会：

电影《唐山大地震》讲述了一个"23秒、32年"的故事。方大强是外地人，随妻子来到唐山。在大地震中他为搭救自己的龙凤胎儿女不幸遇难，妻子元妮被丈夫方大强甩到了废墟之外得以生还，而一对儿女却被压在了同一块水泥板下。面对只能救一个的艰难抉择，母亲忍痛选择了救儿子方达。幸运的是女儿方登在这次灾难中也活了下来，她被一对解放军夫妇收为养女。方登长大后，考上了杭州医学院，却因感情问题而怀孕无奈辍学，她不顾男朋友的反对，毅然生下了女儿点点，靠做家教度日，后来远嫁到加拿大。方达在地震中失去左臂，靠勤劳和智慧终于有了自己的公司。他想让母亲生活得更好，打算让母亲搬家。倔强的元妮依然惦记着地震中遇难的丈夫和女儿，以"你爸爸和姐姐会找不到家"为由不肯离开居住32年的"废墟"。2008年，汶川大地震爆发，弟弟方达和姐姐方登都参加了抗震救灾活动，其间姐弟相认。他们一起随车回到唐山，母亲下跪恳求女儿原谅，并带着全家去公墓看望方大强，女儿方登注意到父亲身边还有自己的墓，在里面发现了上学前父亲给自己买的书包，弟弟方达把一大包书打开，发现原来母亲每年买书都买两份，一份给自己，一份给姐姐，一直到高中毕业……

任务描述

观看电影《唐山大地震》，讨论分析以下问题：

（1）地震给人们带来什么样的心理创伤？

（2）分析方登成长过程中的重要事件对其心理情感的影响。

任务实施

（1）全班同学按1～6的顺序报数，报同样数字的同学组成一个讨论小组。

（2）每个小组选出一名同学担任小组工作者，引导大家展开讨论。

（3）各小组根据讨论任务，展开充分的讨论。

（4）各小组选派代表汇报、分享讨论结果，各位小组工作者汇报小组讨论的开展情况。

T 任务总结

（1）教师结合教学情境对任务要求进行分析。
（2）教师对各小组的讨论结果进行点评。
（3）教师对各小组讨论的开展情况和讨论技巧运用情况进行总结。

T 任务反思

在带领小组讨论的过程中，小组工作者恰当地运用小组讨论的基本技巧，能够引导组员围绕任务进行充分的讨论，并且能够促进组员的合作，增强小组解决问题的能力，提高小组的凝聚力。

K 知识链接

对小组工作不太了解的人往往以为小组工作就是几个儿童或成年人围坐在一起，共同讨论他们的生活，分享彼此的感情，解决共同遭遇的问题。这个小组当中的一两名工作者引导组员通过讨论寻找并选择解决问题的方法。这种理解并不完全正确，因为小组讨论只是小组工作者可以运用的许多小组工作形式中的一种。

讨论性质的小组不仅只适合于临床社会工作所服务的一小部分案主，而且对许多案主来说可能会给他们带来创伤性的小组经验。凡是运用小组讨论和小组活动实现小组和组员目标的小组工作者，都必须清楚所运用媒介的适用程度，以及这些媒介可能会给有些类型的案主带来挫折、无助和自卑。因为组员越想获得小组工作者的好感，越会因为不能用语言表达思想、情感和经验而产生负面的小组经验，造成组员和小组工作者双方面受挫。

一、小组讨论的定义

小组讨论是小组工作的重要活动，是指组员就大家共同存在的问题或共同关心的问题，在自由、平等、和谐的气氛中，在小组工作者的协助和支持下，毫无压力地进行交谈或交换意见。

小组讨论并不是组员在一起闲谈、聊天，而是以合理的、民主的方式表达各自的观点和意见，最后使参与者都能有所了解、领悟，进而获得一致的合理的结论。在小组讨论中，组员之间并不是竞争关系，他们不以打败对方或说服对方为目的，组员之间更多的是合作关系，他们为共同的目标而向小组贡献自己所长，发表自己所知，或以谦虚的态度去倾听其他组员的意见和建议，或以积极的态度向他人提供意见或建议，以实现大家共同的目标。

二、小组讨论的作用

小组讨论主要有以下几个作用。

（1）能够鼓励组员参与小组事务。小组讨论能够引发组员参与解决小组问题的兴趣和积极性，同时，可以有效地促进组员的沟通，提高组员的人际交往能力。

（2）能够达成小组决策，解决小组或组员的问题。通过小组讨论，小组工作者能够引导组员从不同的角度去看待和思考问题，能够使大家集思广益，找到更多的途径和方法去解决小组或组员的问题。通过小组讨论，组员也可以对某些问题达成一致的意见。

（3）促进组员的思考并增强小组的动力。在自由、平等、安全的小组氛围中，小组讨论能够促进组员的自我表露和自我探索，从而使组员更加积极地参与小组讨论。同时，小组讨论能够促进组员思考和探索，进而促进组员更好地发展。此外，在小组讨论中，组员相互探讨，能够有效促进小组的发展。

三、带领小组讨论的基本技巧

小组工作者在带领或引导组员进行小组讨论时，可以运用以下两大方面的技巧。

（一）开场

在小组讨论开始之前，小组工作者应该介绍小组讨论的参与者，或运用其他方式使组员相互认识（当组员之间互相不认识时）。接着，小组工作者要引出小组讨论的主题。如果小组有特定的讨论提纲，小组工作者应按提纲事先准备周全；如果小组没有特定的讨论提纲，小组工作者则要设法引导组员展开开放式的讨论，激发组员向小组贡献有意义的临场讨论主题。同时，小组工作者还要告诉组员一些小组讨论中应该遵守的规则，即使组员进行的是自由式讨论，也要遵守一定的规则。

（二）引导小组讨论进行

小组工作者要为小组营造一个民主的小组讨论气氛，同时，还应运用一些技巧来促进组员之间的互动。在引导小组讨论进行的过程中，小组工作者应该运用的技巧主要有以下几个。

1. 开始讨论的技巧

怎样开始小组讨论，是小组工作者在小组讨论一开始就会遇到的问题。通常，小组工作者在开场白里会向组员说明小组讨论的范围，并提出比较有话题感的问题，并希望以此引起组员的讨论。但是，有时组员却不一定能马上对小组工作者的言行做出反应。这时，小组工作者可以有以下选择：

（1）采取镇静的态度，等待组员发表意见。小组工作者不要急于让组员马上开口说话，要给予组员一些思考的时间，并对组员先期的沉默保持镇定。当然，小组工作者对组员沉默的时间要进行控制，不能使这一时间过长。

（2）重述小组讨论提纲。小组工作者常常需要察言观色，要看清楚组员是否已经真正明白自己刚才对小组讨论提纲的表述，如果组员确实没有明白，应该把小组讨论提纲再说一遍。

（3）把要对组员所说的内容简要写在纸上或黑板上，并将其再说一遍。这种方法能够使组员对小组工作者所要表达的内容或已经表达过的内容更加清楚。

（4）小组工作者要为组员的发言营造良好的气氛。如果小组工作者的开组词不能完全打破小组沉闷的气氛，组员迟迟不肯说话，那么，小组工作者可以试着将较大的问题拆成若干较小的、容易回答的问题，然后征询某一位组员的意见或征询全体组员的意见。小组工作者将话语权交给组员，争取使他们中的一些人先开口说话，这种方法既可以表明小组工作者平等的态度，又能够诱使组员表达。

2．了解的技巧

小组工作者在运用了解的技巧时应该做到：

（1）要重复那些害羞、内向组员的意见，对他们进行支持或给予肯定；

（2）要随时注意小组动力的运作，适时向组员反映对小组的感觉与思考；

（3）要给予组员安全的小组气氛，使每一位组员勇于接受因证据缺乏就发言而可能带来的挫折。

3．中立技巧

小组工作者在运用中立技巧时应该做到：

（1）要避免与组员争论；

（2）不要偏袒或加入任何一方；

（3）不判断他人的意见；

（4）仅向组员提供问题，不给出问题的答案；

（5）在向组员提供资讯的时候，只做事实陈述或利弊分析，不予以决断；

（6）随时将自己拉回到中立的位置。

4．问话的技巧

在小组讨论中，小组工作者向组员问话时可采用以下三个技巧：

（1）问"是不是"（yes or no），通常在向组员询问基本资料时使用；

（2）问"是……或者……"（either...or），通常在向组员澄清事实或进行沟通时使用；

（3）开放问法（open-ended），通常在为组员创造发言的机会时使用。

5．摘述的技巧

在小组讨论中，遇到以下情况时小组工作者需要进行摘述：

（1）讨论阶段性结束时；

（2）讨论结束时；

（3）讨论的主题被岔开时；

(4) 变换主题时；

(5) 组员的发言过长时；

(6) 组员的发言复杂、涉及面广时；

(7) 组员为某一个问题争执很久时；

(8) 组员的发言声音不够大时；

(9) 组员的意见对立时；

(10) 组员在发言中出现语言障碍时。

小组工作者在摘述时应做到简要、明晰，在摘述后应该征求发言者的意见，以确认自己的摘述是正确的。

6. 引导的技巧

在小组讨论时，小组工作者要协助组员均等地发言或集中地进行探究，具体可应用以下引导的技巧：

(1) 向组员暗示小组讨论的方向；

(2) 向组员暗示小组讨论的重点；

(3) 安排小组讨论程序；

(4) 分析小组讨论迟滞的原因；

(5) 提议表决。

7. 催化的技巧

小组工作者要为组员创造发言的机会，具体可应用以下催化的技巧：

(1) 对说话较多的组员进行适当的控制，比如，可以先摘要其发言，再以"除此以外，也许还有别的意见……"引发话题；

(2) 不要逼迫害羞的组员发言，而要注意他们，等待他们产生发言的勇气；

(3) 避免指定发言，以免造成以小组工作者为中心的讨论；

(4) 避免轮流发言，防止出现因组员没有准备好而应付或产生抵触情绪；

(5) 避免单刀直入的回馈，防止出现小组工作者和组员之间针锋相对、剑拔弩张的情况；

(6) 避免刨根问底，以免引起组员的尴尬或难堪。

8. 沉默的技巧

在小组讨论中，小组工作者有时也需要沉默，具体可应用以下两个技巧：

(1) 可以适时地在小组中形成"真空"，使组员自己负起对小组的责任。

(2) 在接受意见和建议后，请组员自己进行判断。

9. 限制的技巧

在小组讨论中如果遇到以下情况，小组工作者要采取限制的方式来应对组员的行为，具体技巧包括：

（1）当一些组员垄断小组讨论时，小组工作者可以用"是不是"的问话方式去问说话的组员；用开放的问话问其他组员；打断某些组员的话题，即进行适时的打岔；在小组中限定组员谈话的时间；调整组员发言的次数；规定组员要发言时要先得到小组工作者的许可等。

（2）当组员的发言过于抽象时，小组工作者或组员均可以进行提醒，可以适时"打岔"。

（3）当小组讨论脱离主题范围时，如在小组讨论时出现不适当的举例、引证、故事等，或涉及的内容太广，或讨论主题出现跳跃等，小组工作者均应加以限制，使小组讨论回到主题上。

（4）当有组员不参加小组讨论时，对在小组讨论中过于沉默的组员，小组工作者可以限制其个别化，如以询问的方式将其引入小组讨论中，但要注意应该以开放性的提问方式进行；小组工作者也可以以暗示的方式激发这些组员的参与感，或者以重整小组的方式去提升小组的凝聚力。

（5）当组员的意见出现分歧时，小组工作者要将组员之间的分歧纳入小组之中，而不应该容许个别化的存在。小组工作者要协助组员澄清，表明意见存在差异的可能性，修正或包容各方面的意见，也可以诉诸表决、休会、组外协调等解决办法，或者幽默一下，使气氛得以缓和。

10. 讨论结束的技巧

（1）当小组讨论进行到最后阶段，小组工作者要将小组讨论中组员所提出的不同问题进行梳理，将组员提出的各种意见和建议加以整理和归纳，形成结论。

（2）小组工作者对小组讨论所作的结论必须详细、全面，对组员提出的主要意见要加以阐述、分析、评价和研究，并指出将要应用的方法。

良好的小组讨论运作过程和小组工作者对小组讨论所作的良好结论，都标志着小组讨论的成功。这样的小组讨论，能使组员学习到许多新的知识，能使他们获得指导自己行为的有价值的内容，并能使他们对自己有更进一步的了解和认识。但是，如果小组工作者对小组讨论的结论做得不够明确或全面的话，有些组员可能会因此而产生疑惑，小组讨论便不能画上圆满的句号。

任务二　小组游戏

情境导入

游戏：我们真的真的很不错

游戏规则：组员分别讲述自己做得最成功的一件事情，其他组员对其进行优点大轰炸（根据平时对其的了解，或者针对其讲述的成功事件对其进行轮番夸赞）。然后由小组工作

者带领大家做"我们真的真的很不错"的手语游戏。大家先用右手指着自己的胸口，再拍拍自己的左胸，再拍拍右胸，然后竖起大拇指，配合手势口中有节奏地大声喊出："我们真的真的很不错！"接着，大家用左手重复做一次，方向相反。接下来，左右手同时做，最后竖起两个大拇指，并喊出："我们真的真的很不错！"

任务描述

（1）每个组员讲述一件自己做得最成功的事情。
（2）其他组员对其进行优点大轰炸。
（3）大家一起做"我们真的真的很不错"手语游戏。

任务实施

（1）全班同学按学号特征进行分组。
（2）每个小组选出一名同学扮演小组工作者，带领大家开展游戏。
（3）各小组选派代表分享游戏心得。

任务总结

（1）教师对各小组游戏开展情况进行点评和总结。
（2）教师总结小组游戏在小组开展过程中的作用。

任务反思

在小组工作开展过程中，小组游戏常常能够迅速让组员相互认识，加深了解，也能提升小组的团队协作能力，提高组员的参与兴趣。

知识链接

一、小组游戏

小组游戏可以在非常短的时间内打破组员间的隔膜，增进彼此的了解，促进关系的建立和培养小组的团队感。组员可以在游戏中娱乐身心，保持心境开朗，加强对小组的信任，并在小组中产生更多的安全感。在游戏中，组员之间不断地沟通和互动，也可以刺激组员思考和深化对某一问题的认识，从而促进组员的领悟和学习。

二、小组游戏的设计步骤

小组游戏的设计主要包括以下几个步骤:

(1) 了解小组需要。设计小组游戏时,首先应思考要为小组提供哪一类游戏?游戏的目的是什么?参与游戏的人的年龄、性别、背景、数量、特性和生活经验如何?同时,还要了解游戏场地、聚会性质、时间长短和资源设备等情况。

(2) 构思游戏内容。在这一步应思考:是创作新游戏,还是选用旧游戏,或者是根据小组活动的需要,对现有游戏从结构或内容方面进行改造,将旧游戏变成新游戏。

(3) 竭力发挥游戏功能。如果创作了新游戏,那么就要思考新游戏是否能达到预定目标,是否有适合的场地和足够的时间,如何编排游戏次序才能发挥游戏的功能等。

三、策划和带领小组游戏的技巧

1. 布置场地讲心思

(1) 一个经过布置、充满色彩的环境会令参与者感到新鲜和愉快,从而更尊重游戏活动的安排和增强参与意识。一个过分普通或杂乱的环境,则会令人变得过分随便和散漫。

(2) 如果在室内,适当的灯光、柔和的音乐和特别的摆设,都有助于营造气氛及提供活动前的话题;如果在室外,要注意环境的安全情况,最好划定活动范围,同时要布置一下活动现场。

(3) 参与者进场时派发襟前名牌和小礼物,既可使参与者更重视这次活动,又可作为分组之用,有时更有增添场面色彩的效用。

(4) 主持人(一般是小组工作者)和参与者的距离要保持适中,太远会疏离,太近难以控制场面。另外,场地空间要根据实际情况加以调整,以营造一个满座效果。

2. 游戏次序巧安排

(1) 活动应准时开始。如果迟到的人太多,应先预备一些简单程序,如唱歌、智力测试、热身游戏等,让准时出席的人参与,并容许迟来者加入。让早到或准时到达的参与者干等,等于在惩罚他们,会产生不良影响。

(2) 游戏的选择要力求平衡,要有动的,有静的;有需要用体力的,也有需要用脑力的。

(3) 游戏编排要由浅入深,如可以由简单到复杂,由斗力到斗智。活动最初的10分钟和结尾是最重要的,需仔细计划。

(4) 最好的游戏一般应放置于最后,使整个活动在高潮时结束,然后引导组员迅速转入聚会的另一阶段。

(5) 可安排不同的人带领不同的游戏,但主持人的形象必须鲜明突出。

3. 争取得到游戏参与者的信任

(1) 主持人要清楚掌握游戏的规则和玩法。主持人若是对游戏规则不够清楚,就会失去大家的信任。

(2) 主持人要有信心参与，这样游戏参与者才会安心。

(3) 主持人对游戏的介绍要简洁，不做无谓拖延，要节奏明快。

(4) 主持人要控制游戏参与者作弊或不依规则的情况，否则游戏会失去原有的意义，并会引致无谓争执。

4．使每个人投入游戏

(1) 主持人自己必须尽情投入游戏当中，恢复童年心境，享受游戏的乐趣。

(2) 主持人感到欢乐，才能发挥感染力量，使他人也觉得欢乐。

(3) 应简单欢迎每一个新加入的成员，使他尽快消除防卫意识而投入团队当中。

(4) 不要单向一两位组员解说，视线要平均接触所有组员。

(5) 对组员要热情邀请、鼓励参与，但不要强迫组员参加。

(6) 应避免使人尴尬，不要把快乐建立在别人的痛苦之上。

(7) 应避免设计强调淘汰的游戏。

(8) 游戏与游戏之间应紧密连接，以防冷场，注意别让组员有机会闲聊。

5．介绍新游戏

(1) 先使团队安静下来，随即介绍新游戏的名称和玩法。

(2) 为使说明简洁、清楚，介绍前要先做细心准备。

(3) 很多时候，把组员分组或排列成游戏阵式后再进行解说，效果会更好。

(4) 简要说明游戏开始的规则和如何完结后，便立刻进行示范和试玩，直至组员对所有规则都清楚为止。

(5) 介绍时要有耐心。向组员清楚地介绍游戏规则是主持人的责任，不应因组员理解错误而加以责备。

(6) 留意试玩时游戏进行的情形，可视组员的能力而做出适当修改。

(7) 要强调游戏的精神所在。

6．处理胜负和赏罚

(1) 要指导参与者以正确的态度对待游戏中的竞争。过分强调胜负会引致争执，使大家忽略游戏的本意和目的。

(2) 强调处罚可能会造成冷场或令组员害怕参与，处罚只会令人退缩，使很多人视游戏为苦差。

(3) 如设有奖品，不宜太贵重。

7．其他技巧

(1) 讲故事的技巧：有趣幽默的内容，如笑话、名人轶事、趣闻等，加上动人的演绎，往往可以配合游戏的需要，促进参与者的投入。

(2) 丰富的表情、夸张的动作往往可以吸引参与者的注意力，也可令场面轻松活泼。有些游戏需要参与者扮演某一角色，主持人的投入示范可以起带领作用。

(3) 带领唱歌技巧：活动前的热身往往是先来唱唱歌，让参与者开口说话并投入团队之中。此外，以唱歌来结束活动，可使参与者有机会表达对活动的感受，可能还会有意想不到的效果。

(4) 要掌握不同对象的需求：参与者的年龄、性别、职业、受教育程度等不同，会导致他们的需求各不相同，带领时便要具体观察和分析，使用不同的技巧。

(5) 要熟悉各种类型的游戏、潮流玩意及其规则，这将有助于因时制宜、灵活地把游戏加以变化。

(6) 要了解游戏或康乐活动在现代社会的意义，以及游戏如何在各种生活课题（如都市化、民主教育、人际关系、环境保护等）中发挥积极的作用。从这个角度看，广博的知识有助于主持人把游戏与生活结合，透过游戏带给组员更多启发。

(7) 对大自然有丰富的常识，有助于利用户外环境进行活动。

四、不同类型的小组游戏

（一）破冰、热身游戏

1. 奇数偶数

(1) 活动目的。

锻炼参与者专注力和记忆力，培养团队意识。

(2) 活动说明。

人数：12~15人。

时间：15~20分钟。

材料：不需要。

场地：安静的场地，室内外均可。

(3) 实施程序。

① 将全组人分成红白两队。

② 两队围成一个圆圈，面向圆圈内侧坐下。

③ 大家按照圆圈中央的主持人的口令逐次报数，但是只能都报奇数或都报偶数。

④ 如果主持人说"报奇数"，就是报1、3、5、7，主持人换成说"报偶数"，则接着之前的偶数，报后续的偶数，如之前报到偶数6，则接着报8、10、12、14……

⑤ 如果报错了，就被判出局，离开圆圈。

⑥ 玩到圆圈中的人少于4人时，就可以结束游戏。

⑦ 最后数一下，剩下人数较多的一队获胜。

2. 可怜的小猫

(1) 活动目的。

打破参与者的防备心理，活跃小组气氛。

(2) 活动说明。

人数：8～12人。

时间：15～20分钟。

材料：无须提前准备，当小猫者可就地取材。

场地：室内外均可。

(3) 实施程序。

① 全体围坐成圈，一人当小猫坐在中间。

② "小猫"随便走到一个人面前，蹲下学猫叫。对面的人要用手抚摸小猫的头，并说："哦！可怜的小猫。"但是说话的人绝不能笑，一笑就算输，要换成他当小猫。

③ 若说话的人没有笑，则"小猫"叫第二次，若还不笑，再叫第三次，若再不笑，"小猫"就得离开去找别人。

④ 游戏过程中，当小猫者可以夸张地模仿小猫的动作，以逗对方笑。

3. 青蛙跳

(1) 活动目的。

打破参与者的防备心理，活跃小组气氛。

(2) 活动说明。

人数：8～12人。

时间：20～25分钟。

材料：不需要。

场地：室内外均可。

(3) 实施程序。

① 全体围坐成圈。

② 由主持人开始说："一只青蛙。"第二人接着说："一张嘴。"第三人接着说："两只眼睛。"第四人接着说："四条腿。"第五、第六、第七个人依次接着说："扑通！""扑通！""跳下水。"

③ 游戏继续，第八个人开始："两只青蛙。"后面的人依次说："两张嘴。""四只眼睛。""八条腿。""扑通！""扑通！""跳下水。"……

这个游戏看似简单，但玩起来后，当越说越快、数字越来越大时，往往就会出现各种错误，如有人会说成"八条嘴""十六张腿"等。

(二) 分组、互相认识游戏

1. 扑克分组

(1) 活动目的。

培养参与者在乱局中出头的主动性和对矛盾本质的洞悉力，使其学会两利相权取其重、两弊相较取其轻；实现组织内部的信息共享，培养大家的团队意识和顾全大局的精神。

（2）活动说明。

人数：24～36人（最宜在管理类培训课程开始时使用）。

时间：30～40分钟（也可视探讨的深度需要而定）。

材料：一张白纸（事先就固定在白板或教室墙上），一卷双面胶（事先就裁成40厘米左右，每组一条，由上而下间隔地粘贴在白纸上），一副普通扑克牌（抽去大小"司令"，一共为52张），一支红色白板笔。

场地：室内。

（3）实施程序。

① 在3分钟之内，每人将自己摸到的一张扑克牌去和另外四（也可以五或六）个人摸到的牌组成一副牌组，要力争最快地组成优胜牌组。

A. 凡是按照同花顺子、同花、杂花顺子方式组合的，依次为第一、第二、第三优牌组。

B. 由若干对子组成的杂花牌组中，对子数少者（如一组五张的牌中3＋2相比2＋2＋1；六张的牌中3＋3相比2＋2＋2）为第四优牌组。

C. 如果出现含"炸弹"的牌组，则"化腐朽为神奇"，一跃成为所有牌组中最优的牌组。

D. 某一组合类型中如出现两个以上同类牌组，则先组合成功（先上交）者为本类组合之优；

E. 各牌组中如果出现了不符合上述任何一条标准的牌组，这种牌组被视为最差牌组，则表明整个牌局失败。

② 主持人可请助手帮助分发扑克牌，也可请参与者每人自取一张。注意：未得到"开始"指令时，任何人不许看牌。

③ 主持人宣布"开始"，并密切观察参与者的表现，催促大家及时将组合好的牌组交来，分别放好。

④ 收齐各牌组后，依照交来的时间先后，主持人依次将各牌组中的每张牌有规律地粘贴在一条双面胶上，按照规则评出各牌组的位次，并将其标注在各牌组旁。可以向最优牌组颁发小奖品，如果出现最差牌组，则宣布本次组合失败。

⑤ 玩过几轮游戏后，主持人可组织大家就以下问题展开讨论：

A. 单个的牌有没有最好和最差的？

B. 怎样才能实现牌组的最优化？

⑥ 分析、点评讨论结果。

在整个游戏的操作过程中，大家感觉最深的是：首先，单个的牌，无论是最好的牌，还是最差的牌，只有在组合后，才能实现其价值，才能发现是优胜牌组还是最差牌组。这告诉我们：个人的价值是无法单个显现出来的，只有在群体中，个人的价值才可能得到证实或者显现。例如，一张K或者一张3，是无所谓谁大谁小的，只有在组合后其价值才能得以实现，组成优胜牌组或者最差牌组。其次，在组合牌组的时候，也有可能出现这样的情况：适当调动若干张牌，以消灭最差的牌组，或提升优胜位次较低的牌组，从而使整个局面得以改观。这时要注意尽量保留最优牌组或保留住其核心价值（如保留"炸弹"），同时，这一环节要尽量避免冷落大部分参与者。

2．哼小调

（1）活动目的。

以自然的方式，将大家分成若干个小小组，在愉快、有趣的气氛下，促进参与者之间的接触与认识。

（2）活动说明。

人数：8～12人。

时间：30分钟。

材料：纸、笔。

场地：室内或室外较为安静处。

（3）实施程序。

① 主持人先说明："每个人将会拿到一张纸条，上面有一首通俗歌曲的名称，请自己看清楚歌名，但不要让别人看到，当我说开始后，请在这个房间随意走动，同时哼出那首歌，边哼边找其他所有哼同一首歌的组员，然后与这些组员聚在一起。"

② 各小组形成后，主持人请每个小组围成圆圈坐下，然后进行讨论，讨论内容可包括：活动前和活动时的感受，尤其是当你发现第一个与你哼同一首歌的组员时的感受，以及当整个小组的组员都被找到时的感受，等等。

③ 所有小组合并在一起，大家一起分享彼此的感受。

3．见面活动

（1）活动目的。

① 引起组员对他人的兴趣。

② 引导个人参与小组活动。

③ 利用一系列短暂的活动，使组员们互相接触，体验彼此之间的坦诚、亲密与信任。

（2）活动说明。

人数：8～12人。

时间：50分钟。

材料：笔、纸。

场地：安静舒适的室内或室外。

（3）实施程序。

① 澄清目的：由主持人先说明小组的目的或引导组员说出他们参加小组的原因（10分钟）。

② 相互介绍。

A. 两人一组，分别做自我介绍（每人 5 分钟，共约 10 分钟）。

自我介绍内容可包括姓名、年龄、家庭状况、最喜欢做的事、最讨厌做的事等。

B. 所有人围成圆圈，向大家介绍自己刚认识的朋友（约 30 分钟），其间可由被介绍者再作补充。

C. 大家一起讨论刚才活动的经验和感受（10 分钟）。

(三) 趣味游戏

1. 猜五官

(1) 活动目的。

活跃小组气氛。

(2) 活动说明。

人数：8～12 人。

时间：15～20 分钟。

材料：不需要。

场地：室内外均可。

(3) 实施程序。

① 将组员每 2 人分为一组，2 人面对面而坐。

② 随机由一人先开始，指着自己的五官任意一处，问对方："这是哪里？"被问的人必须在很短的时间内回答提问方的问题，如提问的人指着自己的鼻子问："这是哪里？"被问的人必须说："这是鼻子。"同时，被问人的手必须指着除自己鼻子以外的其他一处五官。

③ 如果过程中有任意一方出错，就要受罚；3 个问题之后，双方互换。

2. 报纸拔河

(1) 活动目的。

活跃小组气氛。

(2) 活动说明。

人数：8～12 人。

时间：15～20 分钟。

材料：报纸、剪刀。

场地：室内。

(3) 实施程序。

① 将组员分为每 2 人一组，每组 1 张旧报纸。

② 在报纸上挖 2 个人头大小的洞。

③ 每组组员对坐，各自把报纸套上进行拔河（站着拔亦可），注意不可以用手去拉。

④ 报纸破裂离开脖子的一方为输。

3．天黑请闭眼

（1）活动目的。

增进组员之间的了解，增强大家的逻辑推理能力。

（2）活动说明。

人数：最佳人数12～16人，另设"法官"一名。

时间：50～60分钟。

材料：和人数相等的扑克牌，也可用名片代替。

场地：室内。

（3）实施程序。

这里先假设参加游戏的人数为13人。

① 选其中一人做法官。

② 由法官准备12张扑克牌。其中3张A，6张普通牌和3张K。

③ 众人坐定后，法官将洗好的12张牌交由大家抽取。抽到普通牌的为"良民"，抽到A的为"杀手"，抽到K的为"警察"。

④ "法官"开始主持游戏，众人要听从法官的口令，不可作弊。

⑤ 法官说："黑夜来临，请大家闭上眼睛睡觉。"只有法官一人能看到大家的情况。等大家都闭好眼睛后，法官又说："杀手睁开眼睛，可以出来杀人了。"听到此命令后，抽到A的三个杀手可以睁开眼睛，此时三个杀手可以互相认识一下，成为本轮游戏中最先达成同盟的群体，并由任意一位杀手示意法官，杀掉在座闭眼中的任意一位。

⑥ 法官看清楚后说："杀手闭眼。"稍后法官再说："警察睁开眼睛。"听到此命令后，抽到K的三个警察睁开眼睛，相互认识一下，并可以怀疑闭眼的任意一位为杀手，同时示意法官，对他们的猜测是否正确，法官可以给一次暗示。

⑦ 完成后，法官说："所有人闭眼。"稍后说："天亮了，大家都可以睁开眼睛了。"

⑧ 待大家都睁开眼睛后，法官宣布谁被杀了，此人即为被杀之人，同时法官宣布让大家安静，聆听被杀者的遗言。被杀者可以指认杀手，并陈述理由。遗言说罢，被杀者在本轮游戏中将不能够再发言。法官授意由被杀者身边一位组员开始，以任意方向组员挨个陈述自己的意见。

⑨ 意见陈述完毕，会有几个人被怀疑为杀手。被怀疑者可以为自己辩解。接着由法官请大家举手表决选出嫌疑最大的两人，这两个人可作最后的陈述和辩解。再次投票后，杀掉票数最多的那个人。被杀者如是真正的凶手，不可再讲话，退出本轮游戏。被杀者如不是真正的杀手，可以发表遗言并指认新的怀疑对象。

⑩ 在聆听了遗言后，新的夜晚来到。杀手又出来杀人，然后警察确认身份，然后又都在新一天醒来，又有一人被杀。继续分析讨论并杀掉新的被怀疑对象。如此下去，直到杀手杀掉全部的警察或全部良民即可获胜。

（4）补充说明。

目前也有不设警察身份的玩法，那样玩讨论更加激烈，但时间较长，并且杀手容易得逞。本游戏的难易、长短，可以通过改变不同身份人的数量进行调整。在这个游戏中，法官的主持水平很重要，诙谐幽默、公平执法的法官将使游戏更精彩。

（四）信任游戏

1. 盲人拾物

（1）活动目的。

培养组员彼此间的信任。

（2）活动说明。

人数：8～12人。

时间：20～30分钟。

材料：眼罩若干、落地后有较明显声响的物品（如一串钥匙等）。

场地：安静的室外或安静、空间较大的活动室。

（3）实施程序。

① 将组员分为每2人一组。

② 其中一人（A）蒙上眼睛，另外一人（B）背向主持人，主持人抛出一件物品（如一串钥匙）。

③ A的任务是拾回该物，B的任务是为A作出提示（如"前行三步""右转"等）。因为B也看不见该物品的具体位置，所以只能凭自己的听觉（该物落地时所发出的声音）作出判断并给A发出提示。

④ 每次B发出提示后，A都需要依照他的提示做，主持人则会告诉他们"到了没有"。

2. 信任百步行

（1）活动目的。

让组员们体会在某一环境下自己是怎样建立起对伙伴的信任的。

（2）活动说明。

人数：8～12人。

时间：10分钟。

材料：眼罩若干。

场地：室内及其周边（如楼道）。

（3）实施程序。

① 将组员分为每2人一组，给每组发一个眼罩。

② 让其中一个组员戴上眼罩，另一个组员通过言语指导戴眼罩的组员从房间内走出门，并指导他在外面行走一圈然后回来。

教学情境五 小组活动

③ 双方对换角色进行体验。

④ 游戏结束后可请大家一起讨论以下问题：

A. 当你什么都看不见时，有什么感觉？

B. 当了解了对方的感受后，你会怎样进行带领？

（五）团队合作游戏

1. 输送带

（1）活动目的。

体会团队合作的重要性，学习如何与其他组员沟通，从活动中思考解决问题的各种方法及可行性。

（2）活动说明。

人数：12～16人。

时间：20～30分钟。

材料：1个篮子、1个篮球、其他球类若干。

场地：空间开阔的室内或室外。

（3）实施程序。

① 组员面对面站成两列。

② 每位组员与对面的组员手牵手，两只手需分别和对面的两位组员牵在一起。

③ 由组员决定起点的位置，并在终点处放置一个篮子。

④ 由主持人将球放在起点处（组员交错的手上），一次放一个球，由组员共同选择送球的顺序，直到全部的球都运送至终点。在运送球的过程中，组员的手不得放开，否则重新开始。球在传送的过程中，不可掉至地面，否则需重新开始。每位组员的手在活动时，不可高于自己的肩膀。除了手臂外，不得用身体其他部位碰触运送中的球。

⑤ 游戏结束后请大家一起讨论如下问题：

A. 在游戏中，大家如何沟通协调彼此的动作才能使传递的球安全抵达目的地？

B. 在游戏中，大家印象最深刻的是什么？从中发现了什么？

C. 如果由你负责协调，你觉得要怎么做才能以最快的速度完成运送任务？

D. 在游戏中，当你无法自由控制自己的手臂时，你有什么感受？

E. 在小组中，你会如何顾及他人的需要，来与其配合共同完成任务？

（4）注意事项。

① 在活动中，因距离太近，注意提醒组员小心头部相撞。

② 游戏中传递的球也可以换成各种大小不同的物品，但不应太重或边角过于尖锐，以免伤及皮肤。

③ 此游戏可以限制组员手部的高低位置。

④ 此游戏可以改变组员牵手的方式，或是指定身体其他部位碰触球。

157

2. 衔纸杯传水

(1) 活动目的。

增进组员之间的亲近感,提升组员的配合、协作能力。

(2) 活动说明。

人数:12~16人。

时间:20~25分钟。

材料:纸杯若干、水、2个小桶。

场地:室内。

(3) 实施程序。

① 将组员按人数平分为2组,每组男女比例应基本相同。

② 2组分别一字排开。

③ 每位组员嘴里衔1个纸杯。

④ 每组分别选一位组员辅助本组第一位组员倒水至组员的纸杯内。

⑤ 每组第一位组员将自己纸杯中的水倒入第二位组员的杯中,第二位组员再将水倒入第三位组员的杯中,依次进行,注意倒水时严禁用手辅助。

⑥ 最后一位组员将纸杯内的水倒入本组指定的小桶内。在限定的时间内(如5分钟或10分钟),哪一组桶内的水最多,哪一组就获胜。

(六) 团队建设及解决问题游戏

1. "盲人"列队

(1) 活动目的。

体会沟通的方法有很多,当环境和条件受到限制时,需要打破常规思维,用适合的方法来解决问题。

(2) 活动说明。

人数:14~16人。

时间:30分钟。

材料:摄像机、眼罩和小贴纸。

场地:室内或室外的空地均可。

(3) 实施程序。

① 让所有组员戴上眼罩。

② 分给他们每人一个号码,但这个号码只有本人知道。

③ 让大家根据每人的号码,按从小到大的顺序排列出一条直线。

④ 全过程不能说话,只要有人说话或脱下眼罩,游戏结束。

⑤ 全过程录像,并在讨论之前放给组员看。

⑥ 游戏结束后,可请大家一起讨论以下问题:

A. 你是用什么方法来通知组员你的位置和号码的？

B. 大家在沟通中都遇到了什么问题？你是怎么解决这些问题的？

C. 你觉得还有什么更好的方法吗？

2. 超级三人组

（1）活动目的。

小组中的组员可能来自不同的地方，他们可能有着不同的文化背景、不同的个性，而且各有所长。但是，他们亦不乏共同和共通之处。一个真正富有竞争力的团队正是恰到好处地融合了所有成员的同与异。了解小组中各位组员的异同点，思考如何充分发挥各位组员的才能。

（2）活动说明。

人数：12～18 人（最好是 3 的整数倍）。

时间：30～40 分钟。

材料：纸若干张、别针若干个。

场地：安静的室内外均可。

（3）实施程序。

① 准备。分给每人一张纸和一枚别针。

② 开始。

A. 组员自由组合，每 3 人一组。然后让所有组员造句。

句型：我是一位_____。

要求：完成 10 句完全不同的造句，将答案写在纸上，并用别针将纸固定在自己的衣服上。

时间：3 分钟。

总结：其实人们之间的共同点要比我们看到的多。即使在组员间差异最大的小组中，组员间也存在某些共同点。

如果有某个小组的组员造的句子没有一句是相同的（虽然这种情况可能性很小），可邀请所有人集体讨论，一起总结出至少 10 点大家的相似之处。

B. 组员们随意进行 3 人组合。

要求：每组提出一个有创新精神的创业计划，并写一份创业计划书。在这个创业计划中，要最大限度地挖掘组员的不同潜力，充分发挥所有人的能力。

时间：5 分钟。

以下这份创业计划可供参考。

我们团队的计划是开展用视频进行英语培训的项目，对象是那些以英语为第二语言的泰国人。因为，我对泰国比较熟悉，我也有进行教育设计的经验。我们组的×××可以利用他在视频拍摄和制作上的技能，再加上×××教授在英语方面的教学经验和她女性特有的细心，相信这个计划会非常成功。

大家都写好后，每个小组详细阐述本组的创业计划，最后大家投票选出最佳创业计划。

总结：若善于融合团队成员的不同才能，可以使整个团队在激烈的竞争中始终处于领先地位。

3．翻叶子

（1）活动目的。

① 通过肢体接触，打破人际藩篱，活跃小组气氛。

② 从具有挑战性的活动设计中，学习问题决策与团队互动。

（2）活动说明。

人数：8～12人。

时间：20～25分钟。

材料：2块大布。

场地：室内外均可。

（3）实施程序。

① 所有组员站到"叶子"（一块大布）上，由主持人宣布规则。

② 所有组员现在是一群雨后受困的蚂蚁，在水面上好不容易找到一块"叶子"并站在了上面，却又发现叶面上充满了毒液，除非大家可以将"叶子"翻面，否则可能会中毒。

③ 在将"叶子"成功翻面以前，每隔3分钟，就有一人因中毒导致失明或变哑，中毒者由团队自行决定。

④ 所有人在整个游戏过程中（包含讨论）都站在"叶子"上。

⑤ 所有人身体的各部位均不可碰触到"叶子"以外的部分，否则要重来。

⑥ 游戏结束后请大家一起讨论以下问题：

A．你觉得完成任务的关键是什么？

B．决策是如何形成的？活动中的关键人物是谁？他扮演什么角色？平时生活中的团队中是否有这样的角色存在？游戏与真实生活有什么异同？

C．当人们彼此失去了适当的距离，对人际关系有帮助或有影响吗？

D．在参与团队决策的过程中，你所处的位置与参与程度有什么关联性？这和现实生活中你的状况相似吗？

E．在有限的视野和活动范围中，人际沟通会不会有所改变或受到影响？会不会忽略什么？或是会不会特别注意某些情况？

F．团队是如何选定谁做中毒者的？被选中者的心情如何？后期他是如何配合团队运作的？

G．当某些人在实际工作（或生活）中出现状况时，团队是否会适时地照顾到当事人的感受？曾提供过哪些帮助？

4．踩数字

（1）活动目的。

① 使组员认识到互相协调、配合的重要性。

② 让组员活动起来。

（2）活动说明。

人数：10～14 人。

时间：20～25 分钟。

材料：1 根 7 米长的绳子、33 张大小为 A4 纸一半的纸张。

场地：空地。

（3）实施程序。

① 将组员每 5～7 人分为一组。

② 主持人在空地上用绳子围成一个边长为 1.5 米左右的正方形。

③ 主持人用笔在每张纸上写上号码，从 1～33 号，然后不分次序和方向将纸（号码朝上）随意均匀散落在正方形内，但纸不能重叠。

④ 在离正方形 10 米远处，划一道起跑线。

⑤ 整个游戏期间纸的位置不得更改。

⑥ 游戏开始前，组员站在起跑线外。主持人喊开始后（同时开始计时），组员跑到正方形周围，用脚按顺序踩完所有的数字。踩的过程中，任何人不允许有两只脚同时在正方形内，否则视为犯规。

⑦ 踩完所有数字后，组员回到起跑线外（停止计时）。组员的任务是用最短的时间按游戏规则完成上述过程。用时短的小组胜出。（游戏在开始前可给所有小组 5 分钟左右的讨论时间，游戏可进行 3～5 轮。）

⑧ 游戏结束后，请大家一起讨论以下问题：

A. 在接到任务之后，所做的第一件事是什么？

引导方向：有没有想主意，收集意见，做计划或确定执行方案？

B. 你们觉得整个游戏中最困难的部分是什么？

可能答案/总结归纳：分工后协调一致，追求速度而又不犯规。

C. 你们取得成功的关键是什么？

可能答案/引导方向：严格分工、各司其职、默契配合。

（七）游戏结束后的趣味性"处罚"方式

（1）掷骰子。

准备一个正方体的盒子，在它的六面写上不同的处罚内容，如高歌一曲、学猴子走路、交换蹲跳等。请输的人自己掷骰子，并依相应处罚内容受罚。

（2）我爱你。

输的人面对大树或墙壁大声地喊三声："我爱你！"

（3）天旋地转。

输的人闭上眼睛，就地先左转三圈，再右转三圈，然后睁开眼睛，走回自己的位置。

（4）模仿秀。

输的人模仿自己熟悉的一位明星的说话方式或歌声，也可以模仿一种动物的动作。

（5）灰头土脸。

准备一盘面粉和一个乒乓球，让输的人用力将面粉盘上的乒乓球吹走。

（6）我是淑女。

赢的人将3~5本书放至输的人的头顶，并请他学模特走台步，如果书掉了，就得重来。

（7）神射手。

在输的人身上挂几个气球，让赢的人离他3米远，用牙签射向气球，至气球全部破掉为止。

（8）哭笑不得。

输的人先大笑5秒之后，忽然又大哭5秒，反复2~3次。

任务三　小组习作

情境导入

我的自画像

目的：通过自我素描，协助组员强化对个人的认识。

程序：小组工作者为每一位组员准备一张空白A4纸和一些彩笔，然后请组员在纸上为自我画像（包括眼睛、眉毛、鼻子、嘴巴、头发、耳朵、脸和其他特征）。组员难以下笔时，小组工作者可以告诉组员，他们可以用任何形式来画自己（可以很具体，也可以很抽象），但在整个过程中小组工作者的语言不必太多。组员画好之后，要在肖像的右上角写上自己最近的心情，或想要做的一件事情，或自己的理想，然后将自画像传给小组中的其他组员看，其他组员在看了别人的自画像和写下的文字内容后，要在旁边分别写上一句自己想对他说的鼓励的话，再将画像传回到主人手中。组员在看了自画像上其他组员的留言后，在自画像的左上角写下自己的感想。

任务描述

（1）组员在纸上绘出自画像。

（2）欣赏其他组员的自画像并浏览右上角的文字，分别在其他组员的自画像旁边写下鼓励的话。

任务实施

(1) 小组工作者为组员分发 A4 纸和彩笔。

(2) 组员在纸上绘出自画像并在右上角写下自己想说的话。

(3) 组内轮流交换自画像,并分别在其他组员的自画像旁边留下鼓励的话。

(4) 自画像回到自己手中后,根据其他组员的留言,组员在自画像的左上角写下自己的感想。

(5) 挑选组员在小组中进行习作分享。

任务总结

(1) 教师对小组习作进行总结和点评。

(2) 教师介绍小组习作在小组工作中的运用。

任务反思

不同性质、不同目的的小组,在开展小组活动时,选择恰当的小组习作,能够促进组员的反思,有助于组员的成长和小组目标的达成。

知识链接

一、小组习作

小组习作是指小组工作者根据小组主题和任务,选择恰当的、有助于组员自我探索和反思的主题,并带领组员一起开展的习作类的小组活动。小组习作这种活动形式可以很好地帮助小组运作,尤其是对于那些初次带领小组的小组工作者。但是,小组习作往往会限制组员的自由度,会将小组内的分享局限于习作主题,也有可能导致小组的个人分享缺乏深度。小组工作者在带领组员进行小组习作时,如果能重视组员当时当地的个人选择、需要和意向,并根据小组的发展情况作出恰当的回应与引导,灵活地使用习作,就能够对小组的发展起到非常大的促进作用。

二、使用小组习作的目的

在小组活动过程中,为什么要使用小组习作,美国学者雅各布斯等人认为,小组工作者可以通过小组习作来达到以下几个目标:① 促进讨论和参与;② 使小组对焦;③ 使小组的焦点改变;④ 提供一个经验性学习的机会;⑤ 为组员提供有用的资料;⑥ 增加小组舒适程度;⑦ 使组员得到放松。

美国小组工作专家贝克认为，在小组开始时，小组习作可以促进组员的相互交往；在整个小组历程中，小组工作者可以在不同的时间，通过不同的习作来推进小组发展，达成小组目的。

三、小组习作举例

1. 我的素描

目的：促进组员的自我认识，带领组员对自己做一个全面的审视。

程序：

（1）小组工作者预先准备好习作纸（见表5-1），请组员填写。填好之后，大家一同分享、交流。

（2）小组工作者带领组员着重讨论以下问题：

① 大家对表5-1中哪一栏最为重视？为什么？

② 最难填写的或资料最少的是哪一栏？原因是什么？

③ 对于男性组员，填写"父亲眼中的我"一栏时应注意哪些问题？

④ 当组员很努力地填写，却始终出现资料贫乏的现象时，说明其整体的人际关系可能存在哪些问题？

⑤ 除非有充分的理由，当全栏出现空白的情况时，应做出哪些探索？

表 5-1 我的素描

1. 父亲眼中的我	2. 母亲眼中的我	3. 兄弟姐妹眼中的我	4. 朋友眼中的我
5. 知己、爱人眼中的我	6. 我重视的信念、价值与事物	7. 我自己理想中的我	8. 我自己眼中的我

2. 我是一个独特的人

目的：协助组员具体界定个人的长处与不足，学习接纳自己和欣赏自己，同时肯定自己是一个独特的人。

程序：

（1）小组工作者预先准备好表格（见表 5-2），分发给所有组员，请组员自己填写前两项（"我的长处"和"我的不足"）。

（2）大家都填好后，小组工作者组织大家按一定的顺序谈谈自己填的内容，每个人谈完后都请其他组员做一些补充。

（3）组员根据刚才讨论中大家补充的内容进行反思，然后完善表格 5-2 中第三项内容。

表 5-2　我是一个独特的人

我的长处	我的不足
当我再一次清楚自己的长处和不足之后，我感到：	

3. 三个"我"

目的:协助组员作自我反省,促进协调整体的自我。

程序:

(1) 小组工作者为每一位组员预备主题分别为"理想的我""别人眼中的我""真正的我"的表格,见表 5-3。

(2) 组员填写完后,小组工作者请大家将表格放在桌子上,并各自对表格中的三个"我"作出检查,主要是看看三个"我"是否协调;若否,找出差异在哪里,并分析原因。

表 5-3　3 个"我"协调一致吗?

理想的我	
别人眼中的我	
真正的我	

4．当你只剩下一个月的生命

目的：协助组员认识个人的人生价值，并对自己的人生作出反省。

程序：小组工作者将一个表格（见表 5-4）分发给组员，让大家认真填写。填好后，小组工作者组织大家就表格中的内容一起分享、交流。

表 5-4　当你只剩下一个月的生命

1. 你今天发觉自己只剩下一个月的生命，你最希望做的和完成的是什么？
2. 若请你在此时此地对过往的日子作出评价，你会怎样评价？若有机会从头开始你的人生，你会作出改变吗？你会在哪些方面作出改变？为什么呢？

5. 生命线

目的:协助组员对人生作出评估,并探索人生的期望。

程序:小组工作者分发给组员每人一个表格(见表5-5),让其分别填写。大家填好后,全组一起分享、交流。在探讨的过程中,小组工作者可参考以下几点作出适当的引导,这会使小组习作达到更好的效果。

(1) 你对过去的人生历程满意吗?

(2) 人活着有什么意义?

(3) 你认为自己生命的质量如何?有价值和意义吗?

表 5-5 生命线

下面的这条线是你的生命线,是你从出生到死亡的整个过程。请在适当的位置画上※号,代表你今天在人生历程中所处的位置。然后,在※的左边写出你过去2~3项最大的成就或最难忘的事;在※的右边,写出你在未来日子里最渴望做到的事或者想达成的目标,数目不限制。

| 你的出生 | —————————————————— | 你的死亡 |

写出你过去2~3项最大的成就或最难忘的事:	写出你在未来日子里最渴望做到的事或想达成的目标:

6. 人生最后的 24 小时

目的：协助组员增强自觉意识，尤其是在个人的人生观和价值观方面作出具体的探索，同时也协助组员在生活中作出明智的抉择。

程序：小组工作者分发给组员每人一个表格（见表5-6），然后告诉大家，因为种种原因，大家的生命只剩下最后一天。假如每个人的身体都如常，可以自由地思考与行动，大家会如何使用这仅有的 24 小时呢？小组工作者请大家各自填写表格 5-6，然后分享交流。

表 5-6　人生最后的 24 小时

因为种种原因，你的生命只剩下最后一天。假如你的身体如常，还可以自由地思考和行动，你会如何利用这仅有的 24 小时呢？ 我想要在这 24 小时内做的事情：
1. 2. 3. 4. ……

7. 你对自己熟悉吗

目的：协助组员对个人社会的重要范畴作出界定，并作出评估。

程序：小组工作者将预先准备好的表格（见表5-7）分发给每个组员，让其分别填写，然后大家一起分享、交流。

表 5-7 你对自己熟悉吗？

个人自我评估：					
请以最简洁的文字描述以下10项内容，然后在每一项的右侧勾选合适的一项，最后在上面的"个人自我评估"处作出评估：	非常满意	满意	一般	不满意	非常不满意
1. 外表：					
2. 家庭背景：					
3. 性格：					
4. 能力：					
5. 学历：					
6. 价值观：					
7. 人生观：					
8. 为人处世：					
9. 生活方式：					
10. 职业期望：					

8. 我的选择

目的：协助组员认识个人的选择对个人的重要性以及对个人的影响。

程序：小组工作者将预先准备好的表格（见表 5-8）分发给每位组员，让其分别填写，然后大家一起分享、交流。

表 5-8　我的选择

专业名称： 抉择此专业的原因：   满足与喜乐的来源：   烦恼与压力的根源：

9. 我的父母与我

目的：促进组员认识个人与父母的关系，以及父母对自己所产生的影响。

程序：

（1）小组工作者要求组员安静、闭目，并以最舒适的姿势坐好，然后说："请你们继续闭目安坐，并尝试集中精力于内在的情绪和身体的状况。稍后我会简单说出一些人物，请你听到之后，仍然保持安静，并尝试界定这些人物所引发出的思想和情绪。5分钟后，我会请你们睁开眼睛，然后大家一起分享。"

小组工作者检视小组，认为大家都准备好之后，简单地说："父母，是我们生命中的重要人物。你与你父母的关系如何？他们对你产生了哪些影响？"

（2）5分钟后，小组工作者请大家睁开眼睛，一同分享、交流。

（3）30分钟后，小组工作者将预先准备好的表格（见表5-9）分给每个组员请大家填写。

表5-9 我的父母与我

我的父亲与我：
我的母亲与我：

10. 我的价值观

目的:促进组员对个人的价值观作出探索,更多地认识自己,以供在人生种种抉择过程中参考。

程序:

(1) 小组工作者分发给组员每人一个表格(见表5-10),请大家填写个人生命中最珍贵的5件事物。(注:这些事物可以是人,也可以是事件;可以是过去的,也可以是未来的;可以是具体的,也可以是抽象的。)大家书写时,不必排列次序。5~7分钟后,大家一起分享所写的内容。

(2) 小组工作者告诉组员,现在面临一个特殊环境,个人不能全部拥有这5项珍贵的东西,需要放弃其中1项。

(3) 小组工作者等待组员作出决定后,鼓励组员在小组中叙述放弃这个过程中的感受,并做交流。

(4) 接着,组员在小组工作者的要求下依次放弃2项、3项,直到剩余一项为止。

说明:每放弃一次都要进行分享、交流。

表 5-10 我的价值观

我生命中最珍贵的5件事物(可以是人,也可以是事件;可以是过去的,也可以是未来的;可以是具体的,也可以是抽象的):

11. 我的秘密

目的：协助组员作出内省，清理个人未完成的事项，使被束缚的能量得以释放，生活得更高效、更快乐。

程序：小组工作者分发给每位组员一小纸张，请大家静坐并默想 3～5 分钟，尝试界定个人最大的秘密，然后找一个角落将这个秘密写在纸上。大家写自己的秘密时，无须署名，写完后将纸对折。小组工作者收齐所有折好的纸张后，放在一个小碟上，然后随意抽取一张，在小组中朗读出来。组员可以自由地表达聆听秘密后的个人反应，把理性和感性的反应都说出来，并且彼此作交流。

12. 你是否有团队技巧？

目的：协助组员审视自己是否有团队技巧，培养组员的团队意识，以使组员今后在团队中最大程度地发挥自己的价值。

程序：

(1) 小组工作者向组员介绍：通常人们可能认为团队技巧只是团队领导者需要考虑的事情，其他团队成员只需完成自己的本职工作即可。但事实上，在一个高效的团队中，每个团队成员都应主动考虑这些事情。

(2) 小组工作者将提前准备好的表格（见表 5-11）发给每位组员，请大家填写。

(3) 所有人都填好后，小组工作者组织大家就"团队技巧的提升"展开交流和讨论。

表 5-11 你是否有团队技巧？

当我是组员时：
1. 我提供事实并表达自己的观点、意见、感受和信息，以帮助小组讨论。（提供信息和观点者）
   ○总是这样　○经常这样　○有时这样　○很少这样　○从不这样
2. 我从其他组员那里征求事实、信息、观点、意见和感受，以帮助小组讨论。（寻求信息和观点者）
   ○总是这样　○经常这样　○有时这样　○很少这样　○从不这样
3. 我提出小组后面的工作计划，并提醒大家注意需完成的任务，以此把握小组的方向。我向不同的组员分配不同的责任。（方向和角色定义者）
   ○总是这样　○经常这样　○有时这样　○很少这样　○从不这样
4. 我梳理组员所提的相关观点或建议，并总结、复述小组所讨论的主要论点。（总结者）
   ○总是这样　○经常这样　○有时这样　○很少这样　○从不这样
5. 我带给小组活力，鼓励组员努力工作，以完成我们的目标。（鼓舞者）
   ○总是这样　○经常这样　○有时这样　○很少这样　○从不这样
6. 我要求他人对小组的讨论内容进行总结，以确保他们理解小组决策，并了解小组正在讨论的材料。（理解情况检查者）
   ○总是这样　○经常这样　○有时这样　○很少这样　○从不这样
7. 我热情鼓励所有组员参与，愿意听取他们的观点，让他们知道我珍视他们对群体的贡献。（参与鼓励者）
   ○总是这样　○经常这样　○有时这样　○很少这样　○从不这样

续表

> 8. 我利用良好的沟通技巧帮助组员交流，以保证每个组员明白他人的发言。（促进交流者）
>   ○总是这样　○经常这样　○有时这样　○很少这样　○从不这样
> 9. 我会讲笑话，并会建议以有趣的方式工作，以减轻小组中的紧张感，并增加大家一同工作的乐趣。（释放压力者）
>   ○总是这样　○经常这样　○有时这样　○很少这样　○从不这样
> 10. 我观察小组的工作方式，利用我的观察去帮助大家讨论小组如何更好地工作。（进程观察者）
>   ○总是这样　○经常这样　○有时这样　○很少这样　○从不这样
> 11. 我促成有分歧的组员进行公开讨论，以协调思想，增进小组凝聚力。当组员们不能直接解决冲突时，我会进行调停。（人际关系协调者）
>   ○总是这样　○经常这样　○有时这样　○很少这样　○从不这样
> 12. 我向其他组员表达支持、接受和喜爱，当其他组员在小组中表现出建设性行为时，我给予适当的赞扬。（支持者与表扬者）
>   ○总是这样　○经常这样　○有时这样　○很少这样　○从不这样
>
> 以上各选项得分为：总是这样（5分），经常这样（4分），有时这样（3分），很少这样（2分），从不这样（1分）。1~6题为一组，7~12题为一组，将两组的得分分别相加，然后对照下列有代表性的5种得分的解释看看自己的团队技巧如何。
>
> （6分，6分）只为完成工作付出了最小的努力，总体上与其他组员十分疏远，在小组中不活跃，对其他人几乎没有任何影响。
>
> （6分，30分）你十分强调与小组保持良好关系，为其他组员着想，帮助创造舒适、友好的工作气氛，但很少关注如何完成任务。
>
> （30分，6分）你着重于完成工作，却忽略了维护关系。
>
> （18分，18分）你努力协调团队的任务与维护要求，终于达到了平衡。你应继续努力，创造性地结合任务与维护行为，以促成最优生产力。
>
> （30分，30分）祝贺你，你是一位优秀的团队合作者，并有能力领导一个小组。

13. 完成句子

目的：通过完成句子，引导组员对有关话题作出思考，并作小组分享与讨论的对焦。

程序：

(1) 小组工作者就小组性质、组员特征、小组整体目标或某一聚会重点，设计若干未完成的句子，示例见表5-12。

(2) 小组工作者向每一位组员分发提前设计好的待完成的句子，请大家自行填写，填好后在小组中进行讨论。

说明：小组工作者可以根据实际需要创造出适合的句子。不过，要注意句子之间的协调性，每一次选用的句子不宜过多，5~6句即可，最多不要超过10句，这样能使分享有一定的深度。

表 5-12 完成句子示例

※为组员进行自我表露而设计的句子：
1. 对我来说，参加小组是 _____
2. 我期望在小组中 _____
3. 在小组中，我最怕 _____
4. 当我进入一个新的小组，我感到 _____
5. 当人们第一次见我，他们 _____
6. 当我在一个新的小组中，我最希望 _____
7. 当人们都沉默不语时，我感到 _____
8. 我信任的人是 _____
9. 我最大的优点是 _____
10. 我是 _____

※为组员更好地认识自己所设计的句子：
1. 我是 _____
2. 我最大的优点是 _____
3. 我最大的不足是 _____
4. 我最喜欢的是 _____
5. 我最憎恶 _____
6. 我最重视 _____
7. 认识我的人对我的看法是 _____
8. 我个人需要改进的是 _____
9. 我遗憾 _____
10. 我最害怕 _____
11. 我最大的成就是 _____
12. 我最大的期望是 _____
13. 我最开心的时刻是 _____
14. 在我人生中最痛苦的时刻是 _____
15. 对我来说，人生是 _____
16. 对我来说，爱情是 _____
17. 对我来说，婚姻是 _____
18. 对我来说，家庭是 _____
19. 对我来说，工作和事业是 _____
20. 与其他比较，我觉得我 _____
21. 回想过去 5 年，我 _____
22. 展望未来 5 年，我 _____
23. 我需要 _____
24. 展望未来，我感到 _____

※为针对自杀问题所开展的成长小组而设计的句子：
1. 我认为自杀是 _____

续表

2. 遇到失败与挫折，我＿＿＿＿＿＿＿＿＿＿＿＿＿＿＿＿＿＿＿＿＿＿＿＿＿＿＿
3. 我最怕＿＿＿＿＿＿＿＿＿＿＿＿＿＿＿＿＿＿＿＿＿＿＿＿＿＿＿＿＿＿＿＿
4. 我最想＿＿＿＿＿＿＿＿＿＿＿＿＿＿＿＿＿＿＿＿＿＿＿＿＿＿＿＿＿＿＿＿
5. 我认为生命是＿＿＿＿＿＿＿＿＿＿＿＿＿＿＿＿＿＿＿＿＿＿＿＿＿＿＿＿＿
6. 我认为死亡是＿＿＿＿＿＿＿＿＿＿＿＿＿＿＿＿＿＿＿＿＿＿＿＿＿＿＿＿＿
7. 当我有心事与困扰时，我＿＿＿＿＿＿＿＿＿＿＿＿＿＿＿＿＿＿＿＿＿＿＿＿
8. 当我在生活中遇到困难时，我最希望＿＿＿＿＿＿＿＿＿＿＿＿＿＿＿＿＿＿

※为由离婚人士组成的小组而设计的句子：
1. 对我来说，离婚是＿＿＿＿＿＿＿＿＿＿＿＿＿＿＿＿＿＿＿＿＿＿＿＿＿＿
2. 在整个离婚的过程中，我觉得最困难的是＿＿＿＿＿＿＿＿＿＿＿＿＿＿＿＿
3. 每次想到离婚，我＿＿＿＿＿＿＿＿＿＿＿＿＿＿＿＿＿＿＿＿＿＿＿＿＿＿
4. 当我想到未来的日子，我＿＿＿＿＿＿＿＿＿＿＿＿＿＿＿＿＿＿＿＿＿＿＿
5. 在整个离婚的过程中，我发觉自己＿＿＿＿＿＿＿＿＿＿＿＿＿＿＿＿＿＿＿
6. 参加这个小组，我期望＿＿＿＿＿＿＿＿＿＿＿＿＿＿＿＿＿＿＿＿＿＿＿＿

任务四　小组工作记录

情境导入

【某人际沟通小组的第二次小组活动】

本次活动的主要环节：

环节一，"大风吹"热身游戏；

环节二，小组沟通训练——海上求生；

环节三，沟通情境扮演；

环节四，组员分享本次活动的感受。

附海上求生情境：

你们正乘坐一艘科学考察船航行在大西洋上，考察船突然触礁并迅速下沉，队长下令全队立即上橡胶救生筏。据估计，离你们出事地点最近的陆地在东南方向100海里处。救生筏上备有15件物品，除了这些物品以外，有些组员身上还有一些香烟、火柴和打火机。

问题：现在队长要求你们每个人将救生筏上备用的15件物品按其在求生过程中的重要性进行排列，把最重要的物品放在第一位，第二重要的放在第二位，直至第15件物品。

15件物品分别为（排序不分先后）：救生圈、驱鲨剂、压缩饼干、指南针、小收音机、剃须镜、航海图、15米长的细缆绳、饮用水、巧克力、蚊帐、二锅头、机油、钓鱼工具、30平方米雨布。

任务描述

根据上述情境，完成以下任务：
（1）以小组为单位演练海上求生情境。
（2）助理工作者观察整个小组活动的开展过程，并对本次小组活动情况进行记录。

任务实施

（1）按每8人为一组对全班同学进行分组。
（2）每组选出一名小组工作者和一名助理工作者。
（3）以小组为单位演练上述海上求生情境（小组工作者担任队长）。
（4）助理工作者观察整个小组活动过程，并将小组活动情况记录在小组活动记录表上。
（5）小组工作者和助理工作者总结和分析本次小组活动是否存在次小组，是否存在冲突，小组工作者解决冲突的方式如何，组员的沟通方式、组员的参与度、活动环节是否设计得恰当等。

任务总结

（1）教师对本次小组活动情况进行分析和总结。
（2）教师介绍小组工作记录的重要性和做好小组工作记录的方法。

任务反思

小组工作记录是了解小组工作开展情况、协助小组顺利完成目标的重要工具，同时，它又是评估小组工作的重要依据。小组工作者能够通过小组工作记录，分析、检验小组是否已经实现了其功能，以及是否已经达到预期的目标。

知识链接

一、小组工作记录概述

在小组工作中，小组工作者的一项重要职责就是自己完成或主持完成小组工作记录和小组工作报告，各个不同机构要求小组工作者完成的小组工作记录和小组工作报告的内容和体裁可能有所不同，但其基本形式却是一样的。

小组工作记录包括两类：一类是小组工作者所保存的有关组员和小组的注册、出席方面的资料，也包括一些小组活动方面的记录和小组会议的记录，以及经过系统研究后所得到的消息；另一类是根据小组工作的自然发展所做的客观记录，这类记录中包括对每一次小组聚会过程的详细记载，着重于组员参与小组的情况和组员之间相互作用的关系，小组工作者可以据此决定组员在小组事务中的角色。现在，并不是每个机构都要求小组工作者对小组进行这一方面的记录，但是，如果想要使小组工作对组员个人具有深远的意义，小组工作者做这种小组工作记录是十分必要的。

二、小组工作记录的功能

小组工作记录主要具有以下功能。

（1）是改进小组工作的一种重要工具，有助于小组工作者了解、分析和评估小组工作。

（2）能够帮助小组工作者更好地开展工作，使小组活动更为成功。

（3）能够帮助小组工作者较为深刻地了解组员，发现组员的需求和兴趣，并为存在特殊问题和不能适应小组活动方式的组员提供必要的帮助。

（4）能够使小组工作者明了组员个人和小组发展的现实状况。

（5）能够使小组工作者了解自己的态度和立场，并检讨自己，进而在小组工作中进行必要的改进。

（6）能够帮助小组工作者了解小组与机构及社区之间的关系，并改进其工作。

（7）能够为小组工作者修正小组目标和规则提供参考。

（8）能够为之后的小组工作者开展小组工作提供参考。

（9）能够为小组工作者改善服务方式提供依据。

（10）能够为机构行政部门做判断和决定提供依据。

（11）能够使小组工作者明白自己与小组所建立的关系。

（12）可作为小组工作的教材和研究资料。

在小组工作过程中，小组工作者可以安排组员轮流做小组工作记录，也可以由小组推荐一位组员来负责此项工作，还可以由小组工作者自己亲自承担此项工作。但是，由于小组工作者有自己的意识和观念，无论组员的小组工作记录如何完备，小组工作者都需要自己做一些必要的小组工作记录，这样能够使小组工作记录更加完善、详细，小组工作者也能够从组员的小组工作记录和自己的小组工作记录的比较中，加深对组员的了解和认识。

三、小组工作记录的类型

小组工作记录可以分为叙述式记录（或故事式记录）和摘要记录两种。

1. 叙述式记录（或故事式记录）

叙述式记录（故事式记录）是将小组活动的过程，依时间发生的先后顺序和活动内容的顺序加以详细的记载，这种小组工作记录是记述、分析小组中存在的问题和解决小组问题途径的记录。具体来说，叙述式记录与故事式记录的侧重点有所不同，叙述式记录侧重于小组中事件发生时间的先后，而故事式记录则侧重于小组中成员之间人际关系等小组过程。

2. 摘要记录

摘要记录是关于小组摘要、分析与建议的记录，具体包括五个方面的内容。

（1）小组每次聚会的摘要。

小组每次聚会的摘要主要应包括以下内容：

① 小组工作者在小组中做了些什么？为什么要这样做？小组工作者是否了解自己？

② 小组工作者是否已经认识了全部组员？

③ 组员在小组中做了些什么？小组工作者是否全部接触到了组员所做的事情？

④ 小组工作者对小组中某些重要事件的认识是否到位？

⑤ 小组工作者是否能够对小组中所发生的一切都给予适切的说明和解释？

⑥ 如何使小组工作记录对小组工作者的工作更富有意义，更具有特殊价值？

⑦ 小组工作者的签名。

（2）对每个月或几个月将发生的小组活动的概括性的记录。

（3）如果小组中有较大的事件发生或实施较大的计划时，对这些事件或计划从始至终进行概略记录。

（4）组员个人成长与变化的概要记录。

（5）小组活动终结时的概略记录。

四、小组工作记录的内容

小组工作记录的内容可能会因小组性质、小组目标，记录人等不同而有所不同，但基本上都应包括以下16个方面。

（1）小组名称。

（2）小组的性质。

（3）小组工作者姓名。

（4）小组活动地点。

（5）第一次小组聚会的日期。

（6）小组聚会的时间。

（7）出席小组聚会组员的姓名、性别、年龄。

（8）缺席小组聚会组员的姓名和缺席原因。

（9）小组活动情形。

（10）组员之间相互的关系。

（11）组员与小组工作者之间的关系。

（12）小组与其他小组之间的关系。

（13）个别组员的言论、行为、情绪等。

（14）小组聚会前、聚会中以及聚会后的情况。

（15）其他特殊情况。

在实际小组工作中，小组工作者一般要将小组工作记录的内容整理成表格（示例见表5-13），然后附在其他记录材料后面。这样做不但能使记录者做记录时较为方便，还便于小组工作者在需要时更快地查阅有关小组工作记录。

表 5-13　小组工作记录表

基本资料			
1. 小组名称：		8. 活动地点：	
2. 活动时间：__月__日，__午__点__分到__点__分		9. 聚会次数：	
3. 记录时间：__月__日，__午__点__分到__点__分		10. 领导方式：	
4. 小组类型：		11. 社工：	
5. 小组模式：		12. 志愿者：	
6. 小组阶段：		13. 缺席组员：	
7. 迟到组员：		14. 守时组员：	
本次活动目标			
本次活动所用物资与设备			
活动过程			
沟通方式			
是否有小组冲突			
小组工作者如何解决小组冲突			
是否有小组规范			
小组工作者的角色			
主动、积极的组员			

续表

被动、沉默的组员	
介于主动和被动之间的组员	
组员的一些突出特点与表现	
有哪些次小组	
游戏名称	
游戏完成情况	
本次活动环节	
各环节之间衔接如何	
评估	
本次活动达到了哪些目标	
游戏的适切性	
活动内容的适切性	
小组动力情况	
小组工作者的专业态度和所应用的理论、知识和技巧如何	
跟进	
跟进计划/建议	

五、做小组工作记录应遵循的原则和应注意的细节

做小组工作记录的时候应该遵循一定的原则,这样才能使小组工作记录真实、客观、有效。

1. 做小组工作记录应遵循的原则

(1) 弹性原则。小组工作记录并不是一成不变的,由于小组的性质和目标不同,以及不同服务机构对小组也会有不同的记录要求,因此,相关人员在做小组工作记录时要灵活、有弹性,要适应社区、机构、小组等多方面的目的,按照社区、机构、小组的要求完成小组工作记录。

(2) 选择原则。小组工作记录不能包罗万象,不能"眉毛胡子一把抓",在做小组工作记录时,相关人员要将与组员相关的,小组中重要的、有价值的信息记录下来。

(3) 清晰原则。做小组工作记录要做到清楚、有条理,文字要简洁流畅。

（4）保密原则。小组工作者和组员都要遵守小组工作的专业道德，将小组工作记录视为小组专业性文件，对小组工作记录的内容要保密，不能将小组工作记录中的内容随意向外界泄露。

（5）认真、负责原则。在小组工作中，做小组工作记录的相关人员要有责任心，要严肃、认真、负责地完成小组工作记录工作。

2. 做小组工作记录应注意的细节

做小组工作记录时除应遵守上述原则外，还有一些细节需要注意。

（1）在做小组工作记录时要先列出记录提纲，以使记录更加完整。

（2）比较长的小组工作记录要注意分节分段，要写清楚标题。

（3）记录任何事实情况都要真实和明确。

（4）小组工作者在小组工作记录中最好称自己为"工作者"，而不称"我"。

（5）小组工作记录必须要有日期，以显示工作过程的连续性、发展状况和小组成长的时间线索等。

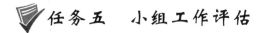

任务五　小组工作评估

"亮"力而行小组工作评估报告

【前言】

本小组面向的是在校大一、大二的学生，目的是通过此次小组活动，让组员充分地了解自己、认识自己、发掘自身亮点，发展自己的特长，增强自信心，进而在生活中将自己的亮点展现出来，给自己一个更加广阔的发展空间。

【文献回顾】

关于大学生成长已经有很多的文献研究，但是本次研究有一些不同。本次研究只关注组员的亮点，即优点，而且运用了"镜中我"和"自中我"相结合的方法。此次小组活动将理论运用于实践中，开展实际的小组工作，培养组员的能力。

一、小组活动的理论支持

（1）马斯洛的需求层次理论：当一个人的生理需求和安全需求得到满足后，那么他就会有更高层次的归属需求和自我实现的需求。

（2）社会学习理论的提出者班杜拉认为，个体常在社会中通过观察别人的行为进行学习。参加小组活动可以给组员更多的学习机会。

（3）镜中自我理论：通过别人对我们的评价和反应，而不断修正和完善我们自己的形象和自我评价。

二、测量工具的选择

对小组过程各个要素的测量，采取了不同的测量工具。

（1）依据小组活动出席率进行测量。

（2）过程记录。小组工作者及助理工作者在小组进行时，观察组员变化和小组变化并记录下来。

（3）分享记录。在小组每次聚会结束时，请组员分享自己的收获并提出改进意见。

（4）调查问卷。在小组结束时安排组员完成调查问卷，了解小组工作的成效。

三、评估对象介绍和评估过程

1. 组员情况

本次小组共招募7人，4名男生，3名女生。他们来自不同的年级、不同的专业。他们有一个共同的特点：自我认知不足，希望得到小组工作者的帮助，以发现和发掘自身亮点。

2. 评估过程

小组共进行了4次活动，这里主要介绍其中2次小组活动。

（1）通过别人眼中的自己，提升自我认知。

在这一次小组活动中，组员表现出强烈的接纳和投入，组内呈现出和谐的气氛。

首先，小组工作者组织了活动前的热身游戏，让组员了解到自我认知是长期的过程；其次，小组工作者通过组织"最成功的三件事"活动将小组活动推上了高潮，让组员认识到自己身上有不少潜在的优点；最后，小组工作者通过一个简单的调查问卷结束了此次活动。这次活动加强了组员的互相了解，增进了组员间的凝聚力。

（2）才艺大比拼。

组织此次活动时，小组处于巩固和结束期，组员之间互相接纳，自我表露呈现良好趋势。

【分析和解释】

根据所选择的不同测量工具对应的测量结果，得出以下评估结果。

（1）组员对小组的期望和表现。

总体来说，组员比较重视自身优点和自身的能力，希望通过提升自己的能力，为将来进入职场打下基础。大家对活动型的内容最感兴趣，对学习型的活动兴趣次之。调查结果显示，组员对小组规模和活动频率的期望与小组方案设计者的想法基本一致。

（2）小组对组员的影响。

整体而言，该小组对组员产生了一定的积极影响。调查结果显示，被访的组员基本上都认为自己在小组中确实了解到了自己潜在的优点，如勇敢、坚强、有毅力、应变能力强等。

(3) 组员对小组的认识和评价。

组员主动向小组工作者反映自己的感受，认为自己通过小组的活动获得了一些改变，表现出较强的自信，甚至表示自己今后想多参加类似的小组活动。

(4) 对工作者的评估。

小组工作者在开展小组工作之前进行了细致的小组方案设计，整个小组活动也都按照方案设计的流程进行，中间虽有一些瑕疵，但也都通过助理工作者的协助得到解决。小组工作者的工作效能应该给予肯定，整个小组的活动设计是切实有效的。

【结论】

虽然组员们报名参加该小组是因为自己内向、自信心不足、自我认知不足，但是通过实际的小组活动可以看出，组员自身还是具备一定的自我认知能力的，只是认知得不明显，或是组员根本不知道或无法看到自身潜在的优点。通过此次小组活动，组员发掘了自身具备的一些优点，并且提升了相关能力，这为他们以后的自我认知打下了很好的基础。

此次小组工作也存在一些不足之处，如小组工作者在回应组员的分享时不够深入，没能深层次挖掘组员的优点，对组员认知的深化程度不足，出现了对质情形，在以后的小组工作中需要引起注意。

总体来讲，此次小组活动设计是切合主题的，通过对组员的评估，小组的收效也是丰富的，组员发现和发掘自身优点的能力得以提升。

任务描述

(1) 分小组讨论小组工作评估的方法。
(2) 了解小组工作评估的标准。
(3) 讨论小组工作评估报告的内容。

任务实施

(1) 将全班同学每 8 人分为一个小组。
(2) 各小组根据讨论任务，展开充分的讨论。
(3) 各小组选派代表汇报、分享讨论结果。

任务总结

(1) 教师对各小组讨论结果进行点评。
(2) 教师分析总结小组工作评估的内容和标准。

 任务反思

小组工作者可以依据各种小组工作记录,确立小组工作评估的标准,并通过小组工作评估对小组活动实施中存在的问题进行改进。

 知识链接

一、小组工作评估的含义

小组工作评估是对小组工作的准备、实施、内容、范围和效果作全面性、整体性的考察和评价,它是方法、技巧和敏感度的结合。小组工作评估包括以下三个方面。

1. 小组计划评估

小组计划评估主要包括相关资讯的评估和需求的评估两个方面。

(1) 相关资讯的评估。

若想评估小组计划是否完善,可以先评估计划资讯来源的真实性和详尽性。

(2) 需求的评估。

可以向小组的预备组员征询一些信息,评估小组计划对需求的界定是否准确、全面,也可以用个别会谈、电话查访、信函等方式进行需求评估。

2. 小组过程评估

小组过程评估就是通过收集有关小组过程的资料,对小组工作过程进行评估。第一步要决定收集什么样的资料;第二步要决定用何种方法去收集资料;第三步就是对收集到的资料进行整理、分析,最后做出评估。收集资料可以从小组工作者和组员两个方面着手。

(1) 小组工作者方面。

从小组工作者方面收集资料主要有三种方法:① 过程记录,将小组的发展情形用文字叙述的方式记录下来。② 摘要记录,和过程记录相比,摘要记录较为省时,也较具选择性和集中性。③ 录音和摄像记录。

(2) 组员方面。

组员可以对自己或小组的行为进行记录,以备评估之用。需要注意的是:若准备从组员处收集小组过程评估相关资料,小组工作者事前应该对组员进行相关指导和训练,以求获得更有帮助的信息。

3. 小组效果和效益评估

效果评估主要侧重了解一个小组的目标实现情况,这可以让小组工作者对小组所使用的方法的有用性获得一个较为客观的回馈。

效益评估着重了解小组效益与成本是否相符，即从经济角度出发来衡量小组的花费是否值得。

二、小组工作评估的功能

（一）从小组工作者方面看

从小组工作者方面看，小组工作评估主要有以下四个方面的功能。

（1）可以让小组工作者了解自己在小组工作上的某些介入是否有效和是否专业；

（2）从评估中得到的资料，可以帮助小组工作者改善其工作技巧；

（3）可以帮助小组工作者获知组员在完成目标的过程中是否有收获；

（4）可以给小组工作者提供积累经验的机会，有助于小组工作者向具有相似目的、相似情境的人员分享其使用的小组工作方法。

（二）从组员方面看

从组员方面看，小组工作评估主要有以下两个方面的功能。

（1）可以让组员和其他可能受到影响的人，表达对小组的满意和不满意，以及有哪些意见或建议等；

（2）可以让组员认识或观察自己身上发生的变化，增强对自己的信心。

（三）从机构方面看

从机构方面看，小组工作评估可以向机构或社会证明所采用的小组工作方法是有效的。

三、小组工作评估的内容

小组工作评估的内容主要包括组员个人的发展、小组活动的内容和小组工作的实施三个方面。小组工作评估需要汇集以上三个方面的资料，才能够全面反映小组工作的全貌。

美国小组工作专家崔克尔为小组工作评估的内容绘制了一个圆形图（见图5-1），从中我们能够清楚地看到小组工作评估的内容及其动态。

四、小组工作评估的标准

小组工作评估的标准主要包括以下几项。

(1) 组员参与活动的次数有无变化？

(2) 组员是否比以前敢说话？敢表现？

(3) 组员是否更有兴趣了解与小组目标相关的话题？

(4) 组员对机构的规则、限制、功能是否了解？

(5) 组员如何与小组工作者产生专业关系？这种关系有无改变？

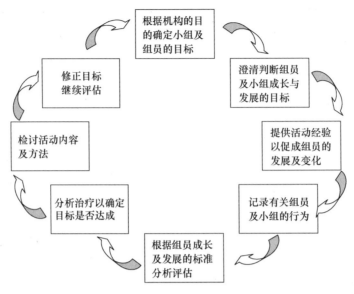

图 5-1 小组工作评估的内容

（6）组员是否对学习技能、努力工作比较感兴趣？
（7）组员是否较会运用社会资源（如医院、公园等）？
（8）组员对其他组员的困难是否关心？
（9）组员对小组活动是否能负起责任？

子情境 Ⅱ 常见的小组活动

能力目标
1. 掌握不同小组活动的开展技巧。
2. 根据小组任务和工作需要，能够开展不同类型的小组活动。

知识目标
1. 了解表现艺术的特点和常见形式。
2. 了解手工艺的特点和常见形式。
3. 了解营地活动的特点和常见形式。
4. 了解烹饪的特点和常见形式。
5. 了解角色扮演的特点和常见形式。

教学情境五　小组活动

任务一　表现艺术

情境导入

表达性治疗——绘画

对经历过地震的孩子进行心理干预相当重要。不过，与成年人不一样的是，小孩子们的语言表达能力相对较弱，很难通过言语的方式和小孩子们进行沟通，使用形象的沟通方式更为有效，如可以让孩子们绘画、做沙盘游戏等。在某灾后小组辅导过程中，小组工作者在带领孩子们做了手指操进行热身之后，发给了孩子们水彩笔和白纸，让孩子们自由地画两幅画。其中一幅画是自己最喜欢的画面，可以让孩子们想象自己在灾难后还可以做什么，还有什么寄托；另一幅画是自己最痛恨的画面。画好之后，小组工作者请孩子们向组内的小伙伴们分享自己最喜欢的画面，并当场撕毁自己最痛恨的画面。

小组工作者发现，多数孩子最痛恨的画面都跟地震带来的负面影响相关。孩子们通过绘画及撕毁该画面的行为，可以很好地宣泄负面情绪；通过画最喜欢的画面的过程，孩子们积极的情感和正能量也得到了很好的激发和调动。

任务描述

通过阅读上述材料，请思考以下问题：
（1）绘画活动在小组活动中应如何开展？
（2）如何根据组员的绘画内容，对其心理情感等进行准确把握？

任务实施

（1）让学生分别查阅关于绘画治疗的相关材料。
（2）请学生向大家分享自己查到的关于绘画治疗的内容。
（3）针对"情境导入"中的案例进行进一步的讨论。

任务总结

（1）教师总结绘画治疗的基本内容。
（2）教师介绍绘画治疗在小组中的运用技巧。

(3) 教师对"情境导入"中案例的内容进行分析和总结。

任务反思

在开展小组活动的过程中，针对一些特殊组员，如儿童、语言表达障碍者等，可以采用语言沟通之外的其他小组活动形式，如绘画、舞蹈、雕塑、沙盘游戏等。这些表达性的治疗活动，能够有效地帮助组员解决身心问题。

知识链接

应用于小组工作的活动，从儿童游戏到认知活动，从语言类的活动到非语言类的活动，从几分钟到整个单元，数量和种类数不胜数。实际小组工作中通常采用的小组活动之一就是表现艺术。

一、表现艺术

表现艺术是以艺术活动为中介来表达人们内心的思绪、感受和经验的一种方式。表现艺术往往通过音乐冥想、艺术涂鸦与创作、身体雕塑、演剧等方式来协助组员从内外环境中找到和谐关系，稳定和调节情感，消除负性情绪，治愈心理创伤，以获得人格成长和发展。

表现艺术的基本信念是相信每个组员均有与生俱来的能力，可以自我引导；人们可以在一个被支持的环境中，通过外在的创作形式来表达内在的情感，借以发现深层的情绪，给自己更多的力量。表现艺术可以达到沟通、心理宣泄与心理治疗等效果。

二、表现艺术的特点

表现艺术主要有以下四个特点。

(1) 表现艺术具有非语言的沟通特质，个体可以采取看、听、唱、跳等一切可能的方式进行自我表达。因此，表现艺术突破了个体的年龄、语言、认知范围与艺术技能的限制，尤其对于无法或者不善于进行语言交流的人具有独特的优势。

(2) 表现艺术为组员创造了一个安全、自由的氛围，这种氛围有助于降低个体的内心防御，使个体能够呈现真实的自我。同时，艺术表达能够将一个人内心的情绪或意念具体地表现在作品上，帮助个体认知这些情感和意念的存在，从而促使个体进行自我整合。

(3) 艺术的表达具有时空整合性。个体能将所表达的思想和情绪关联到过去和现在的事件，甚至投射到未来，可以将发生在不同时间、地点的不同事件，甚至相互矛盾的情感在同一个作品中展现出来。

(4) 实施便捷有效。表现艺术对所用材料和操作条件的要求都不高，因此，可以在所有日常情景中开展。同时，艺术不会给个体带来压力，趣味性强，而且操作简单易行。

三、表现艺术的作用

表现艺术主要具有以下几个方面的作用。

（1）因为艺术创作的过程是自发的、自控的，所以，个体的情绪可以得到缓和。

（2）小组工作者可以通过活动过程安全地获得个体的潜意识的信息，这样就可以绕过个体的心理防卫，还可以不必直接触及其潜意识的危险地带。

（3）艺术作品可以作为一种心理诊断的指标，也可以用来评估个体症状的发展。

（4）在活动过程中，个体能够直接体验到心理能量的改变，同时可以释放创造的潜能。

四、表现艺术的常见形式

20世纪中期以来，表现艺术已经形成了音乐、绘画、舞蹈、文学、戏剧等多种形式。下面主要介绍一下音乐、绘画和舞蹈这三种形式。

（一）音乐

音乐对于人来说不是一种单纯的声音，而是一种有一定意义的声音的组合，是人与人之间交往的一种工具。音乐治疗又称音乐疗法，它以心理治疗的理论和方法为基础，运用音乐特有的生理、心理效应，使个体在工作者的共同参与下，通过各种专门设计的音乐行为、音乐经历和音乐体验，达到消除心理症状、恢复和增进身心健康的目的。音乐治疗不仅需要工作者的努力，也需要个体发挥其主观能动性，通过双方的合作才能取得治疗效果。

（二）绘画

绘画治疗是以绘画活动为中介的一种治疗方法。当事人通过绘画这种艺术媒介，自然地呈现内心的思想和情感，并在工作者的帮助下对呈现出的心理问题进行分析和治疗。

绘画治疗主要包括两种形式：一种是随意的涂鸦，内容不受限制，个体自由地表现其最渴望表现的内心世界，工作者可考察出个体最主要的情结、被压抑最深的情绪、最迫切需要解决的事情；另一种是规定内容的创作，如"房—树—人"测试、画树测验、动态家庭图等。

（三）舞蹈

现代的舞蹈治疗起源于美国。美国舞蹈治疗协会把它定义为一种运用舞蹈或动作过程来促进个体的情绪、身体、认知等相整合的心理疗法。我国学者认为：舞蹈治疗是运用有节奏的肢体动作和表情来帮助个体建立整体意识和正常行为操作功能的治疗方法。舞蹈治疗的特殊之处在于身体与心智并重，而且以启动人性的健康潜能为主，不偏重于处理病状问题。作为医学、心理学、艺术学等学科相交叉的产物,舞蹈治疗弥补了传统谈话心理疗法的不足。这种艺术治疗独特的治疗方式,适合各种人群。

随着社会发展对个人能力的要求越来越高,身处高校的大学生们所承受的压力也越来越大。为此,很多学校设立了心理咨询中心。但是,有时候仅仅依靠语言,还是达不到最佳的治疗效果。运用音乐、绘画、舞蹈、文学、戏剧等来进行活动和治疗的艺术表现方式,更能让学生得到放松和缓解各种压力。

五、表现艺术的应用案例

这是一个由精神障碍机构中几个13~16岁女孩组成的舞蹈小组。这些女孩有不同程度的功能失调问题,她们对青春期身体发育与形象感到自卑。小组工作者根据她们的特点否定了语言取向的小组,与她们达成协议,组成了一个舞蹈小组,目的是通过活动增强她们对自己身体的信心,进而增强生活的信心和处理生活中各种烦恼的能力。小组工作者解释说当她们对自己的身体有了信心以后,她们会发现对其他生活层面逐渐产生信心并不难。小组工作者强调,组员有权选择音乐,有权决定她们希望表达的问题和处理的问题。有一个组员张三梦想成为一个摇滚歌手,唱出内心的东西。有一次活动,其他组员因病缺席,只有张三和小组工作者两个人。张三提出想唱歌,小组工作者便鼓励她用自己选的歌曲做练习。第一次她不敢直接看镜头,双手紧张地握着麦克风,身体僵硬,声音单调、紧张。可到了第三次,张三跟之前判若两人,她看着镜头,随着音乐自然地摆动身体,尽管她的歌声缺乏专业歌手的音质,但很有个性,释放出她内心的感情,让人感觉有一种力量在热烈奔腾。她用歌曲和舞蹈表达了她对成长的渴望和恐惧,并且与小组工作者讨论了这些感情。

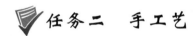

任务二 手工艺

情境导入

某社工服务中心策划并组织了第一期巧手轩——手工艺兴趣小组活动,活动主题为"花花世界之向日葵",活动共持续了2个小时,共有12位组员(住院患者)及其家属参加了此次活动。

开展巧手轩——手工艺兴趣小组,旨在通过制作手工艺品这个形式,转移组员及其家属对疾病的注意力,减轻组员及其家属内心的压力;同时,想通过手工艺制作的学习和交流,丰富他们的住院生活,扩大组员及其家属的交际圈,使他们通过活动认识更多的同路人,以便进行交流和经验分享。

活动以破冰游戏、自我介绍等环节拉开帷幕。紧接着是制作向日葵环节。组员们认真听小组工作者的讲解,并积极地制作手中的"向日葵"。虽然大家制作的速度不一,但是相同的是大家都很认真地去完成手中的作品。时间一分钟一分钟地过去了,可是大家竟没有感受到时间的流逝。制作完成后,看着手中一朵朵形态逼真的向日葵,组员们的脸上洋溢着幸福的笑容。有的组员还将制作好的向日葵赠送给其他组员或小组工作者,组员们纷纷表示,参加这样的活动很开心,在活动中也学会了一个手艺。活动的最后,小组工作者和组员一起挖掘大家身上"向日葵一族"的特点,小组工作者还引领组员分享了此次活动的心得。

巧手轩——手工艺兴趣小组活动将持续开展6个月的时间,平均每个月开展1期活动,每次活动由不同的主题组成,小组工作者将在活动当中尝试运用表现艺术的方式,帮助参与活动的组员进行放松和减压。

任务描述

阅读上述"情境导入"中的案例,思考以下问题:
（1）手工艺小组在小组活动中是如何设计和应用表现艺术的？
（2）怎样才能制订一份好的手工艺小组的活动设计方案？

任务实施

（1）请学生分别查阅关于手工艺活动的相关资料。
（2）将学生分成小组,各小组分别制订一份手工艺小组的活动设计方案。
（3）各小组选派代表分享本小组制订的活动设计方案。

任务总结

（1）教师总结手工艺活动的含义和特点。
（2）教师介绍手工艺的作用和常见形式。
（3）教师对各小组的活动设计方案进行分析和点评。

任务反思

手工艺制作活动可以增强组员之间的交流,让组员习得一种技能,还能提升组员的自信心,激发组员的生活热情。

知识链接

一、手工艺小组的含义

手工艺小组是在传统的手工艺兴趣小组中加入社会工作的元素，通过带领组员开展手工艺品的制作，增进组员之间的交流，提升组员的能力。不同的小组，开展手工艺活动的目的不同。

传统的手工艺品种类繁多，且各有特点，各个小组可以根据组员的兴趣和所占有的材料来决定活动主题。

二、手工艺小组的特点

手工艺小组主要具有以下几个特点。

（1）手工艺小组是生产和创作的统一，手工艺小组通过开展不同的活动，可以锻炼组员的肢体和手眼协调性，也可以引发组员的思考和创作，有助于组员的身心恢复和发展。

（2）手工艺小组以传统的手工艺兴趣小组为基础，加入了社会工作的元素，既可以保留传统的手工艺兴趣小组的吸引力和趣味性，又可以通过社会工作的专业方法促进组员的相互合作与交流，促进组员的转变和成长。

（3）手工艺小组具有"增能"的特点，通过建立手工艺小组，设计和生产相应的手工艺品，可以增加组员的经济收入，也可以增强组员的自立能力。

三、手工艺的作用

手工艺主要有以下几个方面的作用。

（1）增强文化的认同和信心。优秀的民间传统文化，深厚的民族特色，有利于弘扬和继承优秀的民族文化，增强文化的认同和信心。

（2）提升能力。手工艺的制作可以使手部得到锻炼，促进手功能的康复，提高组员的生活自理能力，帮助组员恢复自信。同时，大家在小组中一起制作手工艺品的过程能够提高组员的归属感，增加组员的沟通，提高组员的社会交往能力。

（3）创造经济收益。利用传统手工艺开发产品，有时可以使组员得到合理的报酬，补贴家用，使组员生活更加自立。

四、手工艺的常见形式

手工艺的常见形式主要有折纸、剪纸、编织、扎花、泥工、刺绣、蜡染等。治疗和康复类的小组普遍把手工制作当作组员获得归属感、保持个性化、展示才能和锻炼身心的一种方式。例如，鼓励他们制作手工艺品装饰小组聚会的房间；用废弃的饮料罐制作环保工艺品，强化人们的环境保护意识；组织福利院、敬老院里的老人编织玩具，锻炼老人双手的小肌肉群，等等。小组工作者要敏感地意识到，制作手工艺品的过程本身就是增进组员互动与合作的过程。例如，当6个孩子围坐在桌子旁制作相架时，如果每个孩子都有

1把剪刀、1瓶胶水和足够的水彩笔,那么孩子们很可能只是埋头制作相架,不一定有频繁的互动。但如果小组工作者敏感地捕捉到制作过程的价值,就可以采用减少制作工具的方式,鼓励孩子们更多地交流、互动与合作。

五、手工艺应用举例

云南大学与香港理工大学曾经合作成立了"绿寨妇女手工艺小组",目的是让妇女在农闲时做手工艺品,赚取一点钱以补贴家用,并弘扬优秀传统文化。李×凤是首个参与刺绣项目的女性。她认为,与其背井离乡到城市打工,留下年老的父母和年幼的子女在家中无人照顾,还不如靠传统的刺绣技艺增加收入。而且年轻的妇女很多已经不懂得刺绣,她觉得很可惜。当初她向村中其他妇女提及这个项目时,大家的反应并不热烈,很怀疑项目是否能带来收入,李×凤率先行动起来,她用事实向大家说明,一分耕耘,一分收获,最后说服了乡亲们参加。

参加项目3年来,李×凤赚取了1万多元,这笔钱主要用来支付子女的学费和生活费。李×凤说,参与这个项目,除了能赚钱外,工作环境也比城市中的工厂好得多,村中妇女在一起刺绣,可以说说笑笑,聊家常。

另外,由于后来她的收入比丈夫的收入还要高,她在家庭中的地位也提升了。她表示,这种情况同样出现在村中很多参与了刺绣项目的妇女身上。

谈到这个项目未来的发展时,李×凤说:"希望我们可以承接更多订单,那就可以有更多妇女参与,就会有更多家庭受惠,部分收入还可以用来修建村中的道路。"

任务三 营地活动

情境导入

历奇香港,成就孩子未来领袖梦想

长沙市天心区同行者工作者服务中心与香港山旅学会曾经举办过湖南青少年暑期赴港历奇训练营活动。

1. 活动目标

(1) 让青少年在户外的自然环境中,学习并掌握基本生存技能,积累集体生活经验;

(2) 通过团队训练,增强青少年的人际沟通能力;

(3) 培养青少年团队的领袖才能,使他们实现自我增能;

(4) 促进来自不同地域、不同家庭的青少年之间的文化沟通和交流,拓宽他们的视野,促进其全面发展。

2. 活动项目介绍

（1）城市定向活动。以小组比赛为方式，让组员借助地图、指南针等，自行寻找前往营地的途径，培养其基本的生存技能。

（2）夜行。组织组员夜晚借助有限的照明设备进行爬山活动，训练其团队合作能力。

（3）独木舟体验课程。在浅水湾海域开展独木舟团队体验活动，培养其团队合作意识。

（4）烧烤营火会。组织组员夜晚进行烧烤营火会，由组员自己准备食材、自己烤食物并与同伴分享，使其体验野外生活的乐趣，积累集体生活的经验。

（5）香港迪士尼乐园行。组织组员游历迪士尼乐园，让组员在快乐中体验生活的美好。

活动行程详见表5-14。

表5-14　湖南青少年暑期赴港历奇训练营活动行程

日期	主题	时间	地点	内容	目的
8.9	启能训练	上午	香港女童军总会	到达香港女童军总会，进行简介会	介绍活动目标，明确活动方向
		下午	西贡户外营地	午餐	
				城市定向活动：分组进行，组员按手中的资料，自行寻找前往营地的途径和方法	培养团队合作精神，提升解决困难和逆境中的应变能力
		晚上		晚餐	通过一起用餐、洗碗等活动，培养团队合作精神和自我照顾能力
				黑夜活动：夜行	训练团队合作能力
8.10	独木舟体验课程	上午	西贡户外营地	早餐	
				分组活动：包括独木舟、扎木筏体验课程	体验野外活动的乐趣，并培养团队合作精神
		下午		午餐：野炊	自己准备午餐，培养独立意识和自我照顾能力，同时考验团队合作和组织能力
				分组活动：团队领导培训——信任天梯	培养团队合作精神，培养团队领袖
		晚上		原野烧烤：营火会	享受野外生活的乐趣，锻炼动手能力
8.11	自我探索之旅	日间	金紫荆广场、太平山顶、香港科学馆	参加升旗仪式，参观香港科学馆，到太平山顶观夜景，进行香港大学之旅等	让组员在小组活动过程中了解香港的城市文化
8.12	迪士尼乐园行	日间	迪士尼乐园	游历香港迪士尼乐园	体验园区文化，开阔视野
8.13	分享收获	上午	会议室	分享汇报会、颁发结业证书	总结和讨论，启发思考，将这次小组活动的体验内化成自身宝贵的经验

任务描述

阅读"情境导入"中的营地活动并讨论以下问题:
(1) 营地活动都有哪些常见类型?
(2) 如何根据小组需要选择并制订合适的营地活动方案?

任务实施

(1) 全班同学自由组成 6~8 人的小组,分小组讨论"情境导入"中营地活动的内容和作用。
(2) 学生以小组为单位查阅资料并讨论营地活动的常见形式。
(3) 各小组分别制订一个营地活动方案。

任务总结

(1) 教师对"情境导入"中营地活动进行分析和点评。
(2) 教师介绍营地活动在小组工作中的运用和开展情况。

任务反思

不管是野外求生训练、干粮旅行、生火旅行,还是植物、昆虫、风土人情考察等学术旅行,社会工作中的营地活动都是一种有意图的行为,目的是体验不同的自然环境,学习相关技能,积累生活、生存经验,培养合作参与的行为模式和自信的态度。

知识链接

一、营地活动的含义

营地活动是根据一定的主题组织的有意义的室外活动,是以回归自然、亲身实践、获取体验为主旨,让组员在活动中体验成功、体验快乐的小组活动。营地活动是室内活动的延伸与拓展。营地活动可以锻炼组员的能力,也可以解决组员的关系问题。

营地活动能够从体能、技能、心理素质等方面对组员进行有针对性的训练,让他们不断提升对生活的感悟、对挑战的向往,有效弥补了室内活动的不足。

二、营地活动的特点

营地活动主要有以下几个特点。

1. 综合活动性

营地活动一般以体能活动为引导，引出认知活动、情感活动、意志活动和交往活动，有明确的操作过程，要求学员全身心地投入。因此，营地活动具有综合活动性。

2. 注重体验性

营地活动并不直接灌输某种知识或训练某种技巧，而是通过设定特殊的环境，让组员直接参与整个活动过程。它是一种体验式的活动，组员通过参加营地活动，可以认识自身潜能，增强自信心，改善自身形象；可以克服心理惰性，磨炼战胜困难的毅力；可以启发想象力与创造力，提高解决问题的能力；可以加深对群体作用的认识，增强对集体的参与意识与责任心；可以改善人际关系，学会关心他人，更为融洽地与群体合作。

3. 强调经验分享

营地活动通过行动、体验、分享交流与总结相结合的方式，可以让组员获得切身感受、体会和领悟；通过组员之间的分享，可以将活动意义最大化。

三、营地活动的作用

营地活动主要具有以下几个方面的作用。

1. 个人心理训练作用

营地活动能够有效地拓展组员的潜能，使组员克服紧张、恐惧、犹豫等心理障碍，最终获得喜悦和成长，提升和强化组员的心理素质。

2. 团队合作训练作用

营地活动是一种户外体验式模拟训练，训练内容丰富、生动、寓意深刻，以体验、启发作为教育手段，组员参与的活动往往会成为他们终生难忘的经历。活动中所蕴含的深刻道理和观念，能牢牢地扎根在每个组员的潜意识中，并且能在组员之后的生活和工作中发挥效用。

通过营地活动，组员在以下方面将有显著的提高：认识群体的作用，增进对集体的参与意识与责任心；改善人际关系，更为融洽地与群体合作；学会欣赏、关注和爱护自然。

3. 现实社会意义

现代社会是一个高度人际互动的社会，营地活动糅合了高挑战和低挑战的元素，无论是个人还是团队，都可通过危机感、领导、沟通、面对逆境等得到提升。

四、营地活动的常见形式

营地活动主要有以下几种常见形式。

1. 体能运动

体能运动方面的营地活动一般以青少年为主要对象。通过参加这方面的营地活动，青少年能够突破自我、建立信心，提高身体素质。

2. 康乐活动

康乐方面的营地活动一般以老年人为主要对象。通过参加这方面的营地活动，老年人可以娱乐身心、休闲放松，也能够有效缓解压力，增进与同龄人的沟通。

3. 亲子活动

亲子活动一般以家庭为主要对象。参加这方面的营地活动，家庭组员需要不断地沟通、合作，这可以有效改善亲子关系，促进家庭的和谐和家庭成员的共同成长。

任务四　烹饪

情境导入

"食"来运转——亲子烹饪小组

深圳市龙岗区某社区服务中心的亲子烹饪小组开始了暑期的第一次活动——椰汁杧果布丁的制作。早晨9:30，5组家庭已经齐聚培训教室。小组工作者先向大家简单介绍了此次小组活动的内容和希望达成的目标，并让各家庭进行了简单的自我介绍和交流。

随后，小组工作者端出事先制作好的椰汁杧果布丁与大家分享，美味爽口的布丁让在座的孩子与家长赞不绝口，纷纷期待学习制作，他们都好奇这么好吃的布丁是怎么做出来的。之后，小组工作者拿出牛奶、奶油、椰浆等制作所需的材料，一边演示一边向组员们讲解制作的方法和注意事项。很多孩子和家长也会提出自己的疑问，小组工作者及时答疑，现场形成了良好的互动氛围。布丁浆制作好后，小组工作者将其装入准备好的一个个小瓶子中，并请小朋友用彩色丝带将瓶子装饰漂亮，嘱咐大家带回家后放入冰箱，等待布丁凝结后，再与家里人分享。

亲子烹饪小组第一次活动带给孩子们与妈妈们不一样的周末生活，使他们不仅学会了布丁的做法，而且形成了亲密的互动关系。

任务描述

（1）阅读"情境导入"并思考亲子烹饪小组的作用。

（2）思考烹饪在小组活动中的运用。

(3) 小组讨论并设计一个烹饪为主题的活动方案。

任务实施

(1) 思考烹饪小组的作用。
(2) 分小组讨论并设计一个烹饪为主题的活动方案。
(3) 各小组选派代表分享本组设计的活动方案。

任务总结

(1) 教师对各小组设计的活动方案进行分析和点评。
(2) 教师总结烹饪在开展小组活动中的作用。

任务反思

烹饪是许多小组工作者都会组织的活动,也是对治疗小组特别有价值的活动。烹饪不但能够提高组员的生活技能,而且能够让组员在小组中学习更有效的交往模式,提高组员的社交能力。

知识链接

一、烹饪

烹饪是指对食物原料进行合理选择调配,加工治净,加热调味,使之成为色、香、味、形、质、养俱佳的安全无害、利于吸收、益人健康、强人体质的饭食菜品的过程。烹饪包括调味熟食,也包括调制生食。

二、烹饪小组的特点

烹饪小组主要具有以下几个特点。

1. 趣味性强

在烹饪小组中,组员可以自由挑选食材、设计菜品,有非常大的自主空间,而且能够在烹饪的过程中找到乐趣。

2. 强调合作

烹饪活动并非一定要强调比赛,也不只是看重烹饪的结果,以烹饪为主题的小组活动非常强调组员之间的合作,借此可以锻炼组员的合作意识和沟通能力。

3. 注重过程

烹饪活动非常注重过程,在过程中,组员的动手能力等能够得到很好的锻炼,也能增强小组的凝聚力。

三、烹饪小组的作用

烹饪小组主要具有以下两个方面的作用。

1. 提升组员各方面的能力

目前,有不少人,尤其是一些中学生生活自理意识和能力很差,以自我为中心,对我国的传统文化更是知之甚少,以烹饪为主题的小组活动可以提高组员的动手能力、生活自理能力、合作沟通意识和对传统文化的了解。

2. 改善组员的关系

在烹饪活动中,组员之间相互协作与配合,能够有效地改善彼此的关系,增进彼此的感情。例如,在由家庭成员组成的烹饪小组中,通过活动过程中大家的沟通和合作,能够有效地改善亲子关系,使组员获得全新的关系体验。

四、烹饪小组的应用举例

某老年中心为单身男性老人开办了烹饪小组,这些老人都很孤独,几乎没有朋友。他们的收入稳定,但都不高。他们因为不会做饭,基本上都在附近的饭店吃饭。如果一日三餐都如此,他们有限的收入肯定大部分都要花在这项开支上,所以,大部分组员选择每天吃两顿甚至一顿饭,长此以往,对他们身体健康有害无益。这个烹饪小组就是针对他们的吃饭问题开办的。在小组中,小组工作者让他们学习如何做饭、如何使用厨房,同时锻炼社交能力。组员共同设计一个菜谱,然后一起买菜、做菜、吃饭。这既节省了他们的生活成本,有益于他们的健康,也促进了彼此的交流,使他们享受到生活的乐趣。

任务五　角色扮演

情境导入

为了提高组员的沟通技能,避免夫妻沟通中出现常见的矛盾,小组工作者挑选了夫妻沟通中的两个典型场景,让组员进行角色扮演训练,以引导组员学会表里一致型沟通方式。

沟通情境一:妻子在家辛苦为丈夫做了一桌子好菜,高高兴兴等丈夫回家吃饭,可是丈夫却晚上12点多才回家……

沟通情境二：丈夫陪妻子逛街买衣服，丈夫内心很心疼钱，又怕妻子觉得自己小气，认为自己不愿意为她花钱。于是，只要是妻子看上的比较贵的衣服，丈夫都评价说衣服很难看，不合适，妻子心里很不高兴……

在第一轮角色扮演中我们发现，妻子和丈夫一般都是采取相互指责的方式进行沟通。例如，情境一的妻子扮演者，一开口就生气地指责丈夫："死哪里去了，你干脆别回来算了！"丈夫一听也非常生气，结果夫妻俩开始争吵。

小组工作者根据大家扮演的情况，分析每个人的沟通模式，并指出该模式的不足之处，然后告诉大家要想既能很好地表达自己的意思，又能体谅别人的心情，就需要在沟通中做到表里一致。

表里一致型沟通一般包括三层内容：一是客观陈述事实，二是表达自己的真实感受，三是说出对对方的期望。

接下来，小组工作者会让组员再次进行角色扮演，尝试用表里一致型沟通方式进行夫妻沟通。例如，沟通情境一中，妻子会说："今天你回来得有点晚了，我很担心你，希望你以后没有什么重要的事要处理的话，尽量早一点回家。"丈夫听妻子这么说，赶紧向妻子解释今天为什么晚回家，看到桌上的饭菜后，对妻子说："今天我加班到这么晚，确实累坏了，幸好有你心疼我，做这么多好菜，你也辛苦了！"

任务描述

（1）根据"情境导入"中的案例体会什么是表里一致型沟通方式。

（2）思考角色扮演对于提升组员技能、解决组员问题的作用。

（3）根据自己所接触过的案主的问题，设计一个角色扮演方案。

任务实施

（1）阅读案例，总结什么是表里一致型沟通方式。

（2）设计一个角色扮演活动方案。

（3）找几位同学结为小组，大家一起分享彼此对于角色扮演的认识。

（4）在小组内分享各自所设计的角色扮演方案。

任务总结

（1）教师对"情境导入"中的案例进行分析。

（2）教师总结角色扮演的作用，并告诉学生开展角色扮演活动时应注意哪些事项。

任务反思

角色扮演能够让组员体会到换位思考的重要性，也能够让组员更好地认识自己，对解决组员遇到的问题、增强组员的处事能力都有很好的作用。

知识链接

一、角色扮演的含义

角色扮演是指在小组活动过程中，小组工作者为了协助当事人觉察与纾解情绪，体验相关人物的感觉与想法，学习新行为与预演即将面对的情境，安排当事人扮演相关人物，进入他们的角色中的活动。

角色扮演受到三种治疗取向影响。第一种是心理剧，它是组员运用动作技巧来扮演故事中的角色，以喜剧的方法探索"真实"的一种方法。第二种是由美国心理学家乔治·凯利所创的固定角色治疗，要求当事人扮演不同于当事人原本的人格特质的某种角色，目的在于帮助当事人建立与发展新的概念系统。第三种是行为演练，即让当事人在特定情境中，使用角色扮演的方式演练新的行为模式。

二、角色扮演的步骤

角色扮演一般包括以下五个步骤。

1. 暖身

这一步需要让组员做好准备，以便更有效地进入某一个情境，这是一个持续不断的过程。善用暖身，能使组员在不同的角色与情境之间做转换，并能恰当地置身其中，有较好的发挥。

2. 产生主角

主角一般由个人意愿、小组决定和导演（一般是小组工作者）偏好三种方式产生。在团体心理咨询小组中开展角色扮演活动时，是否担任主角，个人意愿最为重要，须受到尊重。而团体的支持也是另一个重要的因素。成为焦点的主角得到团体的支持和投入时，才会有安全感，才会提高投入程度。当同时有几个组员愿意担任主角时，可由组员共同投票决定，选择一个能让主角获益最多的扮演者。但有时，导演也会按照自己最熟悉、擅长的主题挑选主角。

3. 追索线索，确定主题，准备演出

准备演出时，要化叙述为行动。当主角开始叙述他所关切的主题或是谈到他自己的故事时，不要让叙述太过冗长，而要在恰当的时机引入行动，打开感官系统，行动化地进入某一场景。导演可以运用一些引导发问的方式，帮助主角把笼统的叙述变得明确。采用聚焦技术，要求主角做明确的回答，可以帮助主角、观众和导演都更明确地捕捉到主题重点。在这一部分，导演是位追随者，需要追随主角的叙述，仔细聆听，不停地追索线索，并根据这些线索设计出场景，与主角配合带领观众进入即兴的角色扮演。

4. 演出主题

在角色扮演过程中，问题会逐渐由表层进入核心。而在每一步中，导演都会怀着他的决策历程并运用各种角色扮演技术与心理咨询技术指导大家继续前行，直到角色扮演后段的突破和整合。整个角色扮演过程会经常用到各种各样的角色扮演技术：替身（double）、角色互换（reversal role）、镜子技巧（the mirror）、扮演角色（playing the role）、自我表达（self presentation）、对话（dialogue）、转身说话（talk aside）、独白（soliloquy）、空椅子（empty chair）、复合替身（multiple doubles）等。当结束整合，再回到问题起点时，主角在历经演出的过程之后，应能用不同的眼光去看原来的问题，能有一些新的想法、感受和做法。而有的导演在角色扮演结束时，特别强调行为的演练，也就是角色的训练（role training），偏重在行动上的练习，以便对旧的情境形成新的行为模式。

5. 分享

角色扮演结束后，全体组员一般要集合在一起进行分享和交流。所有人都会有机会对主角作出一些回馈，以及分享个人在表演或观看过程当中的触动和感想。为了保护内心脆弱而且疲惫的主角不受伤害，导演一般会提醒大家不要过多地分析、建议，不要对主角提出进一步的问题。因为主角刚离开扮演的情境，就好像尘埃满天尚未落定，他需要时间来整理内心的感受，同时也在测知小组内其他组员对自己的了解和接纳程度如何。

三、角色扮演的作用

角色扮演主要有以下几个方面的作用。

1. 协助当事人觉察、纾解情绪

在角色扮演活动中，当事人重演事件发生的过程，借着小组工作者的催化，觉察自己的情绪。通过语言表达与非语言动作，当事人内在的情感得以一泻而出。情绪得到纾解，就不会再干扰当事人的认知与行为表现。例如，一名当事人，男性大学生，20多岁。好朋友误会他，认为他有意抢自己的女朋友，而不愿再与他来往。当事人为此难过、失眠。针对这个案例开展角色扮演活动之后，当事人由原来的感觉——认为对朋友真心付出，常常帮助朋友的女朋友反而遭到朋友的误解而感到痛心，到觉察自己真正的感觉——喜欢朋友的女朋友，并且承认、接受自己的感觉。正如有句话所说的，我们常常受到生活经验、角色、习俗和文化教条的限制，压抑了真性情。在角色扮演活动中重现和创设情境，可以让当事人觉察被压抑的真性情。

2. 修正当事人对他人的了解

在角色扮演活动中，当扮演他人时，会有机会体验到他人内在的感觉、想法与行为动机。这种体验，可以修正对他人的了解，转化对他人的态度。例如，一名当事人，女性大学生，21岁，因为无法与家人相处而加入小组。通过角色扮演，当事人对妈妈的了解得到了修正，当事人体验到妈妈的成长背景和妈妈固执的性格是很难改变的。同时，当事人也看到了自己的固执，对自己有了更深刻的认识。每个人都在社会网络中扮演着各自不同的角色。将当事人暂置于妈妈的社会位置，并按这一位置所要求的方式和态度行事，可以增进当事人对妈妈的社会角色和自身的角色的理解，从而学会更恰当地履行自己的角色。

3. 协助当事人对自己的行为、感觉与想法有新的认识

当事人的问题常常是对过去未完成事件的反映。角色扮演一般让当事人重演近期发生的事件，在演出近期事件的过程中，常会带出过去未完成事件的情境。当过去未完成的事件与近期的事件产生关联时，当事人对近期事件的行为、感觉与想法就会产生改变。例如，一名当事人，女性，30多岁，因为与几任男朋友的亲密关系一直无法维持长久，导致至今未结婚。小组工作者请她对一次印象最深刻的恋爱经历进行角色扮演，通过角色扮演，当事人了解到以前几次被抛弃，都是自己一厢情愿的感觉。当事人发现过去未完成事件与现在事件的关联，从而有了新的体验与发现，对自己的行为、感觉与想法有了新的认识，后来顺利进入了下一段感情。

4. 协助当事人预演与学习新的行为模式

在小组工作中，有时需要协助当事人预演与学习新的行为，形成一种新的行为模式。

（1）在角色扮演的最后阶段，当事人往往已获知问题的根源，对问题有了进一步的了解，同时想要以新的行为来面对原来的情境。这时，小组工作者应布置当事人即将面对的情境，让当事人预演与学习新的应对行为。例如，一名当事人，男性，刚交上一位女朋友，因为担心可能像以前一样无法维持长期的亲密关系而参加小组。当事人自己介绍：这种担心和恐惧是由小时候失去双亲的不安和恐惧引起的，这种经历会影响到其对待女朋友的方式，如一天到晚担心女朋友会不见了。了解问题的根源后，导演设计了相应的角色扮演活动，当事人得以学会以新的行为模式应对类似的情境，不再将不安情绪发泄在女朋友身上。

（2）当事人须面对类似旧情境的新情境，他不想但是很可能以旧的行为模式来应对。这时，小组工作者需要安排类似的情境，协助当事人演练新的应对行为。例如，一名当事人，大学刚毕业，因竞争激烈，工作难找，一连应聘了十几个工作都未成功，担心下次面试时表现不好，无法得到工作而焦虑万分。向当事人了解到面试的状况后，小组工作者可通过设置仿真面试情境，让当事人同时扮演自己与面试官（角色替换）。通过几次演练，可使当事人学会如何应对挑战性的情境。

（3）当事人需要面对一个新情境，但是当事人不知如何应对。例如，一名当事人，再过两个月就要嫁为人妇了，为不知道如何与公婆相处而感到心烦意乱。这时，小组工作者可以安排当事人通过参与角色扮演活动来学习合适的应对行为。

5. 提高自信，消除自卑，增加勇气

小组工作中的角色扮演除了小组工作者，还有其他观众组员，气氛与一般的角色扮演是不一样的。其他组员代表了客观的眼睛，代表了主角以外的世界。如果主角所陈述出来的主题和内涵能够被这些人所接受，对主角来说，也就象征着他是可以被外界所接纳的。可见，支持的力量是非常重要的。从这个角度讲，角色扮演可以使当事人更加自信，消除自卑，增加勇气。

6. 对其他组员来说，角色扮演是真实故事的展现

真实故事的展现本身就具有走进心灵的效果。它有引趣、感动、明理等功能，即以事动人，以叙育人，以情感人，以理导人。在小组工作中，除角色扮演的主角、辅角之外，其他组员在观看角色扮演的过程中，因主角的真实故事受到感动而在心灵上积极参与，更会准许自己陪伴主角掉眼泪，或是在心中深深地喝彩，或随着主角所进行的过程对自己所遇到类似的处境有所心领神会。总之，其他组员在观看角色扮演的过程中能得到不同程度的感悟，可能会出现泪流满面等同情与共鸣，找到适当的心理定位，增强自我意识，同时通过行为模仿习得行为模式，促进心理成熟。

四、角色扮演的常见形式

角色扮演的形式有很多，这里介绍一下空椅子技术、照镜子、双簧、行为预演和角色转换这几种常见形式。

1. 空椅子技术

（1）倾诉宣泄式。

这种形式一般只需要一把椅子，把这把椅子放在组员的面前，假定某人坐在这把椅子上。组员可以对着椅子把自己内心想对这个人说却没机会或者没来得及说的话表达出来，从而使自己的内心趋于平和。倾诉宣泄式主要应用于以下三种情况。

① 亲人或者朋友由于某种原因离开自己或者已经去世，组员因他们的离去内心非常悲伤、痛苦，甚至伤痛欲绝，却无法找到合适的途径进行排遣。此时，小组工作者可以运用空椅子技术让组员向空椅子倾诉，表达自己对空椅子所代表人物的情感，从而使组员强烈的情感得以舒缓。例如，小静和妈妈在一次外出途中遭遇了车祸，妈妈当场死亡，小静只是受了轻伤。她目睹了惨案发生的整个过程，内心充满了悲伤和恐惧。从那以后，开朗的小静脸上没有了笑容，情绪也变得起伏不定。她几乎每天晚上都做噩梦，梦见血淋淋的场面，梦见肢体残缺不全的妈妈，因此经常从梦中惊醒，醒来以后呼吸急促，面色苍白。小静加入小组后，小组工作者利用空椅子技术，让她想象自己的母亲正坐在那张椅子上，让她把出事后想对母亲说的话统统说给母亲听。小静对着空椅子尽情倾诉。自此之后，小静整个人都好了很多。

有时，这种形式也可以用于失恋者，或者用于危机干预失败后，对相关人员的帮助。

例如，某个学生自杀后，给班级其他同学带来了心理阴影，此时，可以采用空椅子技术，让全班同学采用倾诉宣泄式向他集体告别，以抚平大家内心的创伤。

② 空椅子所代表的人曾经伤害、误解或者责怪过组员，组员由于各方面的原因，不能直接把负面情绪发泄出来，于是，这种情绪就长期郁积在其内心。此时，小组工作者可以请组员通过对空椅子进行宣泄、指责，甚至是谩骂，来获得内心的平衡。例如，有一位名叫小军的同学曾经有一次看到几个男生欺负一个男生，便打抱不平，上前劝说了几句。没想到那几个男生摩拳擦掌，对他挑衅，最后双方打起架来。政教主任不问青红皂白地把他批评了一顿，并且根本不听他的解释。他感到很委屈，但是又无法向政教主任发作。因此，他加入了小组，小组工作者利用空椅子技术，让他假设政教主任正坐在那把椅子上。然后，小军大声地对着空椅子辩解，并且批评政教主任不去了解事情的真相就下结论是不对的。经过一番宣泄后，小军觉得心里松快了很多。

③ 椅子所代表的人是组员非常亲密或者值得组员信赖的人，由于种种原因，组员无法或者不便直接向椅子所代表的人倾诉。此时，小组工作者可以让组员想象那个人此时就坐在椅子上，可以对着他宣泄出自己的情感，从而获得某种解脱。例如，小芳非常爱自己的妈妈，也非常信赖她。以前，一有什么烦恼或者不快，小芳都会向妈妈讲，讲了以后，都会得到妈妈的支持或者安慰，心情就会平静下来。但是，最近妈妈因为参加一项特殊工作离开家了，小芳近一段时间无法向妈妈讲自己的烦心事了，因此情绪很低落。小芳对小组工作者不太了解，不愿意把自己的小秘密告诉小组工作者，此时，小组工作者选择了空椅子技术，让小芳想象妈妈就坐在那把椅子上，可以单独向她进行倾诉。小芳照做了，取得了良好的效果。

（2）自我对话式。

自我对话式就是自我存在冲突的两个部分展开对话。假如组员内心有很大的冲突，又不知道如何解决时，小组工作者可以放两把椅子在组员面前，先让组员坐在一把椅子上，扮演冲突的一方；然后再让他坐在另外一把椅子上，扮演冲突的另一方。这样依次进行对话，从而达到化解冲突、整合内心观念的目的。这种方式主要应用于以下两种情况。

① 由于种种原因，组员认为自己本应该做的事情却没有做，引起了不好或者严重的后果时，产生了强烈的内疚感、罪恶感和自责心理。此时，运用空椅子技术，让组员自己与自己展开对话，可以减轻其内疚感。例如，一次王刚看到有个小孩掉进河里，他准备去救，但是自己不会游泳，于是他就跑去喊人，等到他把人叫来时，小孩已经溺水身亡。从此以后，王刚的情绪极为低落，晚上常常做噩梦，自己也经常责怪自己，活得很不开心。小组工作者对他运用了自我对话式空椅子技术，当他坐在一把椅子上时，小组工作者让他想尽一切理由去责怪自己；而当他坐在另外一把椅子上时，小组工作者让他替自己没能成功施救的行为进行辩解。自我的两个部分展开了激烈的对话，王刚也由此进行了深入的思考，最终他明白了：那个小孩的死责任并不在自己身上，假如自己亲自去救的话，很可能把自己的命搭上，也救不了那个小孩。从此，他释然了，人也变得开朗起来。

② 面对各种各样的选择很难下定决心，或者处于人生的十字路口不知将何去何从时，组员忧心忡忡，不知如何进行选择，因此逃避现实，甚至通过烟酒或其他方式来麻醉自己。此时，小组工作者可以运用自我对话式空椅子技术，让组员自己与自己展开对话，澄清自己的价值观，分析各种选择的利弊，找到解决问题的途径。例如，小云面对着即将到来的文理科分班，感到脑子一片混乱。选择文科吧，文科中的历史、政治自己比较擅长，也比较喜欢，但是，她很讨厌地理，并且听说文科以后的就业面也比较窄；选择理科吧，自己的物理、化学成绩比较好，并且父母和班主任也极力劝说她选择理科，但是她很讨厌生物。于是，一连几个晚上，小云躺在床上翻来覆去都睡不着……针对这种情况，小组工作者让她坐在其中一把椅子上对另一把空椅子展开了心灵对话。坐在其中一把椅子上，就把选择理科的好处和选择文科所有的坏处都罗列出来；坐在另外一把椅子上，就把选择文科的好处和选择理科的所有坏处都罗列出来，并且在罗列完以后，展开激烈的质询……通过这种方式，小云最终做出了决定，而且她觉得自己已经考虑得很充分，将来不会后悔。

(3) "他人"对话式。

"他人"对话式是模拟自己和"他人"之间的对话。小组工作者放两把椅子在组员面前，组员坐到一把椅子上时，就扮演自己；坐到另外一把椅子上时，就扮演别人，两者展开对话，从而使组员可以站在不同的立场考虑问题，去理解别人。这种方式主要应用于以下两种情况。

① 组员以自我为中心，不能或者无法去体谅、理解或宽容别人，存在人际交往方面的困难，自己却找不到原因。此时，小组工作者可以运用空椅子技术，让组员在"自己"和"他人"之间展开对话，让组员设身处地地站在"他人"的角度思考问题，从而产生领悟，找到人际交往困难的原因。例如，小娟和好朋友小梅关系非常好，但是最近她们之间有了矛盾。小娟认为所有的责任都是小梅的。但是听了小娟的叙述后，小组工作者发现产生矛盾的真正原因在于小娟太以自我为中心。此时，小组工作者便运用空椅子技术，让小娟依次扮演自己和小梅，展开对话，使她能够站在别人的角度思考问题。经过一番对话后，小娟认识到是自己的问题，并决定向小梅道歉，主动与小梅和好。

② 组员存在社交恐惧，不敢或者害怕与他人交往。此时，小组工作者运用空椅子技术，模拟人际交往的场景，可以让组员在这种类似真实的情境中减轻恐惧和焦虑，学会或者掌握与人交往的技巧。例如，小刚非常内向，不善于交际，在寝室当中显得非常不合群。他也很想和寝室里其他几位同学打成一片，可是他害怕自己表现不好会被别人笑话，或者表述不当伤害了别人，因此，很多时候话到嘴边也说不出来。小组工作者就摆放了6把椅子，分别代表小刚自己和同寝室的其他人，并且创设了一个情境，让小刚与他人展开对话，让他揣摩别人的心理，尽量体会对方的心理状态。通过这种方式，小刚逐步掌握了与同伴交往的方法和技巧。

2. 照镜子

照镜子是让组员乙模仿组员甲的语言和动作，从而塑造甲的形象。目的是让组员甲通过观看"镜子"里的自我去感受自我，像别人看待自己那样来看待自己，以形成更客观、更准确的自我评价。照镜子可以帮助组员明白他们的自我观念与他人对自己的看法之间的差异。例如，如果请两个组员分别模仿王海和其母亲在家里的姿态、手势、眼神、面部表情和说话的口气，会让王海看到自己的无理和母亲的宽容。在组员用语言和动作表达有困难的情况下，照镜子这种方式特别有助于组员了解自己在他人眼中的形象。但是，由于照镜子是对组员高度的对质，因此，必须在建立起真诚与安全的互助气氛后才可应用，否则可能会严重地伤害到组员。

3. 双簧

双簧在心理剧中被称为替身。双簧是指组员乙藏在组员甲的身后，两人互相配合，同时演绎甲，乙不但代替甲说话，还要觉察出甲的内心感受、冲突和被压抑的情感，甚至帮助甲表达情感。有效的双簧可以提升互动的层次，并且可能成为组员所需的催化剂，促使组员说出之前未曾说出的事件。有时，也可以用几个替身同时表演组员甲的内心状态、渴望等。例如，在王海的例子中，可以用几个组员同时扮演一个深受早年家庭变故打击的男孩，一个渴望家庭温暖和一个不知道母亲在做什么的男孩。这几个替身可以同时说话，以强化王海对现状的认识。

4. 行为预演

行为预演是在小组中设置一些情境，让组员在模拟真实世界的环境中实践新的行为。成功的社会互动不仅取决于传递和接收的信息，也取决于怎样传递和接收信息。身体姿态、目光接触、手势、语速、音质等在传递和接收信息的过程中都占有重要地位，并且可以在行为预演中得到调整。例如，前面所说的王海也可以在小组中学习如何向母亲问好，如何看着母亲的眼睛与她沟通当天的学习情况。一开始他的困难可能在于语气中带着不耐烦，认为母亲根本不懂初中二年级的功课，扮演母亲的组员和其他组员就可以告诉王海他们此时的感受，从而帮助王海修正自己的行为。行为预演设计的情境越接近组员的真实生活，就越有利于实现从小组向日常生活的转换。这个活动可以用来帮助组员表达、解释他对将来的看法，把这些预期中的事件摆到现在，因而有利于评价组员的愿望、恐惧和生活目标。而且此活动也可以促使组员审视自己内心的情感、思想历程和行为。一旦组员了解到自己对某种结果的期望，他们就能够更有力地采取措施实现相应的目标。行为预演为组员提供了安全的环境学习新行为，避免了组员因在小组外遭到不良后果所带来的伤害。而且组员在小组内还能获得正强化，这些正强化可以帮助他们更愿意在日常生活中应用这些行为。

5. 角色转换

角色转换是让组员扮演他生活中的某个重要人物，如配偶、家长、子女或上司等，可以以小组工作者或一把空椅子作为对应。当组员演绎另外一个人，用那个人的语言和态度表达其看法时，组员就能从那个人的角度体验其当时的心境。例如，一对事业成功的没有本地户籍的夫妇因担心成绩优异的儿子早恋，偷看并烧毁了儿子的情书。之后，儿子学习成绩大滑坡，甚至受到校方有条件的警告：一旦出现有两科成绩不及格就不允许借读。当父亲扮演这位受伤的儿子时，小组工作者和其他组员可以鼓励父亲对儿子产生同理心。父亲逐渐理解了处于青春期的儿子渴望独立的心情，体会到儿子的隐私被侵犯时的震惊、愤怒和绝望。"儿子是我的，他做错事，我有权力采取任何行动。"这话他说过无数遍，一直觉得天经地义。现在，他意识到自己的一些观点儿子不一定同意。例如，他过去认为自己辛辛苦苦挣钱供儿子在正规学校读初中，儿子就应该心满意足、安心读书。角色转换就是这样让组员开始对自己所扮演的人产生越来越深入的了解，充分表达自己对现实的看法，得到其他组员对自己的主观态度的反馈，从而使被扭曲的观念得以揭示，并在一定程度上得到修正，重新消化和超越自己所处的状况。

五、角色扮演的应用举例

A（女）与 B（男）是夫妻，某天晚上，两人发生激烈争吵没有和好。次日清晨，A 伤心愤怒失望之余，来到角色扮演小组。

1. 镜头一

心理剧开始了。女主角是 A，配角可能是一盆花或者一把椅子，充当 B。

小组工作者请 A 对着 B 酝酿情绪，然后问 A："昨晚，他说了什么话让你很生气？你又是怎么对他说的？然后他又说了什么让你更生气？请你现在面对 B 说出昨晚你没说出的话。"

此时，并不是每个人都做得到、说得出。

2. 镜头二

小组工作者再问 A："是什么让你无法表达？"

A 此时会说出原因。假设为：小时候，父母告诉 A 不可以怎样。当时的"不可以"会给 A 的人生设下很多限制。而心理剧的目的就是要让 A 回到小时候那个父母对她说"不可以"的场景中去。

注意，此时的 A 换了角色。她被小组工作者变成那个对她说"不可以"的人，同时需要找一样道具来代表小时候的 A。小组工作者请 A 再现当年的情境，并观察 A 当时经历了什么。

3. 镜头三

A 小时候抢着去洗碗，却不小心把碗打碎了，妈妈看到后很生气，批评了她，并对她说：" 你以后不可以来抢了，也不可以把碗打碎了。"

A表演后，小组工作者问她："你希望妈妈当时怎么说，现在你就来扮演一次理想中的妈妈。"A扮演的妈妈说："孩子，谢谢你，你都可以为妈妈分担家务了，碗摔碎了没关系，不要伤着自己的手，那样妈妈会心疼的。"

这组表演，让A感到了从未有过的莫大的鼓励，释放了所有委屈。

4．镜头四

回到镜头一。小组工作者扮演A的妈妈。场景上多的只是一个演员，但在A的心里，却是多了一份强大的支撑。

现在，A就可以把那天没对丈夫说完的话说出来了。

5．镜头五

只是把话说出来，并没有达到目的。因为A说的话，并不一定是B想听的。所以，接下来A还要扮演B，也就是自己的丈夫。A扮演的B要体会听完刚才A说的话，是什么感受。如果A扮演的B觉得不合适，A就再换一种方式或换一种语气，直到A觉得B能够完全接受为止。此时角色扮演就结束了。

子情境Ⅲ 小组活动的选择

能力目标

能够根据实际需要选择小组活动。

知识目标

掌握小组活动的选择标准。

 情境导入

这是一个职业辅导小组，组员有10～14人，都是还没有找到工作的毕业生。他们都经历过寻找信息、发送简历、面试等过程，至今没有找到合适的工作。现在要设计针对他们的小组辅导，在设计第一次活动时，大部分人都会选择使用游戏带入。毫无疑问，这是一个快捷有效的办法。那么，怎么设计好开始活动呢？是先进行"人名串串烧""我是小记者"？还是请大家做大众化的轮流自我介绍，或者先进行热身游戏，再进行自我介绍？或许有些小组工作者会选择"大风吹""抢椅子"等小组活动中经常使用的游戏。如果选用了这些游戏，那些参加过此类游戏的组员可能会带着"又是这些"的心情参加。无疑这将影响他们的参与热情。有什么与众不同的、新颖的游戏替代吗?当然有。问题是下一次可能会遇到同样的情况。

通过调查,小组工作者发现,这些组员在求职信息搜集、简历制作、面试沟通、社会支持、心理调适等模块都需要有效的辅导。如果认真分析,就会发现开始活动的设计并不难。最有效的办法就是把相识、热身、破冰与辅导内容结合起来,即把小组相识、热身、介绍与面试中的自我介绍和沟通有效连接,赋予活动趣味性、运动性、目的性和艺术性,并与科学知识连为一体,那实现小组目标就简单多了——创造或是寻找这样一种游戏,便事半功倍了。小组工作者采用了"我说我是谁"的活动设计,让组员围成内外两个圆,内圆与外圆的组员面对面站立,大家在小组工作者的计时和指令下进行自我介绍,一方的任务是倾听,另一方在有限的时间内进行自我介绍,尽量让对方记住自己并说出自己的几个优点,然后转圈变换位置,还可以重新分圆进行。通过轮番的倾听与自我介绍,组员之间可以达到相识、破冰的目的。活动结束后,小组工作者请组员回顾:谁的自我介绍给自己留下的影响最深刻?你认为他的表达有哪些特点?然后小组工作者请大家分享刚才的两个问题。通过这个分享环节,组员再次互相熟知,并且有所感悟。通过对回答进行记录、归类和分析,组员可以得出一份组员自己"总结"出来的"沟通要点"。每个人都有一些自己表达的特长,回顾自己的长处会增强组员的自信心;同时,组员可以发现自身的不足,并学习新的经验。之后,小组工作者可以将组员的这些收获引申到面试中去,让大家用于面试中的自我介绍部分。这样,不仅解决了组员的"燃眉之急",也与整个小组计划有机结合。

 任务描述

阅读"情境导入"中的案例,思考下列问题:
(1) 设计小组活动时需考虑哪些因素?
(2) 选择小组活动的标准有哪些?

 任务实施

(1) 查阅相关资料,总结小组活动设计需要考虑的因素。
(2) 找同学分享自己的观点。

 任务总结

教师对学生发言进行点评和总结。

任务反思

在选择和设计小组活动时，不能随心所欲，而应根据小组主题、组员需要和相关知识进行综合考虑，这样才能使小组活动达到最佳效果。

知识链接

一、小组活动的选择标准

为了实现小组活动的功能，协助组员改善行为模式，小组工作者在开展小组活动时，不仅要为小组选择适合和适时的活动，而且要设立一套选择小组活动的标准。选择小组活动时，一般应考虑以下五个方面的问题。

（一）小组的独特性

每个小组都是独一无二的，即便是有经验的小组工作者也很难精确估计某个活动可能产生的反应。因为即使是同样一个活动，在下一个小组，甚至在同一个小组的不同单元开展，其效果都有可能完全不一样。每个小组工作者都必须经历这样一个阶段：通过观察和参与来熟悉活动、分析活动；活动前不仅要对活动将产生的不同效果有充分的预期和准备，而且应准备替补活动。

（二）组员的需求和问题

组员的需求和问题是选择活动最核心的依据。组员的需求和问题有时与文化、社会、经济状况等有关，因此，选择活动时不能不考虑这些因素。

（三）组员的能力和兴趣

选择和设计小组活动时，小组工作者应准确把握该活动对组员的能力和技能的要求。例如，阅读和写作能力很容易被小组工作者忽视，但却是选择小组活动时必须加以考虑的重要因素。

选择小组活动时，小组工作者还应考虑到组员能否在活动中和活动后体验到成功和快乐，因此，小组工作者应尽量选择组员力所能及的活动。例如，国画是一种特具东方神韵的艺术，对于没有受过训练的儿童和青少年，国画也可以成为限制较少、情趣盎然的活动媒介。只要他们手中有毛笔、墨汁、国画颜料、调色盘和洗笔工具，在每一种笔法或调色与表现的具体对象之间找到结合点，他们就能不断体验到成功的乐趣，并在不知不觉中走入传统文化。用侧锋画树和鲜花，不需要特殊训练和技巧，但组员却能体验到创造的神奇和成功的快乐；相反，如果为了让组员热爱传统文化，却无视他们的接受能力和绘画能力，大谈国画天人合一的哲学和国画大师的绘画技巧，很可能没有一个组员会坚持到最后。

（四）小组和组员的目标

小组活动是小组实现组员个人目标和小组整体目标，促进组员互动和成长的工具。但是这种观点并不像有些人想象得那样权威，人们运用小组活动的目的可能不尽相同。如果一个服务机构把活动当作小组主要的甚至唯一的目的，把自己定位为活动组织方和提供者，把小组工作者等同于技巧的传授者和娱乐活动的领导者，那么可以说，它是把小组工作界定为一种娱乐活动或成人教育活动了。其理论支撑是小组活动或小组经验本身就能促使组员成长。小组工作学者认为，正是由于小组活动有促进组员改变和成长的功能，所以，它是实现组员个人目标和小组目标的重要工具，因为小组工作的中心是小组和小组中的人，而不是小组活动。

因此，小组工作者不仅有必要澄清运用某个活动的目的，而且选择该活动的理由必须是实现组员和小组的目标。例如，小组的目标是帮助年轻的母亲处理与年幼子女的关系问题，那么选择区别母子的活动和让母亲接受彼此间适度的距离的游戏，都有助于母亲们重新找回自我，改善功能失调的母子关系，如可以为这个小组的每个组员做一张胸卡，用不同的颜色区别母和子、区别每个人。把一艘木制的摇船放在母亲的椅子边，让孩子们在摇船里玩，母亲们在一旁聊天，讨论母子关系和教养子女的方法，同时母子双方都可以看到对方。母子就这样既保持着亲密关系，又安全地分开来，发挥各自的功能。

（五）组员的心理社会发展阶段

任何活动，如果撇开组员所处的心理社会发展阶段，都不会成为组员改变和成长的媒介，甚至可能会给组员带来伤害。处于不同心理社会发展阶段的组员，他们对游戏规则的接受和适应能力是不同的。例如，有些儿童和成人很难投入国际象棋这种具有严格游戏规则和高度结构化的活动，但他们很容易参加捉人游戏、定向游戏等。再如，同样是营地活动，低龄儿童营需要由经验丰富的成人以教师或领袖的身份带领他们唱歌、做游戏、认识大自然，享受小组生活，塑造儿童快乐合群和独立自主的人格。青少年营就需要以冒险和刺激的野营为活动载体，需要小组工作者多为组员提供搭建营地、准备食品和饮用水的机会。而青年营更需要小组工作者为其增加一些社交性的活动，让他们有机会与异性进行健康的交往。凡是新活动，都可能要求组员采取新行为，但是这些行为不应该引起组员的惊奇和不安，不应该与组员的心理社会发展阶段相对立。

二、小组活动举例——心灵SPA：快乐社交小组

（一）小组活动理念

当前，由于家庭结构的不完善，很多单亲家庭的儿童都处于社交困境中。一方面，父母的离异，使孩子产生了心理障碍，他们自我封闭、孤独压抑，不愿意主动与人沟通，或者由于自我认知的偏差而感到所有人都看不起自己，这更加重了他们的防御心理。另一方

面,由于单亲父母生活压力更大,常常忽视了对孩子心理健康的教育。父母缺乏对孩子社交方面的教育和缺少与孩子的沟通等,这又加重了孩子在社交方面的困难。

基于上述考虑,我们决定通过开展一系列的小组活动和辅导服务,协助组员消除心理阴霾,改变自我认知,建立其个人的支援系统,并提升组员的自信心和自尊感,令组员在破除旧有的价值观和行为之余,建立良好的适应能力,进而使组员无论在学校、家里,还是在社会上,都可以获得接纳和支持,继而回馈社会。

(二) 小组活动目标

1. 总目标

提升组员的表达勇气,拓宽组员的交际面,提升组员的表达技巧和沟通能力,帮助组员发展和谐的人际关系。让组员敞开胸怀,感受社会,走进社会。

2. 具体目标

(1) 帮助组员认识沟通的重要性。

(2) 通过组员的自我陈述、组员间的互相评价和小组游戏等小组活动,使组员认识到自己社交困难的原因所在。

(3) 通过组员之间的互相帮助和小组培训等方式,帮助组员掌握并运用社交技巧。

(4) 组员建立自我支援系统,在学校、家里、社会都建立起良好的关系网络,形成良好的生活适应能力。

(三) 时间和地点安排

共开展3次活动,每周1次,每次活动时间为1~1.5小时。

活动地点在社区活动中心。

(四) 小组工作者

最初由小组工作者担任领袖,小组工作者可以选出一名组员协助自己的工作。

(五) 形式

每次小组活动都有特定的小组讨论、互动和小组游戏。组员可以以一对一的形式互动,也可以自由组成小组进行讨论。讨论结束后,组员进行反馈,并由小组工作者或助理工作者进行总结。

(六) 活动内容

1. 第一次活动——相识

目的:让组员和小组工作者互相认识;让组员之间初步认识;深化组员对小组的认识;激发组员的热情,使其更加主动地参与活动。第一次活动安排见表5-15。

表 5-15 第一次活动安排

时间	地点	目的	内容	物资
5分钟	社区活动中心	小组工作者和组员之间相互认识	由一位小组工作者介绍小组工作者的特点,让组员互动交流,找出隐藏其间的小组工作者	
10分钟		组员之间的初步接触与互动	"同心圆":组员一对一互相夸赞	
5分钟		组员自我介绍,使组员之间有所认识和了解	在小组工作者的引导下,组员轮流进行自我介绍	
15分钟		加深组员之间的信任,使组员突破自己、提升勇气,并体验团队协作的重要性	"其实你不懂我的心":通过动作表演让对方猜测卡片的内容	若干卡片
3分钟		交流感受,勇敢地表达想法	组员用简洁的语言表达自己的想法	
10分钟		明确小组目的与主题,了解组员的需求(或问题),澄清组员的疑问	小组工作者简要阐明小组工作的目的与主题,组员表达对小组的期望或自己想要在小组内获得的提升;小组工作者与组员之间进行交流与互动	
8分钟		制定小组规范,使组员对小组产生信赖感和归属感	在小组工作者的指导下,组员共同讨论、自由发言,大家共同制定小组规范	
12分钟		整体回顾,总结深化主题	组员回顾此次活动,勇敢表达自己的体会,以及获得哪些突破与提升;小组工作者进行总结	
3分钟		组员间加深印象,同时让组员意识到记住别人的重要性,并对小组说一句真心话	小组工作者布置作业,要求组员回去后,记录今天所认识的朋友和他们的一些特征(可用文字描述的方式,也可用作图的方式);提及下次活动的安排	

附:

"同心圆"游戏规则:

让组员分成两组(其中一组人较多,另一组人较少),让大家在小组工作者的指导下围成两个圆(大圆在外,小圆在内),外圈转动,内圈不动,大家轮换进行面对面互相夸赞。

"其实你不懂我的心"游戏规则:

(1) 组员每4人一组进行分组。

(2) 每组抽取1张卡片,其中3人表演卡片上的一句话,第四个人负责猜出卡片的内容,其间不能有语言交流。

(3) 活动共进行两轮。

2. 第二次活动——熟识

目的:使组员认识到社交的重要性,发掘自身优点和自己的支援系统,并通过小组游戏使组员之间加深理解。第二次活动安排见表 5-16。

表5-16 第二次活动安排

时间	地点	目的	内容	物资
30分钟	社区活动中心	让组员理解沟通和社交的重要性	小组工作者组织组员做"耳边传话"游戏,做完游戏后请组员进行讨论:为什么我们每个人不能准确地接收到信息?你的感受是什么?然后请组员分享一下自己的想法	
15分钟		请组员发言,让组员分享自己的感受	小组工作者找三名组员说一下自己做刚才的游戏的感受,并给予鼓励,最后小组工作者进行总结:沟通很重要,但是要建立在相互理解的基础之上,有时候即使是一个眼神、一个表情都需要我们细心观察	
10分钟		认识自己目前社交的现状,组员就社交问题进行交流,互相学习和借鉴	组员互相交流自己目前的社交困境,以及自己想要在哪方面有所提高	
45分钟		使组员认识到自身的优点和自己的支援系统	"优点轰炸法":小组工作者让组员在纸条上写下每位组员各自的优点,组员互传写好的纸条,查看并记录自己所有的优点,最后小组工作者请组员自己朗读自己的优点,提升组员的自信心	纸条若干张
10分钟		活动总结	小组工作者和组员交流整个活动的效果和个人的收获	

附:

"耳边传话"游戏规则:

选择12名组员列为一排,小组工作者在第一名组员的耳边说几句话,注意说话时不要让其他组员听到。

第一名组员将听到的信息传给第二名组员。

第二名组员将信息传给第三名组员,并以此类推,直到传给最后一名组员。注意传话过程中要保证只让被传话者听到,其他人听不到。

最后一名组员将自己所听到的话(并结合自己的理解)描述出来。

全体组员将最后一名组员的话与小组工作者的原话比较,一起来评判传话的功效。

3. 第三次活动——把心留住,笑迎未来

第三次活动安排见表5-17。

表 5-17　第三次活动安排

时间	地点	目标	内容	物资
10 分钟	室内，有多媒体设备	回顾活动历程	小组工作者组织组员观看活动过程全记录，包括影音、图片、文字等	若干纸笔，背景影音；活动全记录
10 分钟		总结团体经验	组员自我评估进步程度与团体的进行状况	
20 分钟		彼此给予他人反馈并接受他人对自己的反馈	每人依次对小组其他组员进行表扬与鼓励	若干卡片，自备的小礼物
10 分钟		祝福与激励	组员与小组工作者分别写下祝福卡片，并互赠礼物（亲手制作的小礼物）	

（七）活动预算

本活动所需材料为彩笔、卡片、小礼物等，具体活动预算见表 5-18。

表 5-18　活动预算

材料	预算
海报	5 元
彩笔和马克笔	10 元
复印材料	10 元
卡片	3 元
小礼品	40 元
合计	68 元

（八）预计的困难和解决办法

1. 实际招募人数不够

小组工作者可以通过海报宣传进行招募，还可以发动社区的力量，动员社区居委会帮助招募组员；或者小组工作者直接到潜在组员家里为其介绍小组情况，动员潜在组员参与。

2. 易出现交通安全问题或人身安全问题

开展小组活动时，小组工作者应事先强调安全的重要性并且时刻注意组员的安全，也可以找一个组员重点负责安全问题。

3. 由于场地开放，人员不易控制

小组工作者应确保所有组员都能够参加小组组织的活动，并时刻注意组员的动态。在活动开始前，小组工作者需提前说明活动要求，防止组员脱离小组活动范围。

4. 组员可能由于被别人拒绝而产生消极情绪

小组工作者注意到这种情况出现后，可与有这种情况的组员进行单独交流，消除其内心的消极情绪。

子情境 Ⅳ　小组活动的应用领域

能力目标
1. 掌握针对不同对象开展小组活动的技巧。
2. 能够实际开展针对不同对象的小组活动。

知识目标
1. 了解儿童小组活动开展的基本技巧。
2. 了解青少年小组活动开展的基本技巧。
3. 了解妇女小组活动开展的基本技巧。
4. 了解老年人小组活动开展的基本技巧。

任务一　儿童小组活动的开展

情境导入

儿童小组活动实例："我们是相亲相爱的一家人"

名称：我们是相亲相爱的一家人。

对象：儿童。

人数：20～30人。

形式：问答、唱歌。

活动场所：教室或活动室。

活动时间：30分钟，视情况中间休息一次（5分钟）。

人力需要：小组工作者1人。

用具：地球仪1个，代表五大洲人种及其生活的图片或照片，《相亲相爱一家人》音频文件和歌词。

活动前准备：搜集各大洲人种的生活图片或照片。

小组活动步骤：

（1）将儿童分为5组，每组发给一个洲的资料和图片，让组员讨论自己小组拿到的资料和图片属于哪个洲。

（2）每组派一位组员在地球上指出本组分到的那个洲的位置，然后小组工作者提供正确的答案。

（3）小组工作者讲解五大洲被海洋分隔，但原来是一块土地，因此，所有在地球上的人原来都是一家人，因为我们都是地球人。

（4）小组工作者引导组员讨论以下问题。

① 我们和家人是怎样生活的（如大家共同分享食物、金钱、衣服、住所等）？假如你的家人没有饭吃，你是否会供给他们食物？你是不是很关心你的家人？如果你无故被家人批评，你会有什么感觉？

② 你认为世界上的人是一家人吗？为什么？

③ 我们是否应该对一些缺少粮食的人，如非洲一些贫穷国家的人，尽自己的责任去帮助他们？

④ 我们应该怎样帮助他们呢？

（5）小组工作者播放歌曲《相亲相爱一家人》或与组员一起唱这首歌，同时，可以将这首歌的歌词展现给组员。

任务描述

（1）讨论儿童小组活动的功能。
（2）讨论开展儿童小组活动的注意事项。

任务实施

（1）学生分小组讨论。
（2）各小组选派代表汇报、分享讨论结果。

任务总结

（1）教师结合教学情境对任务要求进行分析。
（2）教师对各小组讨论结果进行点评。
（3）教师对各小组讨论的开展情况和讨论技巧进行总结。

教学情境五　小组活动

任务反思

儿童小组活动可以满足儿童之间交往的需求，还可以为儿童提供一个良好的教育环境，增加儿童的归属感和责任感，为儿童健康发展提供有利条件。恰当设计儿童小组活动，有助于儿童的身心健康发展。

知识链接

在儿童的成长过程中，游戏活动是他们的主要社会活动。游戏活动往往能够使他们明了小组对事物善恶、是非的评价和评价标准，使他们发现自己、了解自己，获得自我评价的机会，并发展他们的社会化人格。对社会适应不良的儿童，小组活动能够帮助他们矫正缺点，培养他们健康的习惯和行为。儿童还能够在小组中发挥自己的特殊能力，逐渐培养自己的自信心和独立精神。

一、儿童小组活动

儿童小组活动是以儿童小组为对象，运用团体动力程序与团体活动过程，使团体中的儿童达到社会性的发展、行为的改变，实现儿童个人与社会的和谐发展的专业活动。

儿童小组活动主要运用群体力量促进儿童个体行为的矫治和社会性发展，从而促进儿童群体的正向发展。

二、儿童小组活动的应用领域

儿童小组活动主要有以下一些应用领域。

（1）通过对流浪儿童、孤儿、弃儿进行救助，对辍学失学儿童助学，对受到暴力伤害的儿童进行救助和保护，发展偏差儿童矫治、残疾儿童康复等，保护儿童的合法权益。

（2）对儿童进行学业辅导、亲子关系辅导、人际交往辅导、儿童道德发展辅导等，以及教会儿童自我保护。

（3）帮助儿童形成良好的行为习惯；引导儿童学会对情绪的体验和控制，并形成良好的自我认识能力；引导儿童学习并遵守社会公德；培养儿童的责任感，以及对他人和社会的兴趣，并引导儿童学会尊重他人。

三、儿童小组活动实施的原则

实施儿童小组活动时，主要应遵循以下原则。

1. 目标明确原则

小组工作者应根据儿童身心发展的水平以及儿童的能力、需求、经验和兴趣，为活动确定明确的目标，并拟订详细、具体的实施计划，并且能够使这一计划切实地得到执行。

2. 激发动机原则

小组工作者应通过激发儿童参与小组的动机，协助儿童了解他们对小组的贡献，并且应对他们的正向行为给予更多肯定、鼓励和支持，以使他们能够向着小组活动的目标迈进。

3. 满足个别需求的原则

理想的儿童小组活动，应是每一个组员都积极参与的活动，也应是能够满足组员个别需求的活动。为此，在小组中小组工作者必须向所有儿童提供表达自己的机会。小组工作者应该明白：让每一位儿童在小组中表达自己的意见并使这些意见为小组所接纳，协助儿童在小组中获得平等的地位，以及被小组工作者和其他组员肯定或称赞等，都会使儿童产生成就感。

4. 培养小组观念的原则

参与小组活动，能够使儿童了解小组、了解其他组员，能够使他们在不断完成小组活动任务的过程中增强自信心。小组观念其实就是人群的观念、组织的观念。小组工作者应该知道，学龄前的儿童多以个人本位为主，他们缺乏群体的意识；进入学龄期后，儿童的群体生活经验会逐渐增加，通过儿童小组活动的协助、培养和强化，儿童在小组活动中会逐渐形成小组观念。

5. 培养竞争心理的原则

在儿童小组活动中，小组工作者应通过专门设计的小组活动，培养和激发儿童的竞争意识。这样能够使小组活动更加有效；同时，有效的小组活动能够反过来培养和激发儿童的竞争意识。但是，小组工作者对儿童竞争意识的培养和激发一定要是正向的，应避免出现因引导或利用不当而产生不良后果的情况。

6. 奖惩适当原则

小组活动过程中或结束后，小组工作者对儿童的奖惩应符合儿童的心理特征，要特别注意小组对儿童的惩罚方式，以免对儿童产生伤害。因为如果小组工作者对儿童奖惩不公正，会给儿童带来许多问题，同时会使小组活动受到不良影响。

7. 身心健康原则

小组工作者要确保小组活动内容的科学与健康，同时，要确保开展的小组活动符合儿童的身心发展规律。儿童的身体还处于发育阶段，他们的心智水平也较低，所以，小组工作者既要考虑儿童参与活动所要消耗的体能，也要考虑活动内容的难易程度。另外，对于儿童来说，在小组活动期间安排适当的休息是十分必要的。

任务二　青少年小组活动的开展

情境导入

青少年小组活动实例："有缘千里来相会"

小组名称：发展社会交往能力小组。

小组性质：学习性和发展性小组。

参与对象：

(1) 远离家乡到大学读书，并且在人际关系中存在一定困难的大学生。

(2) 在人际交往中不知如何表达自己，表现得较为内向的青少年。

对象选择：在自愿报名后，小组工作者与报名者面谈，然后吸纳了8名适合者参加。

小组目标：

(1) 协助组员学习社交技巧。

(2) 协助组员建立良好的人际关系。

小组结构：

(1) 志愿小组，组员依自己的意愿参加。

(2) 组员从小组开始到结束均是固定的。

小组工作者：戴军，女，21岁，北京某学院社会工作系大学本科三年级学生，有帮助中学生解决一些心理障碍或问题的经验。

活动时间：每周二上午10:00—12:00，共8次，总计16小时。

活动场所：教室或活动室。

活动评估：

(1) 设有小组设观察员1人，负责小组活动的观察和记录。

(2) 设有评估表，在小组结束后由小组工作者和组员填写评估表，最后由小组工作者对评估表中的信息进行整理和分析。

活动费用：参加者每人15元。

附：

第一次小组活动计划书

1. 小组活动目标

(1) 提高组员的熟悉程度。

(2) 活跃小组气氛，打破沉默。

2. 小组活动时间

周二上午 10:00—12:00。活动持续约 120 分钟。

3. 小组活动地点

教室或活动室。

4. 活动前的准备工作

(1) 将 9 把椅子按提前设计好的圆形摆好，中间无任何障碍物。

(2) 准备 4 种动物的卡片，每种动物 2 张，共计 8 张，分别为：兔（大、小区分）、猫（黑白区分）、羊（绵羊、山羊区分）、牛（水牛、黄牛区分）。

(3) 准备一些休息时的茶点。

5. 小组活动安排

(1) 小组工作者介绍活动目标和内容，并向大家介绍自己，用时 3～5 分钟，目的是让组员对小组有初步的了解。

(2) 小组工作者组织大家玩"猜字谜"的游戏。

① 目的：打破小组的紧张气氛。

② 时间：5 分钟。

③ 内容：小组工作者首先进行示范（尽量夸张地做出嘴角上翘的"笑"的表情，可伴有"哈哈"的声音），然后让组员猜出自己的表情所代表的一个字；接着，让组员轮流向周围的其他组员微笑，摇摇手，说："你好！"

(3) 相互介绍：让每个组员介绍自己的情况（如姓名、学校、年级等）。

① 目的：从两人互相熟悉开始，逐渐让所有组员都互相熟悉起来。

② 时间：40 分钟（其中两人沟通 5～10 分钟，剩余时间进行全组沟通）。

③ 方法：小组工作者请组员每个人抽取一张卡片，让抽取到相同动物的组员坐在一起，然后让每两个人一组相互沟通，分别告诉对方自己的优点和一些其他情况，接着让双方在小组中分别说出对方的一些情况和对方的优点。

④ 休息 10 分钟。

(4) 组员继续互相熟悉。

① 利用小组活动休息时间，小组工作者可请组员对刚才在小组中的所见所闻进行讨论。

② 小组工作者利用组员所坐位置的变化让他们介绍自己身旁的人。

③ 时间：5 分钟。

(5) "人群机器链"。

① 目的：打破沉默，激发活力，促进组员互动。

② 时间：30 分钟。

③ 实施程序：在小组中，先请一名组员站到大家中间并移动，同时发出一种声音；再请另外一名组员站在第一名组员的身后，将手放在前一名组员的肩膀上，并随着这名组

员的发音节奏轻拍他的肩膀,同时自己也发出一种声音;组员一个接一个地连在一起,各自作出不同的动作和发出不同的声音,直到形成一大串移动的、喧叫的人群。

(6) 组员共同讨论刚才游戏中大家的表现和存在的问题。对大家提出的问题,组员通过讨论提出解决的方法,用时 10 分钟。

(7) 小组工作者提出这次活动已接近尾声,并对小组活动进行评估,用时 3~5 分钟。

(8) 小组工作者告知组员下次小组聚会的时间和地点,提醒大家不要忘记,要准时参加。

(9) 小组工作者让每位组员微笑着向其他组员说"再见",并提醒组员下次小组聚会时要微笑着向其他组员问"你好",并再次提醒组员下次小组聚会的时间和地点,用时 3~5 分钟。

(10) 小组活动结束。

任务描述

(1) 讨论青少年小组活动的功能。
(2) 讨论开展青少年小组活动的注意事项。

任务实施

(1) 学生分小组讨论。
(2) 各小组选派代表汇报、分享讨论结果。

任务总结

(1) 教师结合教学情境对任务要求进行分析。
(2) 教师对各小组讨论结果进行点评。
(3) 教师对各小组讨论的开展情况和讨论技巧进行总结。

任务反思

青少年阶段是人生发展中非常重要的阶段。此阶段面临诸多的发展任务,如果不能很好地适应该阶段的发展,青少年就容易出现诸多的问题。小组活动可以有效地改变青少年的不良行为,提升青少年各方面的能力,促进青少年的健康发展。

知识链接

青少年正处于人生发展的重要阶段，面临着重要的发展任务，如形成自己的世界观、人生观、价值观，习得知识与技能，形成一定的社会关系，择业并不断提升职业技能，增强道德意识，解决婚姻家庭问题等。作为发展中的个体，青少年面临众多发展任务，就使得青少年的问题格外突出。这些问题不仅直接影响青少年的健康成长，而且很可能成为严重的社会危机，影响社会的安定。

一、青少年的特征

1. 亲子关系松弛

当人们进入青少年期以后，他们开始独立并要求独立，他们与父母之间的关系逐渐松弛。当然，青少年在这一时期并不是背离父母或不尊重父母，也不是不听从父母对他们的教育和管理，而是他们更希望自己较为独立地完成自己的事情，由自己去处理自己与周边人群的关系。

2. 要求得到社会的承认

青少年要求自己的社会地位和自身的价值得到社会的承认。但是，在现实社会中，青少年的这些希望和要求并不一定能够完全实现，他们在学校、家庭和社会中有时还会被忽视。这与他们希望被社会所承认和重视的心理需求相违背。

3. 自我意识增强

在青少年时期，青少年对自己的认识逐渐成熟起来。他们知道，如果想要全面地认识自己，除了要使自己了解自己以外，还应该全面地了解别人对自己的认识和评价。

4. 富于幻想

青少年向往未来，他们富于幻想，并积极努力地向良好的方向发展。有时这些幻想不仅能够成为他们理想的基础，而且往往也是他们创造的源泉。

5. 焦虑与不安

青少年的智力因素和非智力因素两方面都有高速发展，这种发展有时会引起青少年心理状态的不平衡。同时，他们也会受到生活、学习中各种因素的影响和感染，从而产生焦虑和不安等情绪。

二、在青少年中开展小组活动的重点

1. 协助青少年顺利完成学业

学习知识、掌握技能是青少年的基本任务，也是青少年时期活动的重要内容。小组工作者应在青少年小组活动中引导和帮助他们更好地学习。

(1) 激发青少年的学习动机，强化直接与学习动机相联系的动机，不断提高青少年学习的自觉性。

(2) 帮助青少年树立正确的学习态度，培养并不断提升青少年个体学习的主动性和自觉性，使他们能正确认识和对待学习中的各种问题。

(3) 发展青少年的学习兴趣，帮助他们提高学习能力，更好地掌握新的学习方法，形成和不断提高独立学习能力。

2. 开展社会交往指导

社会交往可以满足青少年各种物质的、精神的需求。青少年可以通过社会交往建立与外界的各种联系，小组工作者应在青少年小组活动中辅导青少年正确地进行社会交往，促进其更健康发展。

(1) 通过社会交往实践指导，培养青少年良好的交往动机和交往品质，不断提高青少年的综合素质（如合作精神、正确认知自我等）。

(2) 培养青少年健康的交往心理，锻炼他们的社会交往能力，使他们在领导才能、社交礼仪、交往态度等方面不断有所提高。

3. 开展就业指导

劳动就业是青少年走向独立生活道路的重要标志，也是青少年实现理想和走向现实的实践之路。就业问题解决得好坏，不仅关系到青少年的发展，也关系到社会的稳定。

(1) 引导青少年形成正确的就业意识，协助青少年调整其在就业问题上的种种心理活动，包括就业的意愿和志向、择业的动机及选择就业途径时的各种心理活动。

(2) 引导青少年形成正确的劳动态度，协助青少年调整其对工作和专业的满意程度。

4. 开展身心健康指导

青少年处于生长发育的高峰期，生理和心理都发生着巨大的变化，增进其健康是青少年小组活动的重要任务。

(1) 辅导青少年了解和认识生理、心理发展的知识，普及卫生常识，帮助青少年更科学地认识自己生理、心理发展的规律。

(2) 辅导青少年养成良好的生活和卫生习惯，科学地促进自己的生理、心理健康发展。

(3) 帮助青少年矫正身体和心理的缺陷。

三、开展青少年小组活动的注意事项

开展青少年小组活动应注意以下事项。

1. 认真做好组员的甄选工作

很多人认为，小组工作的目标既然是助人，就应该无条件地接受需要帮助的人进入小组。但是，小组是由组员组成的，组员的人格特质和行为模式会直接影响小组活动的过程和效果。为了防范组员的行为对小组造成不良的影响，组成小组之初，严格甄选组员是非常必要的，小组工作者既要尊重青少年的自主权，又要慎重选择组员，避免因疏忽而对其他组员造成不利的影响。

2. 有计划地合理安排、设计小组活动

小组工作者要有计划地组织青少年参与小组活动，要认真地做好小组工作目标的确定、组员的吸纳、小组活动内容的安排等方面的工作。同时，小组工作者要处理好小组活动中近期目标和远期目标的关系，要在帮助组员实现近期目标的同时，激发他们对远期目标实现的追求；既要使小组活动符合青少年的理想和愿望，又要引导他们树立远大的理想和抱负。

3. 注重多方面发展、提高青少年的综合素质

小组工作者要注意青少年组员的共同兴趣、个别需求和个别特征，培养青少年的团体意识，注重青少年团体精神的形成。此外，也要通过小组活动在组员中培养小组领导者，使这些小组领导者通过小组实践，学习小组领导技巧以及怎样与其他组员相互合作的技巧。

4. 在民主的基础上发展青少年的个性

青少年都希望能平等参与小组活动，并在小组中自由地表达自己。如果小组活动不能满足组员这一需要，小组活动的实效性就会降低。当然，在小组活动中，组员的民主和自由必须建立在遵守小组规范和社会规范的基础之上。同时，小组工作者要注意组员的个别需求、个别差异，尊重组员的人格和尊严，要在小组活动中使组员的个性得到发挥和发展，并鼓励每一位组员参与小组的决策。

5. 平等对待每一位组员

在小组活动中，小组工作者要平等地对待每一位组员，不能对个别组员存在任何形式的偏爱或不公，要让所有组员都能够在小组活动中感到自己同样受到小组工作者的注意、关心、支持和爱护，获得小组工作者的尊重和协助，这样，才能使组员在小组平等的环境中获得自尊，使小组活动具有较高的质量。

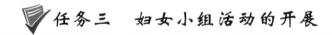

任务三　妇女小组活动的开展

情境导入

妇女小组活动实例：我们可以做得更好

1. 组员资料

（1）姓名：A、B、C、D、E、F、G。

（2）年龄：30～37岁。

教学情境五　小组活动

(3) 人数：7人。

(4) 组员背景资料：轻度智力障碍，有丈夫、子女，无足够能力打理家务，自理能力也很差。

2. 组员评估

在接触初期，小组工作者发现组员打理个人卫生（如洗头、洗澡等）能力欠缺，家务料理能力不足。但组员都较为年轻，有一定的接受能力，只要悉心和适当对她们进行指导，她们便有足够的能力达到自助的目的。

3. 行为修正目标

提高组员自我照顾的能力，矫正她们打理个人卫生的方法，如洗头、洗澡和料理家务的方法。

4. 时间安排

总共约半年时间，每周开展2次活动，每次用时30~60分钟。

5. 行为修正的方法

(1) 示范。第一阶段，由小组工作者先口述洗头、洗衣等的基本步骤，然后与组员一起做，做完后可以请组员相互指出彼此存在的不足，再由小组工作者进行示范。第二阶段，设置脏乱的家庭环境（客厅、卧室、厨房、厕所等），由小组工作者先示范打扫、整理的方法，然后由大家一起进行。

(2) 造形法。这一方法是指分段、分步骤协助组员形成基本的自我照顾能力的方法。在使用造形法时，每当组员完成一个步骤时，均给予组员外力增援，在鼓励的同时协助她们建立新行为。

外力增援的类型主要有：

① 物质上的增援，由家人完成。

② 心理和精神增援，由他人对组员进行评价与认同（包括词语、面部表情和动作等，词语如"好""对""棒"等，面部表情如"微笑""点头"等，动作如"握手""拍肩膀"等）。

③ 活动的外力增援，如邀请组员参与户外旅游，以鼓励他们的进步，并巩固他们的新行为。

6. 目标达成情况

经过半年时间的协助，小组工作效果良好。但个别组员也存在一些惰性，进步比较有限。

T 任务描述

(1) 思考妇女小组活动的特点和要求。

(2) 分析妇女小组活动的开展技巧。

 **任务实施**

（1）学生分小组讨论。
（2）各小组选派代表汇报、分享讨论结果。

 **任务总结**

（1）教师结合教学情境对任务要求进行分析。
（2）教师对各小组讨论结果进行点评。
（3）教师对各小组讨论的开展情况和讨论技巧进行总结。

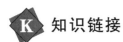 **任务反思**

妇女是社会工作实务中非常重要的服务群体，由于妇女群体具有自己的身心特征，因此，她们会有相应的发展要求。通过开展妇女小组活动，可以有效地提升妇女的生活质量。

知识链接

一、妇女的身心特征

妇女在不同的年龄阶段会表现出不同的身心特征。下面我们分两个阶段加以介绍。

1. 22～45 岁

通常，女性会在这一时期结婚生子，并承担起家庭管理和育婴教子的责任。这一时期，妇女会将很多时间和精力投入家庭，特别是在育婴期间，很多妇女会将大部分精力投入家庭育婴工作，而无心、无力投入职业和社会。在这一时期，妇女一方面需要运作家庭诸多事务，需要掌握料理家务、建立温暖家庭的技能、技巧，以及养育子女的知识和方法；另一方面，很多妇女也需要努力工作，提升自己的职业技能，争取在事业上有所进步或突破。

2. 45～65 岁

在这一时期，妇女的家庭负担相对减轻，她们会有更多的时间和精力投入到职业和社会中。这时，妇女的职业技能已经较为稳定，她们能够较好地完成自己的本职工作，许多妇女已经在社会中奠定了自己的社会地位和经济地位。但是，这一时期的妇女同样也面临着社会竞争和职业竞争。在这一时期的后段，大多数妇女会退休回到家庭中安享她们的晚年,一些妇女也会遇到家庭纷争、照护、赡养老人、子女升学、就业,以及退休后生活的适应等方面的问题。

二、妇女的需求和可能遇到的问题

1. 妇女的需求

妇女的需求主要有两个方面:

(1) 与男性同等的社会发展环境和条件;

(2) 特殊的妇女保护。

2. 妇女可能遇到的问题

妇女可能会遇到:经济方面的问题、参与决策和管理的问题、教育和发展问题,以及健康问题等。

三、妇女小组活动的主要内容

1. 针对有特殊困难的妇女的小组活动

针对有特殊困难的妇女开展小组工作时,小组活动主要包括以下几项内容。

(1) 为失业妇女提供服务。

(2) 为单亲母亲提供服务。

(3) 为在家庭暴力中被虐待的妇女提供服务。

(4) 为进城务工的妇女提供服务。

2. 针对全体妇女的小组活动

针对全体妇女开展小组工作时,小组活动主要包括以下几项内容。

(1) 提供自尊、自信、自立、自强等方面的教育。

(2) 开展扫盲活动、进行文化教育。

(3) 开展实用技术培训,提高其生活、工作技能。

(4) 提供保健、优生优育服务,以及这方面知识的宣传。

(5) 提供婚姻家庭咨询服务。

(6) 帮助维护妇女合法权益。

四、妇女小组活动的开展

开展妇女小组活动时,小组工作者主要应注意或做到以下几点。

(1) 协助组员理清思路。

(2) 从优势视角帮助组员寻找资源。

① 每一名妇女都有自己的优势;

② 不幸事件具有伤害性,但也可能是挑战和机遇;

③ 所有的环境中都有可利用的资源，要善于发现和利用。

（3）着重帮助组员形成一个互助体系。

（4）努力增强组员的能力，以使其能自动、自发地发挥应有的功能。

任务四　老年小组活动的开展

情境导入

老年人小组活动实例：发展潜能——"中西识字班"活动

1. 组员的背景

参加本活动的组员为60岁以上的老年人，活动通过公开报名形式吸收组员，共有46名老年人参加。

2. 构思和目标

（1）组织这一活动的目的在于，香港是一个华洋杂处的社会，很多时候，朋辈间的交谈或在媒体报道中，不时会夹杂一些英语，而身处这一社会环境中的多数老年人却对英语知之甚少，这给他们的生活带来了一些不便。

（2）许多老年人反映当自己到国外探望子女时，因对外语一无所知，导致沟通十分不便。

3. 推进形式和内容

（1）推进形式：室内活动9次，外出参观1次。

（2）内容：围绕衣食住行，以专题形式教授一些英语常用词汇、简单英语会话和英文字母等。

【中西识字班课程介绍】

（1）时间：每周二下午2:00—4:00。

（2）时长：90分钟。

（3）参加人数：46人。

（4）活动形式：做游戏、唱歌、播放音视频资料、角色扮演等。

（5）时间分配：

重温重点和主题（20分钟）。

介绍专题内容（35分钟）。

休息（5分钟）。

英文字母的学习和练字（30分钟）。

具体安排见表5-19。

表 5-19　中西识字班课程具体安排

活动	日期	内容
第一次	5.6	小组工作者和组员分别进行自我介绍 小组工作者了解组员的期望，解释中西识字班的目的和大致内容 学习英文数字 0~10，附带学习英语电话号码的读法 学习英文字母 A、B、C 学习英语对话：Good Bye
第二次	5.13	小组工作者向组员介绍义务教师，组员进行自我介绍 重温上次活动内容 学习英语中星期的读法（Monday to Sunday），学习英语中的昨天、今天和明天，以及唱歌辅助 学习英文字母 D、E、F 学习英语对话：Good morning
第三次	5.20	重温上次活动内容 学习日常水果的英文名称 以游戏形式运用英文数字 1~10，以配合学习；使用水果作茶点 学习英文字母 G、H、I
第四次	5.27	重温上次活动内容 学习英文中的四肢和左右 介绍参观 学习英语对话：Good night、Thank you 学习英文字母 J、K、L
第五次	6.3	外出参观
第六次	6.10	重温上次活动内容 学习常去地方的英语读法 学习英语对话：Yes，no；Yes，I know；No，I don't know 学习英文字母 M、N、O
第七次	6.24	重温上次活动内容 学习英文交通工具的读法，学习英语求助语和对话：I understand，I don't know 学习英语对话：Good night，Thank you，Excuse me 学习英文字母 P、Q、R
第八次	7.1	重温上次活动内容 学习求助对话（游戏辅助） 学习英文字母 S、T、U
第九次	7.8	重温上次活动内容 介绍毕业典礼 学习西方用餐礼仪 学习英文字母 V、W、X
第十次	7.15	重温前 9 次活动的重点内容 学习英文字母 Y、Z 介绍问卷和毕业程序 致辞、发证 向义务教师赠送纪念品 合影和享用茶点

任务描述

(1) 思考老年小组活动的特点和要求。
(2) 分析老年小组活动的开展技巧。

任务实施

(1) 学生分小组讨论。
(2) 各小组选派代表汇报、分享讨论结果。

任务总结

(1) 教师结合教学情境对任务要求进行分析。
(2) 教师对各小组讨论结果进行点评。
(3) 教师对各小组讨论的开展情况和讨论技巧进行总结。

任务反思

老年小组活动可以增强老年人的沟通交流，传递健康的生活方式，丰富老年人的日常生活，减少空巢老人的孤独感，使老年人获得邻里更多的支持，重新拾起对生活的信心。

知识链接

一、老年小组活动

老年小组活动是指在小组工作者的协助和指导下，利用老年组员之间的互动和小组凝聚力，帮助老年组员学习他人的经验，改变自己的行为，正确面对困难，恢复自己的社会功能和促进自己成长的专业服务活动。

二、老年小组活动的主题和适合老年人的小组类型

老年小组活动的主题主要有两大方面：一是老年人认知改善、行为纠正、情绪疏导和能力提升；二是针对老年人发展需要的服务，这些需要包括受教育的需要、人际交往的需要、参加志愿者活动服务他人的需要、科学地充实闲暇生活的需要等。

适合老年人的小组有社交康乐类小组、支援类小组、治疗类小组和护老者小组等。

三、老年小组活动的实施原则

开展老年小组活动时主要应遵循以下几个原则。

1. 建立满足感、成就感、自豪感原则

老年人参与小组活动，并不仅仅是想打发自己的空闲时间，他们也希望能够通过小组活动充实自己、提高自己或发展自己，特别是他们也想通过对小组工作的投入回报组员与社会。所以，小组工作者要注重老年人这一需要，使他们能够在小组活动中获得满足感、成就感和自豪感。

2. 激发兴趣，消除自卑原则

老年人与儿童和青少年相比，他们的兴趣有自己的特点，所以，小组工作者一定要针对老年人的兴趣设计小组活动，并要通过活动的实施使他们建立自信，消除自卑心理。

3. 活动内容相关原则

老年人在退休前曾经从事过不同的工作，他们在自己的工作岗位上干了许多年，对自己的工作都十分熟悉。小组工作者可根据这一现实状况，为老年人安排一些与他们原来的工作岗位和工作内容相关的小组活动，使他们退休后的生活内容多少与以往的工作相关。这样会使老年人保持较为平衡的态度，也有助于老年人较好地适应他们退休后的生活。

4. 协助再创造原则

老年人在退休以前，已经经历了一个创造的过程。退休以后，他们有可能会将自己的兴趣点放在原来工作时所不能实现的事情上，即投入那些自己感兴趣，但当时没时间或条件不允许的事物，并想进一步研究和创造。小组工作者应该通过老年小组活动对这些老年人予以协助，使他们能够在被支持的环境中发挥自己的所长，帮助他们将过去的兴趣转化为今天的现实。

5. 弹性改变人格原则

在其他年龄人群组成的小组中，小组工作者会通过协助和修正等方式去改变组员的不适人格。但在老年小组活动中，小组工作者可以协助组员建立或形成新的人格，但由于大多数老年人的人格已经"固化"，所以，小组工作者要坚持弹性原则，不能强制老年人发生改变。

教学情境六

小组工作本土化

　　小组工作本土化是指产生于西方现代文明的小组工作理念与方法，在被引入我国后，同我国当代政治经济制度和社会文化相互融合，逐渐被我国社会接受、改造、运用和发展的过程。

　　小组工作本土化主要经历了三个阶段：引进阶段、本土化阶段、扎根阶段。

　　小组工作本土化主要包括三个方面的内容：文化、价值伦理本土化，小组工作人文化和实践教学模式灵活化。

能力目标

　　在了解小组工作本土化相关知识的情况下，能在具体实务中运用相关知识，解决实际问题。

知识目标

1. 掌握小组工作本土化的定义。
2. 了解小组工作本土化的过程。
3. 了解小组工作本土化的具体内容。

ⓢ 情境导入

　　"光之翼"小组活动是本书编者和社会工作专业学生在一所特殊学校开展的针对视力障碍学生的小组活动。之所以命名为"光之翼"，是因为在与视力障碍学生的接触中，我们发现他们时常会用"看"字。作为专业小组工作者，我们感到他们有对光明的强烈向往，我们愿意运用专业方式为他们插上光明的翅膀，让他们能够积极、平等地参与社会生活。

社会工作是一个职业化的助人专业，将其服务手法运用在残疾人康复领域，也是残疾人社会工作本土化的一种尝试。

针对处于不同年龄阶段的视力障碍学生，"光之翼"小组活动将组员分为5个小组（考虑到视力障碍学生性别、年龄、寝室和班级的差异）。"光之翼"小组通过角色扮演、"情绪电梯"等活动和深入的分享，教给组员一些处理不良情绪的方法。

由于立足点在于互动模式，因此整个活动中强调视力障碍学生及其所处的环境的变化。希望通过小组工作为他们搭建一个系统的支持网络，既能够实现个人的改变，又能够对环境产生一定程度的影响。同类残疾的学生之间更能有一种"同在一条船"的感受，所以，他们之间的互助网络更为紧密。

任务描述

根据上述"情境导入"中的案例分析以下问题：
（1）"情境导入"中的案例反映了残疾人存在哪些问题？
（2）如何运用小组工作的本土化解决关于残疾人的问题？

任务实施

（1）按每6人一组将全班同学分组。
（2）各小组根据讨论任务，展开充分的讨论。
（3）各小组选派代表汇报、分享本组的讨论结果。

任务总结

（1）教师结合教学情境对任务要求进行分析。
（2）教师对各小组讨论结果进行点评。

任务反思

小组工作在我国的本土化发展已经取得了一些成效。但我们必须警醒的是，小组工作毕竟是西方的产物，是否适合于或在多大程度上适合于中国社会的土壤，我们应该进行较为全面的评价。

知识链接

一、小组工作本土化的定义

小组工作本土化是指产生于西方现代文明的小组工作理念与方法,在被引入中国后,同中国当代政治经济制度和社会文化相互融合,逐渐被中国社会接受、改造、运用和发展的过程。

二、小组工作的发展历程

(一)小组工作在国外的发展

小组工作成为一种社会服务的方法是从 1844 年英国创立的具有教会背景的青年会组织开始的。青年会的创始人威廉姆斯本是一个商店学徒,他目睹许多与他同样的学徒和青年店员因工作之余无所事事,结果沾染上了许多都市恶习。为了让青年人在工作之余有一个活动场所,从而相互砥砺、相互促进,他发起创建了青年会组织。青年会定期集会,从事各种宗教、社会和有益于会员身心发展的活动。

不久以后,青年会组织传到美国并逐渐在世界各地广泛发展。青年会组织的发展促进了以小组方案、小组活动和小组经验为中心的小组社会工作方法的产生与成熟。

同时,社区的发展也促进了小组工作的发展。各社区中心所组织的各种娱乐、教育小组普遍采用了小组工作的服务方式,另外,"社区睦邻运动"在其发展中也开展了大量康乐类小组活动,以社区为中心开展的小组社会工作对当代小组工作产生了深远的影响。

早期的小组工作主要以协助移民适应社区生活、提供休闲娱乐为主要目标。20 世纪 30 年代,小组工作的重心转移到学习小组运作的方法和满足个人参与社会事务的需求上。同时,小组工作也受到精神医学的影响,小组工作者开始接受研究、诊断与治疗的医疗模式。这一类的小组更多意义上是指治疗小组,组员往往是有某些心理或行为问题的人,他们在小组工作者的指导下,通过小组互动与小组经验达到康复与矫治的目的。

1935 年,美国全国社会工作会议增列小组工作部门。1936 年,全美小组工作者协会成立。1946 年,在纽约水牛城举行的全美社会工作会议上,柯义尔代表美国小组工作研究协会以《迈向专业化》为题发表演说,她认为小组工作应是一种广义的社会工作方法。她的意见为大会所接受,小组工作遂正式成为社会工作方法之一。20 世纪 50 年代以后,由于受到整个社会工作发展的影响,小组工作也有了显著的发展。之后,小组工作形成了多种实施模式,并进一步朝专业化的方向发展。

(二)小组工作在我国的发展

辛亥革命后,我国内地就出现了不同性质的小组,其中有一些救济性、互助性的小组。中华人民共和国成立后,我国出现了多种类型的小组:行业性小组、群众性小组、文化艺术小组、体育工作小组、社会福利小组、基金会、新闻工作小组、联谊性小组、宗教小组、在中国注册登记的国外工作小组。这些小组基本上是以任务为本的小组，缺乏专业人员的介入，主要通过行政手段来提供服务。专业的小组在我国的发展基本上是从20世纪90年代初期开始的，随着高校社会工作专业的建立，小组工作逐渐作为一门专业方法开始在我国传播。目前，我国小组工作的服务对象主要包括学生、妇女、青少年、老年人和残疾人等。从事专业小组工作的人员主要是持证社会工作者、社会工作专业毕业生和高校相关专业的教师和学生。

三、小组工作本土化的过程

小组工作本土化主要经历了以下三个阶段。

1. 引进阶段

在这个阶段，我国不断引进西方社会工作的理论和模式，很少考虑文化、经济差异，以及西方的社会工作模式是否在我国适用。

2. 本土化阶段

在这个阶段，直接引进西方社会工作知识带来的不良后果开始显现，我国社会工作学者开始意识到，有必要修正西方社会工作模式中的某些内容，以使其满足我国的需要，解决我国的实际问题。

3. 扎根阶段

扎根即按照我国的环境和制度来重新组织社会工作中的方方面面，使其为我们所用，具有中国特色。虽然本土化可以使西方社会工作模式适应我国的发展，但是，国内的社会工作教育者和实务者也应该创造性地发展自己的模式和策略，以更好地解决自己的问题，满足自己的需要。

四、小组工作本土化的具体内容

1. 文化、价值伦理本土化

源于西方的小组工作以尊重人、个别化、案主自决、非判断、保密等作为自己的价值原则。这些原则背后蕴含着西方现代文化中崇尚个人主义和体现自我意识的文化和价值伦理，但这些文化、价值伦理和小组工作的方法一起引入我国时，就会出现是否与本土情境相适应等问题。相比较而言，我国的文化注重静思与个人的道德修养，关注人际关系的和睦、人类与自然的和谐相处，突出世俗社会的积善成德，强调至爱亲情、仁爱、无私奉献、集体至上等。

所以，基于西方价值伦理的小组工作，在我国的环境和脉络下，必须重视本土化问题。具体来说，在小组工作实践中应注意以下三点。

(1) 要考虑到东西方文化的差异性，特别是要关注文化的冲突；

（2）可以将各种文化价值观的优势整合起来，去最大限度地助人和自助；

（3）既要考虑尊重、自决、保密等在本土环境中的意义，更要考虑本土环境下的仁爱、宽恕等在助人中的意义。

2．小组工作人文化

很多学科都强调工作模式或模型（如经济模型、数学模型）的重要性，工作模式或模型为人们迅速地进入工作状态提供了依据，有助于人们提高工作效率。小组工作是一项助人的工作，小组工作学者强调助人过程和方法的科学性、可测量性，追求一般的工作效率，在小组工作中强调计划、开始、转换、工作和结束等的规范化。这一工作模式自然有其道理，至今我们也不能轻易地去怀疑其合理性和有效性，但我们也不能因此而认为这种模式在任何情况下都是最合理的。我们认为，发展具有人文气息的小组工作模式显得尤其重要，在操作过程中主要应注意以下两点：

（1）积极主动的帮助倾向。结合我国的本土文化，在小组工作前期，理解中国人主动求助动机不是很强烈的事实，小组工作者应主动一些，尽量去发现潜在组员并激发潜在组员参加小组的积极性。

（2）专业关系结束之后，小组工作者和组员可以维系正常的朋友关系、熟人关系。西方社会工作的职业操守之一是，在专业关系结束之后，小组工作者与组员可以形同陌路，这在我国文化中是不可理解的，也是不现实的。

3．实践教学模式灵活化

根据编者的了解，不少院校的小组工作教学模式与"小组工作"这一课程的要求尚有一定的距离。很多教学要么停留在理论到理论阶段，要么采用的是理论加实践（实际上是情景模拟）的方法。前一种教学方法自然没有论述的必要，毕竟社会工作不同于哲学这样的思辨学科，小组工作也不例外；关于后一种方法，我们只要明白实验室里的情景模拟与真实的社会生活之间有一定的距离，就不难理解其不适宜性。

实际上，"小组工作"这一课程对教师提出了很高的要求。这主要表现在：一方面，教师在教授小组工作；另一方面，教师也在带一个小组（教学班级也是小组）。因此，教师必须将小组工作的各种理念、方法和技巧带到课堂当中，将小组会议、小组讨论、游戏、习作、影视欣赏与分析等环节巧妙地安排在"小组工作"这门课程的教学过程中，营造小组工作的良好氛围，使学生更大限度地受到熏陶。

五、小组工作本土化发展的优势和限制

1．小组工作本土化发展的优势

自从小组工作被引入我国以来，在诸如老年人、智障人士、青少年适应不良、非强制戒网瘾、大学新生成长和农村妇女意识提升等群体和领域得到迅速的发展，这主要得益于小组工作独特的优势。例如，在个案工作过程中，无论工作者怎样（有意识或无意识地）

强调自己与案主的地位是如何的平等，但至少在案主看来，二者的地位是不平等的，不可避免地会存在案主有意回避自己的问题和成因，会给有效解决其问题带来很大的障碍。与个案工作不同，在小组工作过程中，小组工作者除了在很少的情况下处于核心位置以外，很多时候小组工作者的主要工作是为组员提供一个有效互动、沟通、交流的平台。也就是说，组员之间的地位是平等的，这为组员在小组中的活动有效性提供了保证。

我国的传统文化中也有小组工作的影子。我国传统的"将心比心""推己及人"等观念对小组工作的开展有着深刻的影响，为小组工作中协调组员间的关系，使他们积极参与小组活动，最终达成小组目标提供了一定观念支持。从此层面上看，我国的传统文化对组员树立互惠互助的价值理念有着积极的影响。

专业意义上的小组工作起源于西方，它在疏导压力、挖掘人的潜力、协调关系、缓和社会矛盾和解决社会问题的过程中扮演着重要的角色，也形成了一定的理论体系和实务经验。我们可以从中借鉴一些经验和好的方法，这在某种程度上可以缩短探索的过程。

2. 小组工作本土化发展的限制

（1）招收和挑选组员可能会遇到困难。

按照正常的小组工作操作流程，在筹备小组完结之后，往往就会开始招收和挑选组员，或者通过海报，或者通过其他媒介，一般只有在不得已的情况下，小组工作者才会与潜在组员进行个别接触。在我国，很多人缺乏主动求助的强烈愿望与动机，其原因可能有以下两个。

① 消极的求助模式。在我国的传统社会文化中，人们的求助行为是谨慎的，也是比较消极的，"万事不求人"是一般人生活的基本信条。这是由自给自足的生活方式和自尊意识决定的。

② 尽量去标签化。在我国，不少人存在参加小组的心理障碍，因为如果带着自己的问题去参加小组，很可能会被贴上存在相关问题的标签。因此，即便是存在较严重的问题，也有人更倾向于自己扛着。

（2）小组工作成果难以巩固。

小组工作所提供的无论是成长性质的内容也好，治疗性质的内容也罢，但无一例外的，都是在模拟或虚拟的情境下进行的，这样的情境与真实的社会生活之间或多或少都会有一定的距离。退一步讲，大部分的小组都是人为组成的，无论是从社会工作资源的角度来讲，还是从评估小组工作成效的角度来讲，它都应该有一个预定的结束期。小组完结之后，组员仍然要回到他们原来生活的环境当中，一般还会用以前的生活习惯去处理与熟人、与朋友之间的人际关系。如若不然，他们将为之付出一定的代价（如受到熟人、朋友的嘲讽、鄙夷、排斥等），而这一切恐怕又是大部分人无法接受的。如此，参加过小组的组员可能会采取这样一种方式来表达与旧友的无法割舍之情，即努力表明自己参加小组前后，无论从态度上来讲，还是从行为上来讲，并无二致。这样一来，小组工作的成果是否能得以巩固，就成为一个问题。

3. 小组工作本土化发展中遇到的问题

(1) 小组工作的专业化发展还有待加强。

就编者以前开展过的老年小组工作而言，组员似乎并不是很理解我们的小组工作。在他们看来，小组工作无非就是做一做游戏、交流一下生活经验、谈一谈自己的想法等，还有一些人没有意识到这是一种服务的方法。在活动过程中，编者发现了这种现象：当小组工作者请大家发言时，有些组员有与多数组员不同的想法，但在大部分组员意见一致的情况下，个别组员的意见往往会被忽略。这种少数服从多数的做法与小组工作所提倡的服务全体的目标有着某种程度的背离，这同时也说明小组工作的专业化发展还有待加强。

(2) 小组工作的本土化还不足。

由于我国的国情不同于西方国家，因此在小组工作发展中会出现理论和实际不相符的困境。例如，小组工作者在以前的老年小组工作中发现：有一位组员表现很冷淡，在活动中不愿意与他人合作。小组工作者与她交谈后得知，原来她那天与儿媳闹了点矛盾。她说了很多关于儿媳的不是，还告诉小组工作者她有离家出走的想法。小组工作者当时对她说了一些开导的话。虽然关于离家出走这件事她只是说说而已，但是小组工作者在想，如果以后真的遇到有组员执意要离家出走该怎么办？是坚守小组工作者的"保密原则"，还是把消息透露给他的家人呢？对于这种情况该如何应对，也是西方的理论知识与我国实际状况的冲突体现。西方小组工作的价值体系存在着明显的偏向个人利益的色彩，而我国社会工作的价值理念体系则更偏重社会整体的利益。怎样将"社会整体利益"和"个人利益"协调起来还需要广大小组工作者在实践中不断探索和总结。

(3) 专业小组工作的实际技能有待提高。

随着现代化进程的加剧，社会对于社会工作者的需求急剧增加，需要大力建设社会工作者队伍，而小组工作作为社会工作的一种方法自然应该被重视。应该加强培养实务型人才，注意理念、方法和技艺的学习，以提升专业人才的实践技能。在我国，专业小组工作的实践技能还不够成熟，小组工作专业的学生在学校期间还需要加强对小组工作专业的实践训练，提升专业技能，并在实践中总结适合我国的小组工作模式。

(4) 小组工作发展不平衡。

从专业小组工作的自身发展来看，地域之间、城乡之间在发展程度上存在着不平衡的情况，差距比较明显。发达的东部沿海地区和大城市（如上海、深圳等），最早进入专业小组工作并落实到社会实践层面，这些地区也都初步探索出适合本地区的发展模式，可以说，小组工作在这些地区的发展是快速的。然而，我国的中西部地区、中小城市、农村地区，由于经济社会发展水平的原因，在小组工作发展方面与发达地区和大城市相比就显得比较落后。

附 录

附录一：小组契约书

为了我们在小组中的共同目标，我们达成如下约定：

准时出席小组活动，若有事不能参加，应设法提前通知小组工作者。

分享小组时间：小组是大家的，时间共享，不应该独占。

保密：在小组内所谈到或所发生的事，出此小组后绝对不能说，要尊重别人的隐私。

用心倾听每位组员的表达。

尽力坦诚表达自己的所思、所感和对自我的认识。

尊重每位组员的选择，确定自己决定要表露什么、保留什么。

每位组员都有参与的权利，但也有不表达或不参与某活动的权利。

讨论时就事论事，不进行人身攻击。

尊重别人的观点与感受，不坚持只有自己是对的。

讨论或表达时内容要与小组话题或目标有关。

沟通时尽量具体、清楚。

立约组员签名：

立约时间：_____年_____月_____日

附录二：小组单元计划书

_____小组第_____单元计划书

单元名称			
活动时间		活动地点	
单元目标			
活动总体安排情况			
活动名称	活动内容		时间安排
布置作业			
督导意见 签名： 年　月　日			

填表人：_____　　　　　　　　　　　　　　　　　　　填表日期：____年___月___日

附录三：小组单元记录表

_____小组第_____单元记录书

活动时间		活动地点	
单元名称			
小组工作者姓名			
参加人员			
缺席、迟到人员和原因			
活动过程（其中包括小组活动内容、互动沟通情况、小组氛围、组员反应等）			
小组所作出的重大决议和改变			
小组工作者评估与小结			
对下次活动的建议			
督导意见			

签名：
年　月　日

附录四：组员自我参与评估表（Ⅰ）

| 姓　　名 | | 活动时间 | |

使用下面的叙述对你自己在这次聚会中的参与情况进行评价

```
|————————|————————|————————|————————|
1分       2分       3分       4分       5分
大部分从不                              几乎总是
```

1. 我是这个小组中一个主动和有贡献的组员。
2. 我愿意与其他组员有相似的个人参与程度。
3. 我希望在小组里尝试新的行为。
4. 我会努力去表达心中即时出现的感受。
5. 我认真地倾听他人发言，并且能够作出相应的回应。
6. 我愿意分享我对他人的看法。
7. 我愿意参加小组聚会。
8. 我给其他组员提供支持而不是解救他们。
9. 我以没有防卫的态度接受回馈。
10. 我注意我对小组工作者的反应，并愿意分享我的反应。
11. 我对这个小组采取负责的态度。
12. 我把我在小组中所学到的东西应用于实际生活中。

填表日期：_____年___月___日

附录五：组员自我参与评估表（Ⅱ）

参加了几次小组活动后，你觉得自己与以前有什么不同？假定参加小组活动以前你是在"0"的位置，参加了小组活动以后，你觉得自己在哪些方面发生了变化，请在适当的位置上打"√"。

1. 5 4 3 2 1 0 1 2 3 4 5
   以自我为中心　　　　　　　　　　关怀别人

2. 5 4 3 2 1 0 1 2 3 4 5
   怀疑自己　　　　　　　　　　　　依赖自己

3. 5 4 3 2 1 0 1 2 3 4 5
   保守秘密　　　　　　　　　　　　分享经验

4. 5 4 3 2 1 0 1 2 3 4 5
   拘束、不自在　　　　　　　　　　自由自在

5. 5 4 3 2 1 0 1 2 3 4 5
   无责任感　　　　　　　　　　　　有责任感

6. 5 4 3 2 1 0 1 2 3 4 5
   不依赖别人　　　　　　　　　　　依赖别人

7. 5 4 3 2 1 0 1 2 3 4 5
   依赖别人　　　　　　　　　　　　帮助别人

8. 5 4 3 2 1 0 1 2 3 4 5
   不了解自己　　　　　　　　　　　了解自己

9. 5 4 3 2 1 0 1 2 3 4 5
   不了解别人　　　　　　　　　　　了解别人

10. 5 4 3 2 1 0 1 2 3 4 5
    不喜欢参与此类活动　　　　　　　喜欢参与此类活动

补充说明或意见：

组员姓名：　　　　　　　　　　活动时间：

　　　　　　　　　　　　　　　填表日期：_____年_____月_____日

附录六：小组工作者评估表

小组工作者姓名：　　　　　　　工作时间：

以下列出的内容可以帮助你对小组工作者行为的有效性做一个更深入的了解。在下面的项目当中，我们用5个等级来代表5种同意程度（1代表很不同意，2代表不同意，3代表没有意见，4代表同意，5代表很同意），你可以从当中选择一个你所满意的程度。

1. 小组工作者对组员和组员的问题表示了解。
2. 小组工作者鼓励组员说出心中特别的问题和心里的感受。
3. 当小组中出现有人操纵的场面时，小组工作者能够予以阻止。
4. 小组工作者能够注意到那些不发言的人，并且能鼓励他们多参与讨论。
5. 小组工作者能表现出适当的反应行为，如澄清事实、简述语意、反映情感、作出结论等。
6. 小组工作者能够帮助整个小组设定目标，找出讨论方向，确立讨论主题，明确讨论态度等。
7. 小组工作者能够用肢体语言或在态度上表现出对组员的关心。
8. 小组工作者能够仔细地倾听组员的发言且能真诚地接受小组中的所有组员。
9. 小组工作者经常表现出紧张和忧虑。
10. 当组员彼此之间做感性上的沟通时，小组工作者能够予以鼓励。
11. 当小组中有人迟到时，小组工作者表现出生气的态度。对于那些不发言的人，表现出尊重的态度。
12. 对于组员在言行上不一致的情况，小组工作者能够立刻指出。
13. 在组员没有明说的情况下，小组工作者能够洞察组员真实的情感。
14. 小组工作者能够真诚和开放地表露自我的感情。
15. 小组工作者能与组员共同交流自己的经验。
16. 小组工作者能够协助组员认识到自己是一个深具潜能的人。
17. 小组工作者能够说出他对组员的看法，这种看法与组员的自我概念是不同的。
18. 小组工作者能够鼓励组员讲出他们的目标和计划。
19. 不用刻意地表现，小组工作者就能将他对组员的关心表现出来。
20. 小组工作者能够鼓励组员共同交流各自的感受。
21. 当牵涉组员所关心的问题时，小组工作者能将自己的价值观及概念拿出来与大家共同讨论。

综合以上所说，我觉得这位小组工作者是一位_____。

(1) 很具破坏性的人物

(2) 既没有破坏性，也没有帮助的人

(3) 有一点帮助的人

(4) 给予组员很大帮助的人

如果一位很要好的朋友问我对这个小组的看法，我会_____。

(1) 不推荐它

(2) 有保留地推荐

(3) 推荐

(4) 非常热忱地推荐

对于小组工作者，我还想说：_____
_____

填表日期：_____年_____月_____日

附录七：小组工作成效评估之组员评估表

组员姓名：　　　　　　　　　　　所属小组名称：

1. 你认为通过小组活动，这个小组的小组目标达到了吗？

```
1          2          3          4          5
几乎没有达到                                完全达到
```

目　　标	评　　估
1.	
2.	
3.	
4.	

2. 经过小组活动，你感到自己有什么变化？

3. 你得到了什么？

4. 你对小组活动的建议？

填表日期：＿＿＿＿年＿＿＿月＿＿＿日

附录八：小组工作结案评估表

小组名称		小组工作者姓名	
起止时间		活动次数	
目标达成情况			
参与者参与/表现情况			
小组工作者自我总评			
建议			
督导意见 签名： 　　　　年　　月　　日			
社会工作机构意见 签名： 　　　　年　　月　　日			

附录九：小组工作操作流程细化图

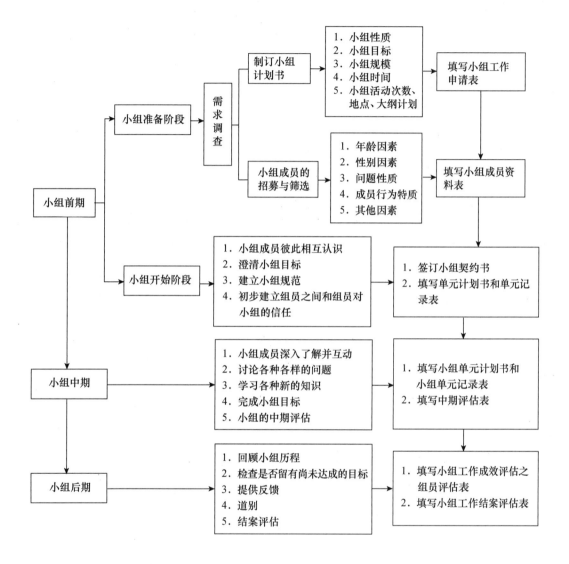

附录十：小组计划书参考

学习与职业生涯规划小组计划书

理念：

进入大学后，同学们的学习任务没有高中那么紧张，多数同学也离开了父母的管教与监督，开始有了更多的自由时间，学习也主要靠自觉，有些同学开始放任自己，导致自己的专业知识匮乏，逐渐对自己的前途感到迷茫，进而自暴自弃，失去了目标与方向。

随着时间的推移，这种迷茫又伴随了一种焦虑情绪，因为现在的竞争异常激烈，早一点作出选择，明确自己的目标与方向，就多一些准备的时间，也就多一份成功的可能，如果迟迟不作出决定，心理上的压力无疑又增加了。

针对这种情况，我们觉得很有必要为大一新生提供一些学习与职业生涯规划方面的服务，以帮助他们走出目前的迷茫、焦虑状态。要做学习与职业生涯规划，一是要提高学生获取信息、了解外部情况的意识和能力，特别是要加深对自己所学专业的了解。二是要加强自我认知，因为很多学生对自己的兴趣爱好、优缺点、人格特征的认识都不是很明朗，因此很容易受急功近利思想的影响，对自己定位不准确，老是在考研等几个热门选择中徘徊，而忽视了自己真正的兴趣和优势。三是要解决好价值观冲突的问题。很多学生在内心其实已经有了自己的选择，可是却同父母的期望和意愿不一致，或是得不到周围其他人的认同，解决这类的矛盾也很关键。

考虑到这些因素，我们决定采取小组工作的方法来介入。小组会通过一些意识提升、自我探索、内心体验等活动，帮助组员增强自我认知。在小组的交流、分享、互动中，组员可以释放迷茫、焦虑情绪，对自己、他人和外部环境有更深入的了解。同时，由于组员都面临着类似的问题，因此他们有着共同需要，很容易获得认同和支持。在小组工作者的引导和帮助下，在小组游戏、分享、讨论过程中，组员将对自己的方向更加明确，对未来更有把握。

理论架构：

职业生涯发展理论认为，职业生涯是一个持续不断的选择与适应的过程，是个人将所有教育、职业与生活角色等各种经验整合的过程。职业生涯包括生长期、探索期、建立期、维持期和衰退期五个阶段。一般认为各阶段发展的年龄：生长期为0～14岁，探索期为15～24岁，建立期为25～44岁，维持期为45～64岁，衰退期为65岁及以后。大一新生正处于探索期，这是职业生涯规划中比较重要与关键的一个时期。这个时期的目标是：具有确立事业发展方向、寻找和获得工作的技能；能依据个人意愿、教育机会和职业机会等，对职业和事业发展作出合理决定；具有一定程度的职业技能，顺利就业；能够形成正确的工作价值观，以激励自己的学习热情；继续接受教育。

行为主义理论认为，人的行为是后天习得的，强调教育和环境的重要性。社会观察学习理论认为，观察学习和自我调节在人的行为中发挥重要作用，强调人的行为和环境的相互作用。组员可以在小组活动中通过观察和模仿纠正错误的行为，习得正确的行为。小组中的每个组员都是一个资源库，他们会在小组中真实地表现出各种适应性和非适应性的行为，他们也会分享各自的想法、经验、感受。这样，小组就给所有组员提供了一个丰富的行为总汇，组员可以结合自己的风格从丰富的表现和互动中进行观察、寻找榜样、模仿和学习，增加个人的适应性行为，提高对学习与职业生涯规划的认识。

小组目标：

（1）通过小组活动，引导组员对自己有一个比较客观、全面的认识，如自己的兴趣点、优劣势、社会资源等。

（2）通过资料查询和小组分享，引导组员对自己所学专业当前的发展形势、未来的走向、市场需求情况等有更深入的了解，并提高组员获取外部信息的能力。

（3）在小组中营造信任、关怀、尊重的氛围，让组员在小组互动中获得信任和支持，消除不安心理，走出焦虑、迷茫的状态，坚定克服困难的信心和勇气。

（4）使组员明确自己努力的方向，并制订相应的计划，引导组员在相互鼓励中付诸实践。

组员特征：

大一新生中对未来发展目标不明确，对所学专业、自己前途感到迷茫的同学。

小组特征：

（1）性质：成长小组。

（2）类型：结构型、封闭型、自愿型。

（3）活动次数：6次。

（4）活动地点：小组工作实训室（或有电脑且桌椅可移动的教室）。

（5）人数：10人。

招募计划：

（1）制作招募简章。

（2）请各专业辅导员推荐。

（3）制作海报宣传。

具体活动计划：

第一次活动　相见欢

活动时间	目标	内容	所需物资
5分钟	就座，准备开始活动	1. 小组工作者热情友好地引导组员进入活动场地，大家男女间隔坐到场地中央的环形座位上（主要的小组工作者也加入其中）	椅子若干（视组员人数而定）
30～40分钟	促进组员彼此认识，消除大家的陌生感和距离感；创造轻松愉快的气氛，使组员初步建立起对小组的信任和归属感	2. 圈内每人得到一张采访卡、一支笔，从任意一名组员开始（可由转空瓶决定），按顺时针方向相邻的2个人为一组，一人采访，一人回答，完成采访卡上的问题后可自由提感兴趣的问题 3. 第二轮采访，由被空瓶转到的那位同学被采访，他右边的组员负责采访，依旧是2人一组，顺时针转下去，开始第二轮的采访 4. 从被空瓶转到的那位同学开始，按逆时针的方向请组员到黑板前把采访卡贴到事先做好的向日葵的花瓣上，并向大家报告采访内容，每人2分钟时间 5. 为了增进组员间的融合，每位组员按照自己所喜欢的食物给自己起一个别称，新颖、别致、好记为宜（不能起有人身攻击倾向的别称）。小组工作者提醒组员要牢记每个人的别称，下次的小组活动有与之相关的游戏，记不住的要受罚 6. 每位组员（包括小组工作者）到黑板前，用简洁的话语在向日葵中心写上自己对这个小组的期望	采访卡、笔若干，黑板上事先贴上制作好的大向日葵，双面胶、粗笔若干
5分钟	小组工作者向组员介绍小组	7. 小组工作者用PPT的形式向大家介绍小组的目的、性质、活动计划、活动进行方式等与小组有关的内容	电脑，投影仪
5分钟	小组工作者答疑	8. 小组工作者回答组员的提问	
15分钟	小组工作者与组员一起订立小组规范，使组员对小组更有归属感，更有主人公意识，以更好地承担责任	9. 小组工作者积极引导组员打开思路，发挥创意和想象力，与组员一道订立小组规范和奖罚制度。内容包括出勤、迟到、早退、请假、尊重和理解、沟通和分享、观察和参与等	事先做好并贴在大画纸上的树干，纸剪成形状各异的树叶若干、笔若干、双面胶
5分钟	小组工作者了解组员对小组的看法，以进行反思和改进。组员了解其他人的感受	10. 小组工作者请组员简单说出对这次小组活动的感受及意见，以及对下次活动的期望	
2分钟		11. 组员完成小组活动评估表	小组活动评估表，笔若干

第二次活动　认识我自己

活动时间	目　标	内　　　容	所需物资
5 分钟	让组员再次熟悉，加深彼此的印象	1. 小组工作者组织组员玩"棒打无情人"游戏	旧报纸
40 分钟	通过自我素描，协助组员强化对个人的认识和促进自觉	2. 小组工作者为每一名组员预备一张 A3 大小或更大的图画纸和颜色齐全的彩笔（若有可能，用水彩更好）。然后请组员在自己的画纸上画出自己。小组工作者可告诉组员，他们可以随自己意思，用任何的形式来画自己，可以具体，亦可以抽象，画好后小组内进行分享和讨论	A3 大小或更大的图画纸若干，颜色齐全的彩笔若干
15 分钟	增进组员之间的合作、信任，促进组员的互动与了解，加强团体的凝聚力与信任感	3. 小组工作者在地上放一张打开的报纸，并说明此报纸是汪洋中的一条船，而组员是"船"上的人，无论用什么方式，每个人都应努力站在报纸上，脚踩在报纸外者，则算溺亡 4. 由组员合作完成相应任务后，再将报纸对折，要求组员再站在报纸上 5. 之后，再将报纸对折，下达同样指令，如此反复下去，直至小组工作者认为组员通过"考验" 6. 然后组内分享感受	旧报纸
40 分钟	引导组员对自己的未来和希望有一个更明确的认识，同时在小组中获得情感支持	7. 让组员自由结合，每 2 人一组，结好组后，组员先互相介绍，接着对看一分钟。小组工作者让他们记住彼此的笑脸和眼睛，然后将灯光调暗，这时背景音乐起，两人开始交流。在小组工作者的引导下，组员互诉：我的理想，我最想从事的工作，我最想成为的人，我以后最想拥有的生活状态等。约 25 分钟后，灯光再次亮起，整个小组分享感受	可调明暗的灯，背景音乐
5 分钟	小组工作者对组员的活动状态有一个更深入的了解，以进行小组工作评估和反思	8. 让组员分享对这次小组活动的感受 9. 另外给组员留一个课下作业：向他人询问，获知别人眼中自己的优缺点（父亲眼中的我、母亲眼中的我、兄弟姐妹眼中的我、朋友眼中的我、同学眼中的我）；同时进行自我探索：自己眼中的我；然后比较一下它们之间的相同点和差异，下次活动时进行交流	每人 2 张 A4 纸
2 分钟		10. 组员完成小组活动评估表	小组活动评估表，笔若干

第三次活动　价值大拍卖

活动时间	目标	内容	所需物资
5 分钟	热身，促进组员间的关系，活跃气氛	1. 小组工作者组织组员玩"大风吹"游戏	椅子（比总人数少一把）
20 分钟	引导组员更深入地了解自己	2. 小组工作者带领组员回顾上次活动结束时布置的作业，将组员分成 3 个组进行交流讨论，完毕后，可请两三个组员谈一下自己的感受	
35 分钟	了解自己所重视的价值	3. 小组工作者发给组员"大拍卖项目单"，假定每位组员皆有一万元，每件东西最低价为一千元，每次加价，不得低于一百元，并举例示范。拍卖完成之后，组员分享所得所失。小组工作者联系所拍卖事物的价值意义，归纳：价值观影响我们的决定，所以在作决定前应先了解自己所在意的价值，才不会作出令人后悔的决定。然后小组交流讨论，分析自己刚才拍卖环节是怎么作决定的	几张比较大的纸，几支笔，"大拍卖项目单"
30 分钟	了解自己所重视的工作价值	4. 小组工作者发给组员《工作价值量表》，并解释表上所列名词的意义，举例讨论几项职业的工作价值，请组员圈选表上重要性部分，并整理出圈选的项目。根据兴趣、人格特质及工作价值等内容，工作者请组员在表右上方写下四种最想从事的工作，并评定其工作价值。帮助组员整理出最想从事的工作，及未来可能有的生活形态。最后工作者进行总结回顾	《工作价值衡量表》
15 分钟	小组工作者对组员的活动状态有一个更深入的了解，以进行小组工作评估和反思	5. 小组工作者请组员分享这次小组活动的感受，并对此次活动进行讨论和总结 6. 小组工作者给组员发《气质性格量表》及《霍兰德职业倾向测验量表》，让他们回去后填写，并加以思考	
2 分钟		7. 组员完成小组活动评估表	小组活动评估表，笔若干

附：

大拍卖项目单

学到一技之长（专业地位、成就）、成为名人（名声）、指挥 100 人的管理者（领导）、与自己喜欢的人朝夕相处（情感）、环游世界（休闲）、书或音视频资料（知识）、帮助残障人士（社会服务）、身心健康（健康）、拥有早出晚归的工作（生活形态）、拥有相处和谐的伙伴（人际）。

第四次活动　我的未来不是梦

活动时间	目标	内容	所需物资
5分钟	热身增加组员间的融洽，活跃气氛	1. 所有组员围坐一圈，由一人双手做举枪状，指向其他人，并喊"0"，被指为"0"的人接着指向另一个人，喊"0"，这个人再指向另一个人，喊"7"，被指为"7"的人喊"啊"，左右两人都做举手状，同时喊："哇!"做错的组员站到圆圈中间表演节目，然后发指令"0"，以此类推，游戏继续	椅子若干
75分钟	帮助组员整理团体所得；引导组员对自己的兴趣、爱好、性格特征及职业倾向有一个更清楚的认识；思考欲达目标的阻力与助力	2. 与组员共同回想过去团体活动的内容与收获 3. 请组员整理自己的兴趣、爱好、性格特征、向往的工作，认真地考虑未来可从事的职业，并写"停、看、听"表格 4. 请组员思考欲实现愿望，可能面临的阻力与助力、怎样减小阻力，解释并举例 5. 组员3~4人一组，相互讨论如何运用助力、减小阻力，之后，回到大组中 6. 小组内无法解决的问题，与全体组员共同商量解决	"停、看、听"表格，纸、笔若干
15分钟	加深组员对小组的信任，增加他们的归属感，同时引导组员体验完全放松自己时的感觉	7. 小组工作者组织组员玩"不倒翁"游戏	
10分钟	让组员总结感受，加深对自我的探索，同时使小组工作者了解组员对小组的看法，以进行反思和改进	8. 组员交流此次小组活动的感受和收获 9. 让组员回去后收集一些关于考研、就业、考公务员、出国等方面的信息，下次活动时进行信息交流	
2分钟		10. 组员完成小组活动评估表	小组活动评估表，笔若干

第五次活动　路在脚下

活动时间	目标	内容	所需物资
10 分钟	热身，介绍义工，让大家尽快熟悉彼此，增进融洽关系	1. 事先准备一块大石头或一块踏板。以此为圆心，请大家牵手围成圆圈，将右脚踏在大石头或踏板上，沿顺时针方向利用左脚跳绕圈圈，然后改为左脚踏石头或踏板，右脚转圈圈（逆时针方向旋转）。为增加热闹气氛，可边唱边跳，或播放音乐	大石头或踏板，电脑音响，劲爆音乐
35 分钟	通过组员的分组讨论，让他们对当前的就业、考研、考公务员和出国的情况有一个基本的了解	2. 组员拿出上次回去后收集到的信息，分别就考研、就业、考公务员及出国等进行交流和讨论小组工作者组织好大家进行分组讨论，组员介绍后也可加入一些自己的分析	黑板，粉笔若干
30 分钟	通过义工的介绍和义工与组员的互动，使组员进一步了解当前就业、考研、考公务员和出国的形势，并且感受义工的抉择过程	3. 请3名义工（3名已经就业、考上研究生或公务员的师兄师姐）介绍一下当时自己是如何作出选择的，并和组员分享这中间的种种经历和感受 4. 组员可以向义工提出一些自己想了解的问题，然后组员和义工共同讨论各种形势的相关情况，并讨论如何更好地进行职业生涯规划	3 名义工
35 分钟	让组员表达自己内心的感受以及自己对未来的设想	5. 让每个组员表达自己的感受并谈谈自己对未来职业生涯的想法，分享大学三年规划 6. 事先通知组员下次活动将举行化装舞会，请组员打扮成未来自己最想从事的从业人员的样子，并准备所需用品，同时思考未来可能有的生活方式 7. 请组员假想自己是圣诞老人，要送给小组中每人一份礼物。礼物可以是对方需要的东西、欠缺的人格特质或一些祝福的话等，组员可将想送的礼物事先写或画在纸上	
2 分钟		8. 组员完成小组活动评估表	小组活动评估表，笔若干

第六次活动　今宵多珍重

活动时间	目　标	内　　容	所需物资
30分钟	帮助组员面对和处理目前的困扰，使其能拥有较愉快的生活	1. 请组员将目前最感困惑的一件事写在纸上，并将纸折叠好置于小组指定位置 2. 小组工作者抽出一张纸，念出内容，请组员共同思考，帮助解决纸上的问题 3. 解决方式可以是讨论、示范、角色扮演、提供书面资料等 4. 大家逐一解决纸上的问题 5. 小组工作者整理大家的意见和办法，并引导组员思考如何从他人经验中获得学习和成长	纸、笔若干
10分钟	帮助组员进一步明确自己的优点、长处，增强自信	6. 组员围坐成一个圆圈，然后轮流站在中间，其他组员轮流说出中间组员的优点，进行优点大轰炸	椅子若干
50分钟	让组员整理别人对自己的回馈，进一步明确自己以后最想从事的工作，同时得到大家的支持和鼓励，增强自信	7. 团体活动开始，组员化妆（放音乐） 8. 每一个人皆互相握手、打招呼，自由交换所扮演的人可能有的心得及生活方式，并解释打扮的意义 9. 组员轮流站在人群中央，听取其他组员对其打扮及所选工作的感想 10. 站在中央的组员分享自己打扮过程与接受别人回馈后的心得和感受	事先布置场地，电脑、音乐
15分钟	互送礼物	11. 请组员假想自己是圣诞老人，为小组中每人准备了一份礼物。礼物可能是对方需要的东西、欠缺的人格特质或一些祝福的话等，组员已提前将想送的礼物事先写或画在了纸上 12. 分送礼物	背景音乐
15分钟	总结，分享，小组活动结束	13. 总结，分享 14. 大家站起来围成圈，手臂搭在左右组员肩上，哼着温柔的歌曲，如《朋友》《相亲相爱的一家人》等，随后轮流握手，互送联系方式，道别	背景音乐
5分钟	小组工作者评估小组目标是否达成，并进行总结和反思	15. 请组员做一份问卷	

可能遇到的问题及应对策略：

（1）问题：招募不到足够的组员。

对策：若离计划招收人数只差 1～2 人，小组活动照常进行；若招募的组员数与计划相差较大，则考虑延长招募时间，加大宣传力度，甚至主动去挖掘潜在组员。

（2）问题：招募的组员过多。

对策：可适当分组，如分为两组；若分为两组后人数仍然过多，则可考虑对报名者进行筛选。

（3）问题：需要电脑等设备时停电。

对策：可考虑先进行计划中的其他活动。

（4）问题：场地临时不能用。

对策：可考虑将活动转到室外，若室外也不可行，则可考虑推迟活动时间。

评估方案：

（1）在开展小组活动前对组员做一次问卷调查，小组工作结束之后再做一份内容相同的问卷调查。通过前后对比，检测组员对于规划自己的学习与职业生涯是否有更深刻的认识。

（2）在结束问卷调查时，请组员表达自己对活动的感受和评价。小组工作者通过与组员的沟通和组员的分享来了解组员对活动的感受和评价。

（3）活动中安排一名记录员对组员的参与情况和活动情况进行记录。小组工作者通过记录员的记录和记录员对活动情况的观察、分析来进行评估。

参 考 文 献

[1] Ed. E. Jacobs, Robert L. Masson, Riley L. Harvill. 团体咨询的策略与方法 [M]. 洪炜等,译. 北京:中国轻工业出版社. 2000.
[2] 刘梦. 小组工作 [M]. 2版. 北京:高等教育出版社,2013.
[3] 黄丽华. 团体社会工作 [M]. 上海:华东理工大学出版社,2003.
[4] 范克新,肖萍. 小组工作 [M]. 北京:社会科学文献出版社,2001.
[5] 王思斌. 社会工作概论 [M]. 3版. 北京:高等教育出版社,2014.
[6] 范克新,肖萍. 团体社会工作 [M]. 北京:社会科学文献出版社,2001.
[7] 丁少华. 小组工作 [M]. 北京:社会科学文献出版社,2003.
[8] 万江红. 小组工作 [M]. 北京:中国人民大学出版社,2016.
[9] 芮洋. 社会工作方法 [M]. 北京:机械工业出版社,2011.